Zu diesem Buch

Einige Jahre nach dem Mord an Dian Fossey wird in Ruanda am Ufer des Kivu Sees eine grausam zugerichtete männliche Leiche gefunden. Chief Inspector Jean-Bosco Kabeera und sein Team, darunter die Austauschkriminalistin des BKA, Ariane Manstein, stehen unter starkem Druck den Mord aufzuklären. Zunächst liegt es nahe, dass es sich um ein Verbrechen im Zusammenhang mit dem Handel *Seltener Erden* handelt, der im Grenzbereich Goma/Gisenyi lebhaft betrieben wird. Auch ein Ritualmord scheint nicht ausgeschlossen. Der Tote hatte eine Holzmaske auf dem Gesicht. Während der Ermittlungen werden aber merkwürdige Parallelen zum Mord an der 1985 ermordeten Dian Fossey ersichtlich, mit denen aber der aktuelle Fall schwer in Verbindung zu bringen ist. Die Ermittlungen führen schließlich in den Osten des Kongo, wo die Ermittler selbst in höchste Gefahr geraten. Mit Hilfe des Standortkommandanten von Goma, Joseph Likongo, ermitteln sie weiter bis Kabeera und sein Team dem Haupttäter, der letztlich sowohl für den Mord an Dian Fossey, als auch für weitere Verbrechen im Osten des Kongo verantwortlich war, auf die Spur kommen. Bosco Kabeera muss den Generalstaatsanwalt davon überzeugen die Akte der Dian Fossey zu öffnen, da nur ihre, bis dahin als geheim eingestuften, Notizen, den letzten Beweis liefern.

Die kriminalistische Rahmenhandlung dieses Buches ist selbstverständlich rein fiktiv. Ich habe bestimmte ungeklärte Indizien aufgegriffen und sie in die Handlung eingebaut. Die »Aufklärung« der Titelfrage wird Widerspruch hervorrufen aber sie beinhaltet eine der möglichen Szenarien, die nach dem Mord an Dian Fossey diskutiert wurden.

Alle handelnden Personen haben in der einen oder anderen Weise reale Vorbilder, die mir im Laufe meiner Auslandstätigkeiten und Reisen zum Teil lebhaft in Erinnerung geblieben sind. Die Beschreibung der geografischen und geologischen Gegebenheiten ent-spricht weitgehend der Realität. Die Rückblicke in die Geschichte Ruandas und des Kongos sind allgemein zugängliche historische Tatsachen.

Karl H. Cron, Hamburg, 27. Dezember 2015

Der Autor
Karl H. Cron ist Diplom- Geologe und ar-beitete jahrelang als Hydrogeologe und Berater in Projekten der Wasserversorgung im In- und Ausland. Zahlreiche Auslandsein-sätze führten ihn in den Jemen, Syrien Jordanien und mehrere Länder Afrikas, zuletzt Ruanda. Nach dem Ein-tritt in den Ruhestand arbeitete Karl H. Cron als freier Berater und hatte einen Lehr- Auftrag der Universität Hamburg, seiner Heimatstadt. Die vorliegende Buchveröf-fentlichung
Wer tötete Dian Fossey?
ist sein erster Roman.

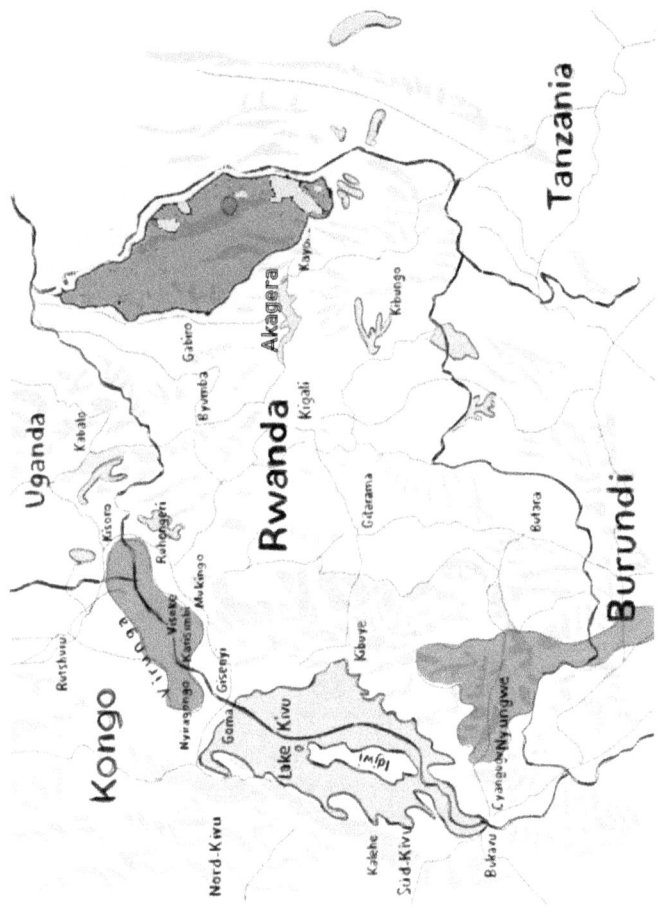

Impressum

Wer tötete Dian Fossey?
ISBN 978-3-00-051334-3

Ausgabe 2005, Taschenbuch
Amazon, KDP

Lektorat: Gert Hein, Hamburg

Titelfoto und Cover: Karl H. Cron
Karte: Maren Amini.

Karl H. Cron
c/o AutorenServices.de
Birkenallee 24 36037 Fulda
Mail: kcautor.kontakt@gmail.com

Info Google Foto:
Deutsch: google.com/view/ruandaquest
Englisch: google.com/view/rwandaquest

Karl H. Cron

Wer tötete Dian Fossey?

Roman

Romanfiguren

Baranyanca, Natalia: Ärztin des Kigali Forensic Laboratory (KFL).

Butera, Alphonse und Fabien Kagire: Inspektoren des CID im Team von Bosco Kabeera.

Dallaway, Festus Woodrow: Engländer in Team der →»TD Nature Film Production«.

Darcy, Tom: Inhaber und CEO der »TD Nature Film Production«.

Gahiji: Jäger, indigen lebender Batwa (Twa)-Pygmäe.

Kabeera, Chantal (Ehefrau), Grégoire, Nadège. Agathe (Kinder): Familie von →Bosco Kabeera.

Kabeera, Jean-Bosco: Chief Inspector des Criminal Investigation Departement (CID), Ruanda.

Kabija, Isaam: Mitarbeiter einer belgischen NRO zur Unterstützung der Landwirtschaft.

Kamanda, Marie: Kongolesin aus Bukavu (Ostkongo).

Krauskopf, Ernst: Team der →»TD Nature Film Production«.

Le Roux, Dr.: Wissenschaftler des Museée Royal de l'Afrique Central, Tervuren bei Brüssel.

Likongo, Joseph: Standortkommandant von Nord-Kivu in Goma (Ostkongo).

Makolo, Jean-Baptiste Makolo: Constable des CID im Team von →Bosco Kabeera.

Manstein, Ariane: Deutsche Hauptkommissarin im Team des CID von →Bosco Kabeera.

Marchal, Antoine: Leiter einer belgischen NRO mit Büro in Kigali zur Unterstützung der Landwirtschaft.

Matengo, Samuel: Capitaine, Leiter des operativen Geschäftes der »SÉCOMA«.

Mayeye, Thomas: Geschäftsmann im Ostkongo. Inhaber der militärisch organisierten Sicherheitsfirma »SÉCOMA«.

Mugambage, John: Generalstaatsanwalt (Prosecutor General) Ruanda im Behördenjargon als *GS* oder *General* bezeichnet.

Mugisha, Théonèste (Théo): Inspector des CID in Gisenyi.

Mugisha, Vana (Ehefrau), Julie und Raymond (Kinder): →Théos Mugishas Familie.

Muhoza, Eugène: Arzt in Gisenyi.

Piquard, André: Belgier im Team der →»TD Nature Film Production«.

Prince: Chauffeur und Kurierfahrer mit eigenem Fahrzeug.

Historische Personen

Bemereki, Valérie: Radio-Moderatorin, die während des Genozides die Milizen aufgehetzt hatte. Zu lebenslanger Haft verurteilt.

Carr, Rosamond Halsey: Enge Freundin, aber auch Kritikerin von Dian Fossey. Gründerin des Waisenhauses *Imbabazi* in Gisenyi.

Fossey, Dian: Amerikanische Primatologin, 1985 ermordet. Erforschte die Lebensweise der Berggorillas im Virunga Nationalpark Ruandas.

Guevara, Ché: Kubanischer Revolutionär. Guevara und eine handvoll Berater unterstützte 1964 Kabilas Revolutionsarmee gegen Mobutu. Das Unternehmen scheiterte kläglich.

Habyarimana, Juvénal: Ehemaliger Präsident Ruandas. Mit dem Flugzeug, das von Unbekannten beschossen wurde, abgestürzt.

Kabila Kabange, Joseph: Sohn von Laurent Désiré Kabila. Von 2001 bis 2019 Präsident der Demokratischen Republik Kongo.

Kabila, Laurent-Désiré (Kabila Senior): Von 1997 bis 2001 Präsident der Demokratischen Republik Kongo.

Kagame, Paul: Präsident Ruandas.

Laurent Nkunda: Warlord im Ostkongo.

Nyiramacyibili: →Kinyarwanda für »Die Frau, die alleine im Wald lebt«. Dian Fosseys Name in der ruandischen Bevölkerung. Die Schreibweise wird unterschiedlich gehandhabt. In diesem Buch wird die Schreibweise entsprechend der ruandischen Gedenktafel auf ihrem Grab verwendet.

Uwilingiyimana, Agathe: Kurzzeitige Premierministerin der Hutu-Regierung unter Habyarimana. Von Hutu-Milizen ermordet.

Hinweis

Ein Nachtrag zur Geschichte der Dian Fossey und eine Liste der verwendeten Begriffe, Abkürzungen und Bezeichnungen finden sich am Ende des Buches.

Inhalt

Prolog

Nichts in der Nacht zuvor war ungewöhnlich. Am Morgen widmeten sich die Titelseiten der gesamten Weltpresse dem kleinen Land im Osten Afrikas.

Nahezu geräuschlos bewegte sich der Mann durch das lichte Buschwerk. Geschickt nutzte er fast unsichtbare Pfade, die nur Ortskundigen bekannt waren. Trotz der Dunkelheit bewältigte er ohne Verzögerung den Aufstieg bis zu seinem Ziel. Ruhig lag vor ihm die Lichtung im tropischen Regenwald. Aus einigen der einfachen Hütten drang noch vereinzelt flackerndes Licht. Es war schon nach Mitternacht. Wie schwebende Wattefetzen durchdrangen die Nebelschwaden die mit dichtem Geflecht umrankten Baumriesen. Als endlich alle Lichter erloschen waren, wartete er noch lange geduldig im Schutz der üppigen Vegetation. Er musste sicher sein, dass alle Bewohner schliefen.

Im Norden von Ruanda, an der südlichen Flanke des erloschenen Vulkans Visoke, lag in einer Höhe von dreitausend Metern die Forschungsstation *Karisoke*. Hier wurden die Lebensweise und das Verhalten der letzten freilebenden Berggorillas erforscht.

Der Morgen näherte sich schon zögernd der blauen Stunde. Es versprach ein schöner Tag zu werden. Mit den ersten, sanft durch die Morgendämmerung tastenden Sonnenstrahlen würden sich die Tauperlen auf den mit Moos und Orchideen bewachsenen Kosobäumen der Art *hagenia abyssinica* in ein schillerndes Kaleidoskop verwandeln.

Niemand bemerkte die Gestalt, die sich zielstrebig einer der Hütten näherte. Der Mann vermied es, die mit Kieselsteinen und Lavageröll ausgelegten Wege zu

15

betreten. Nur ein äsendes Buschbockpaar hob kurz die Köpfe, um danach gleichgültig die Suche nach den begehrten Triebspitzen fortzusetzen. Sie spürten, dass ihnen heute keine Gefahr drohte. Der nächtliche Besucher schenkte seiner Umgebung keine Beachtung. Die Zeit drängte. Nach Sonnenaufgang musste er wieder verschwunden sein. Er kannte seinen Weg. Unbemerkt erreichte er die links vom hinteren Ausgang gelegene Ecke einer Hütte. Vorsichtig drückte er ein Element der grün bemalten Wellblechmatten zur Seite und stieg ein. Zu seiner Überraschung lag etwa zwei Meter vor ihm die 1,82 Meter große Frau auf ihrem aus zwei Bettgestellen zusammengefügten Nachtlager. Er hatte nicht erwartet, dass sie anwesend war. Auf einem kleinen Salontisch standen neben einem leeren Glas eine halb volle Flasche Scotch – ihre Gesellschaft in der Einsamkeit – sowie eine Kerosinlampe. An der Wand neben dem Bett hing eine *Panga*, das traditionelle Werkzeug der Arbeiter in den Zuckerrohrplantagen, die sie einem Wilderer abgenommen hatte. Im Hintergrund stand ein geschmückter Weihnachtsbaum. Darunter lagen verpackte Geschenke für die Mitarbeiter der Forschungsstation. Die Weihnachtsfeier war dieses Jahr wegen eines überraschend angekündigten Besuches auf den Neujahrstag verschoben worden.

Ein Geräusch ließ die Frau jäh aus ihrem Schlaf erwachen. Sie richtete sich auf und sah den dunklen Schatten vor ihrem Nachtlager. Schnell griff sie nach einer neben ihr auf dem Boden liegenden ungeladenen Pistole und versuchte, ein Magazin einzuführen. Mit zwei Schritten trat der Mann auf die Frau zu und entriss ihr die Waffe. Die Pistole fiel auf den Boden, ohne dass die Frau auf den Eindringling anlegen

16

konnte. Es hätte ihr nichts genützt. Später würde man feststellen, dass das Magazin die falsche Munition enthielt. Die, als sehr resolut bekannte, Forscherin ließ sich nicht einschüchtern. Der Mann hatte nicht mit einer so heftigen Gegenwehr der großen Frau gerechnet. Es begann ein Kampf, in dessen Verlauf der Tisch umkippte und die Glasscherben der Lampe und des Glases sich auf dem Boden verteilten. Nach kurzer, heftiger Auseinandersetzung griff der unbewaffnete Fremde zu der *Panga* an der Wand und zielte mit der Hiebwaffe mehrere Male auf ihren Kopf. Die Forscherin wurde dabei zwar verletzt, konnte den Angreifer aber immer noch abwehren. Der Mann, bereits im Zustand höchster Bedrängnis, holte schließlich zu einem fürchterlichen Schlag diagonal über das Gesicht der Frau aus. Es entfuhr ihr noch ein leiser, erstickter Schrei, bevor die Hiebwaffe ihren Schädel spaltete. Die weltberühmte Primatologin Dian Fossey war bereits tot, als sie mit vor Entsetzen erstarrtem Gesicht rückwärts neben ihr Bett fiel.

Fieberhaft begann der Mörder die Hütte zu durchsuchen. Geld und Reisechecks von mehr als dreitausend US-Dollar, Schmuck, Kameras und weitere wertvolle Ausrüstungsgegenstände beachtete er nicht. Sein Interesse galt zwei bestimmten Gegenständen. Nachdem schließlich alle Schränke und Kommoden durchwühlt waren, fand er einen davon. Schnell steckte er den Fund in seine Jackentasche. Nervös blickte er um sich, aber der zweite Gegenstand blieb verborgen. Es wurde Zeit zu verschwinden. Ohne sich weiter umzusehen, öffnete er die von innen verschlossene Eingangstür und verließ das *Mausoleum*, wie die Bewohnerin ihre einfache Hütte scherzhaft genannt hatte. Kurz darauf war er wieder im Dickicht des Vulkans Visoke verschwunden.

Jahrelang hatte die Amerikanerin Dian Fossey erfolgreich einen erbitterten Kampf um den Lebensraum der Gorillas geführt. Den Kampf um ihr Leben hatte sie im Morgengrauen des 27. Dezember 1985 verloren.

1

Einige Jahre später. Das Toyota-SUV quälte sich im Abendverkehr durch Kigali, die Hauptstadt Ruandas. Der Ausbau des Straßennetzes im Land hatte durch den Einsatz chinesischer und deutscher Firmen bereits große Fortschritte gemacht. Trotzdem konnten die Städte mit dem zunehmenden Verkehrsaufkommen nicht mithalten. Obwohl Ruanda immer noch zu den ärmsten Ländern der Welt gehörte, etablierte sich eine gut verdienende Mittelschicht, die auf Statussymbole wie neue Fahrzeuge nicht verzichten wollte und diese auch gerne präsentierte. Etwas seltener, aber dennoch im Straßenbild auffällig waren die SUV der Oberklasse japanischer und europäischer Hersteller, deren Insassen sich diskret hinter dunkel getönten Scheiben verbargen.

Meistens nahm Jean-Bosco Kabeera mit seinem Dienstfahrzeug nach der Arbeit im National Police Headquarter die kürzeste Strecke zu seinem Haus im Stadtteil Kinyinya über die Avenue du Lac Kivu. Heute fuhr er den Weg über den Place du 5. Juillet, um seine Frau Chantal und zwei seiner drei Kinder vom Markt in Remera abzuholen. Bosco, wie ihn Freunde und Mitarbeiter nannten, wusste, dass sie das einmal in der Woche von ihm erwartete. Wenn er, was nicht selten vorkam, im Criminal Investigation Department, dem CID, gebraucht wurde, präsentierte sie ihm danach, mit etwas gespieltem Missmut, die Taxirechnung. Dabei vergaß sie nicht, die Gelegenheit zu ergreifen, zum wiederholten Mal den Kauf eines eigenen Fahrzeuges anzumahnen, um ihre Mobilität in der weiträumig besiedelten Hauptstadt Ruandas zu verbessern.

Sie hatten sich von einigen Ersparnissen seines nicht allzu üppigen Gehaltes und mithilfe von der Regierung bereitgestellter Fördermittel ein Fünf-Zimmer-Haus angeschafft, dessen Raten nun abzubezahlen waren. Daher drückte er sich bisher um die Anschaffung eines eigenen Fahrzeuges und nutzte sein Dienstfahrzeug gelegentlich für private Fahrten, wofür er seinem Dienstrang entsprechend eine Genehmigung hatte. Trotzdem bemühte er sich, dieses Privileg nicht allzu exzessiv zu nutzen. Wie er standen viele seiner Kollegen voll hinter der Kampagne der Regierung gegen die Korruption und wachten streng darüber, dass auch ihre Familien sauber blieben. Der Erfolg blieb nicht aus. Ruanda steht im Ranking von Transparency International als das am geringsten korrupte Land Afrikas auf der Liste.

Der *gardien* öffnete das Eingangstor und half seinen Arbeitgebern beim Ausladen der Einkäufe. Für weitere Aufgaben stand er nicht zur Verfügung, obwohl sich seine Auslastung in einem überschaubaren Rahmen bewegte.

Besitzer oder Mieter von Häusern benötigten in Kigali einen *gardien,* ob sie wollten oder nicht. Wer nicht die teuren Sicherheitsdienste in Anspruch nehmen wollte oder konnte, dem boten junge Männer, deren Schulbildung eine Anstellung auf dem ersten Arbeitsmarkt nicht ermöglichte, ihre Dienste an. Die Regeln waren ungeschrieben, aber einfach und galten überall in Afrika, als gäbe es eine kontinental übergreifende Organisation von Wachmännern. Viele *gardiens* waren ehemalige Kleinkriminelle, die, wenn sie keinen Job hatten, Häuser ausplünderten, deren Bewohner keinen Wachdienst beschäftigten. Andererseits wurden Bewohner, die einen von ihnen einstellten, unbehelligt gelassen. Die Aufgabe, das Haus zu schützen, setzte aber nicht die durchgehende

Anwesenheit des *gardiens* voraus. Sofern sich die Kollegen in der Nachbarschaft über eine zeitweilige Vertretung der Routinetätigkeiten, wie das Öffnen des Eingangstores, einigten, konnte er sich auch für einige Zeit entfernen und das Haus blieb dennoch unbehelligt. Es lag auf der Hand, dass die Häuser von Ausländern bei Einbrechern besondere Aufmerksamkeit genossen, aber auch Einheimische und sogar Polizisten konnten nicht sicher sein, verschont zu bleiben. Da die Entlohnung von Wachpersonal vergleichsweise bescheiden war, hatte sich bei den Mietern und Hausbesitzern die Erkenntnis durchgesetzt, dass es für alle Beteiligte die beste Lösung war, sich diesem System der Arbeitsbeschaffung für gesellschaftliche Außenseiter zu beugen. Johnson, so hatte er sich vorgestellt, war ein Kongolese, der während der Kriegswirren im Osten seines Landes nach Ruanda kam und eine Ruanderin heiratete. Seine Frau arbeitete in einem anderen Haushalt, half aber auch bei Bedarf in Boscos Familie aus.

Bosco wusste, dass er bezüglich des Fahrzeuges irgendwann nachgeben musste. Schon oft hatte er festgestellt, wie ausdauernd seine Frau ihre Ziele verfolgen konnte. Sie entstammte der Volksgruppe der Tutsi und war als Juristin bis in das Jahr 2000, das sechste Jahr nach dem Genozid, mit dessen Aufarbeitung beschäftigt gewesen.

Chantal und Bosco kannten sich seit 1981. Damals arbeitete er als Ranger der Parkverwaltung des Virunga Nationalparks zum Schutz der dort lebenden Berggorillas. Die dort erlangten Fähigkeiten und die Erfahrung in der Auseinandersetzung mit bewaffneten

Wilderern waren ihm später noch von großem Nutzen. Trotz seiner bulligen Statur, die es etwas schwierig erscheinen ließ, die gesamte Masse auf eine Körpergröße von 1,83 Meter zu verteilen, war er äußerst beweglich. Seine Kollegen nannten ihn hinter seinem Rücken *Onkel Bert*. Der Name war einem Gorilla entlehnt, an dem die Primatologin Dian Fossey Verhaltensforschung betrieb. Bosco wusste es, ging aber belustigt darüber hinweg. Der Gorilla wurde später, wie viele andere, von Wilderern getötet.

Als die Aktivitäten der Wilderer zunahmen, gründete Dian Fossey eine eigene Schutztruppe, die versuchte, Fallen zu zerstören und Wilderer festzunehmen. Sie weigerte sich strikt, mit der Parkverwaltung zusammenzuarbeiten, da diese bestrebt war, das Schutzgebiet für den Tourismus zu erschließen, was sie ablehnte. Als die Zusammenstöße mit den Wilderern zunahmen und Dian Fossey sich von der Regierung und ihren Geldgebern im Stich gelassen fühlte, nahm ihr Verhalten zunehmend paranoide Züge an. Bosco stand mit seiner Ansicht nicht allein, dass sie bei ihrem wütenden Kampf um das Schutzgebiet der Berggorillas gleich mehrere rote Linien überschritten hatte. Der ständigen Auseinandersetzungen zwischen der Forscherin und den Mitarbeitern der Parkverwaltung überdrüssig, kündigte er und trat im Süden Ruandas einen neuen Job als stellvertretender Leiter der Verwaltung des Nyungwe-Regenwaldes an.

Dian Fossey gründete die Forschungsstation am 24. September 1967 um 16 Uhr dreißig, wie sie akribisch in ihren Aufzeichnungen notierte. Von den Bewohnern der Virunga-Vulkankette, von der nur noch der mythenumrankte Nyiragongo auf kongolesischer Seite aktiv ist, wurde sie *Nyiramacyibili,* »Die Dame, die allein im Wald lebt«, genannt. Eine eher wohlmeinende Bezeichnung, denn viele Bewohner der Dörfer rund um den Virunga-Nationalpark bezeichneten sie schlicht als *Hexe*. Die von Dian Fossey als *Karisoke* bezeichnete Forschungsstation, ein Kunstbegriff aus den Namen der angrenzenden Vulkane Karisimbi und Visoke, war seit der Gründung bis zu Fosseys Ermordung ihr Lebensinhalt. Die Forscherin war Initiatorin des Gorilla-Schutzgebietes, für das sie entschieden, aber zuweilen mit höchst befremdlichen Methoden kämpfte. Nach ihrer Ermordung wurden einer ihrer ehemaligen Fährtensucher, der Ruander Emmanuel Rwelekana und der amerikanische Student Wayne McGuire der Tat bezichtigt und festgenommen. Rwelekana verstarb unter ungeklärten Umständen im Gefängnis, McGuire gelang, mithilfe der amerikanischen Botschaft und passiver Unterstützung der ruandischen Behörden, die Ausreise. Der Student wurde später in Abwesenheit zum Tode verurteilt. Die Spekulationen um die Ermordung der *Nyiramacyibili* rissen aber nie ab. Nach weiteren Recherchen, die offenbarten, dass die Ermittlungen in dem Fall äußerst stümperhaft durchgeführt worden waren, kamen die Kommentatoren mehrheitlich zu dem Ergebnis, dass die Verurteilten kaum die Mörder sein konnten.

Nachdem Grégoire geboren war, heirateten Bosco und Chantal. Nadège folgte zwei Jahre später. Jean-Bosco Kabeera gehörte zur Volksgruppe der Hutu und hatte eine geradlinige Karriere bis zum Chief Inspector des CID hinter sich. Nach dem Genozid und dem Sturz des Hutu-Regimes 1994 bemühte sich die Administration Präsident Kagames, die aus kolonialem Erbe verbliebene ethnische Spaltung des Landes zu überwinden. In offizieller und gesetzlich verankerter Sprachregelung wurde festgelegt, dass alle im Land Geborenen und Eingebürgerten nur noch Ruander sind. Das Bekenntnis zu einer ethnischen Gruppe wurde verboten.

Boscos Zugehörigkeit zur Hutu-Volksgruppe war nach einer obligatorischen Überprüfung dann auch kein Problem. Nach seiner Beförderung zum Chief Inspector wurden ihm drei Mitarbeiter zugeteilt: zwei davon, Fabien Kagire und Alphonse Butera, im Rang eines Inspektors, sowie Jean-Baptiste Makolo, ein Constable. Im Rahmen eines Erfahrungsaustausches mit dem deutschen Bundeskriminalamt in Wiesbaden assistierte noch die deutsche Hauptkommissarin Ariane Manstein. Alphonse und Jean-Baptiste teilten sich ein Arbeitszimmer. Beide waren verheiratet und übernahmen oft Routinearbeiten im Büro.

Jean-Baptiste offenbarte immer wieder eine Vorliebe für ungewöhnliche Kleiderkombinationen, wenn er nicht gerade in Uniform erscheinen musste. Seine Frau hatte ein kleines Bekleidungsgeschäft, in dem sie vorwiegend *Mitumba* verkaufte. *Mitumba* sind Kleidungsstücke, die aus Kleiderspenden gut meinender Bürger westlicher Industrieländer über karitative Organisationen nach Afrika verkauft werden. Zentraler Umschlagplatz in Ostafrika ist das tansanische Daressalam. Das lukrative Geschäft ist nahezu komplett in der Hand libanesischer und indischer Großhändler. Von dort wird die Kiloware von den Einzelhändlern aufgekauft und in der ganzen Region an die Verbraucher veräußert. Die bedauerliche Nebenerscheinung dieses globalisierten Altkleiderhandels ist der Niedergang einer vormals gut funktionierenden Textilindustrie in Tansania.

Für Ariane stand in Fabiens großem Büro noch ein Arbeitsplatz zur Verfügung. Beide waren unverheiratet. Ariane war nach einigen gescheiterten Beziehungen in Deutschland recht unschlüssig, wie sie ihre Zukunft gestalten sollte. Auch ihre Entscheidung, nach dem ersten juristischen Staatsexamen in den Polizeidienst zu wechseln, traf auf wenig Begeisterung. So entschloss sie sich spontan, das Angebot, zwei Jahre in Ruanda zu verbringen, anzunehmen. Die Trennung von ihrer gewohnten Umgebung bot die Gelegenheit, den immer wieder aufkommenden Diskussionen um ihren familiären Status in ihrem konservativen Elternhaus und im Freundeskreis aus dem Weg zu gehen. Ariane und Fabien waren Kampfsportler und trafen sich wöchentlich in der Sporthalle der Polizei, um zu trainieren.

Ruanda hatte auch nach zwanzig Jahren das Trauma des Genozides noch nicht überwunden. Immer noch berichteten Zeitungen täglich über neue Enthüllungen und Aussagen von Zeitzeugen. Der Konflikt zwischen den Hutu und den Tutsi wurde in der Presse oft sehr oberflächlich und manchmal auch falsch dargestellt. Hinweise, dass es sich im Kern um den uralten Konflikt zwischen Bauern und Viehhirten handelte, wie er in der einen oder anderen Form weltweit existiert, griffen zu kurz. Beide Gruppen lebten in Ruanda lange friedlich nebeneinander und vermischten sich auch. Eine ethnisch orientierte Definition war nicht üblich. Wichtig war aber der Status. Es gab die herrschende Gruppe der Tutsi mit ihren Königen, den *Mwami*, und die tributpflichtigen Hutu. Ein Hutu konnte aber auch in die Gruppe der Tutsi übernommen werden, wenn er durch den Besitz von

Rindern gesellschaftlich aufstieg. Die Batwa, ein indigenes Pygmäenvolk, stellten zwar die Urbevölkerung, waren aber bald in der Minderheit und sind bis heute gesellschaftlich weitgehend marginalisiert. Ein sozialer Aufstieg ist ihnen nicht prinzipiell verwehrt, aber die realen Lebensverhältnisse gestatten dies selten.

Mit einer solchen flexiblen Handhabung gesellschaftlicher Organisation war das bürokratisch ausgerichtete belgische Protektorat, das das Land nach dem Ersten Weltkrieg von der deutschen Kolonialverwaltung übernahm, überfordert. Es ist nicht verwunderlich, dass auch der im europäischen Gedankengut noch verwurzelte Rassismus in den Kolonien seine Fortsetzung fand und als geeignetes Herrschaftsinstrument eingesetzt wurde. Eine rassistisch orientierte Kategorisierung der Bevölkerung half, die personell unterbesetzte Kolonialverwaltung zu stabilisieren. Man versicherte sich der Unterstützung der Tutsi mit ihrem Monarchen, dem *Mwami*, indem man sie einer rassisch höherwertigen Ethnie zuordnete – eine tiefgreifende Zäsur im gesellschaftlichen Leben der Ruander. Unter dem Druck der Belgier fanden sich die Tutsi schnell bereit, diese Rolle zu übernehmen. Sie wandelten sich von einer allgemein akzeptierten regierenden Minderheit zu Unterdrückern der Hutu-Mehrheit. Fortan wurde die ethnische Zugehörigkeit in den Ausweisen vermerkt. Nach einem Aufstand der Hutu 1959 und der Flucht vieler Tutsi erlangte Ruanda 1962 die Unabhängigkeit. Nach einem Putsch gegen die erste Republik etablierte sich 1973 die Hutu-Regierung unter Juvénal Habyarimana. Die Methode, mit einem Vermerk in den Ausweisen die Bevölkerung zu kategorisieren, wurde später von der Hutu-Regierung genutzt, um den Genozid langfristig vorzubereiten.

Das Töten begann am 6. April 1994. Unbekannte hatten das Flugzeug des Präsidenten Habyarimana beim Landeanflug auf Kigali mit einer Boden-Luft-Rakete abgeschossen. Sofort wurde die Tutsi-Bevölkerung der Tat beschuldigt, obwohl es Indizien gab, dass Hutu-Extremisten für das Attentat verantwortlich waren. Der Sender *Radio Television Libre des Mille Collines*, *RTL*, rief zur Jagd nach den *Inyenzi* – den »Kakerlaken«, wie die Tutsi hasserfüllt genannt wurden, auf. Chantal als Tutsi, aber auch Bosco und die Kinder Grégoire und Nadège, waren in höchster Gefahr. Sie versteckten sich während des Genozides bis zum Einmarsch der Armee unter General Kagame, der ruandischen patriotischen Front RPF, im Hohlraum unter einem Behälter des Wasserwerkes in Ruhengeri. Hutu-Mörderbanden der *Interahamwe* durchstreiften mit Listen auf der Suche nach Tutsi-Angehörigen die Wohngebiete. Der einhundert Tage andauernde Blutrausch hinterließ geschätzte achthunderttausend bis eine Million ermordete Tutsi, aber auch Angehörige der Hutu, die sich den Mörderbanden nicht angeschlossen hatten. Viele Opfer wurden mit Macheten aufgeschlitzt. Frauen wurden zuvor vergewaltigt und bestialisch misshandelt. Wenn man sie als Sexsklavinnen leben ließ, schnitt man ihnen die Beinsehnen durch, um sie an der Flucht zu hindern. Auch Kinder wurden nicht verschont. Wer darum bat, erschossen statt von Macheten zerhackt zu werden, musste für die Gnade dreißig Dollar bezahlen.

Nur ein Cousin, ein Angehöriger der regulären Hutu-Armee, der Force Armées Ruandaise, FAR, half

Boscos Familie, unter Gefahr für sein eigenes Leben, den Alptraum zu überstehen.

Die ständige Angst vor Entdeckung, besonders während Boscos nächtlichen Ausflügen zur Beschaffung von Nahrung mit der Ungewissheit seiner Wiederkehr, prägte ihr Dasein. Als Bosco einmal auf der Suche nach Nahrungsmitteln das Refugium verließ, hörte er bei seiner Rückkehr aus einem Radio die Hasstiraden der RTLM-Moderatorin Valérie Bemeriki:

> »Tod! Tod! Die Gräben sind erst zur Hälfte mit den Leichen der Tutsi gefüllt. Beeilt euch, sie ganz aufzufüllen. Spart die Kugeln. Schlitzt sie mit Macheten auf.«

Darauf ertönte die Grunge-Band Nirvana mit »*Rape Me*«, und Bosco wusste, dass ihr Versteck entdeckt worden war. Zwei herumstreunende jüngere Männer der *Interahamwe* versuchten, Chantal zu vergewaltigen. Einer hielt sie fest, der andere war dabei, ihr die Kleider vom Körper zu reißen. Sie wehrte sich heftig. Ihr Gesicht war bereits von Schlagspuren gezeichnet. Die Kinder saßen weinend mit schreckgeweiteten Augen in einer Ecke. Bosco hatte später oft an diesen Moment gedacht und versucht zu begreifen, was damals in ihm vorging. Er, der bis dahin eher friedlich gesinnte Mann, Ehemann und Vater verwandelte sich innerhalb eines Momentes in eine tödliche Kampfmaschine. Wie in Trance zog er, um keine Aufmerksamkeit zu erregen, anstelle seiner Pistole ein Jagdmesser und stürmte mit entfesselter Wut in das Versteck. Der Marodeur, der dabei war, Chantal zu vergewaltigen, stand mit dem Rücken zu ihm. Bevor er sich umdrehen konnte, stach Bosco ihm das Messer in den Nacken und stieß ihn zur

Seite, während er das Messer zurückzog. Mit durchtrennter Halswirbelsäule fiel der Mann gelähmt und röchelnd nach vorne auf sein Gesicht. Der andere ließ von Chantal ab und versuchte noch, nach einer Pistole zu greifen, als Boscos Messer ihn ins Herz traf. Sterbend konnte er noch mit schreckgeweiteten Augen zusehen, wie Bosco sie entwaffnete. Nach Eintritt der Dunkelheit ließ er die beiden Marodeure mithilfe seines Cousins verschwinden. Dieses Erlebnis lastete noch Jahre danach auf ihm. Er hatte es nicht für möglich gehalten, dass er imstande wäre, so kaltblütig zu töten. Bosco wollte nie wieder darüber sprechen. Er wusste, dass Chantal stark genug war, das Erlebnis zu verarbeiten, und war sich auch sicher, dass sie Grégoire und Nadège half, damit umzugehen.

Nach der Machtübernahme durch General Kagame bot man ihm eine Anstellung bei der Polizei in Kigali an, wo er bald durch seine sorgfältige Arbeitsweise, aber auch durch seine wachen Instinkte auf sich aufmerksam machte. Wohlwollende Förderer empfahlen ihn zu weiterführenden juristischen und kriminaltechnischen Lehrgängen, die er unter anderem in Deutschland beim Bundeskriminalamt in Wiesbaden absolvierte. Seither empfand er für die Deutschen freundschaftliche Gefühle und glaubte, so etwas wie eine, nicht zuletzt historisch bedingte, Seelenverwandtschaft entdeckt zu haben. Es stimmte ihn hoffnungsvoll, dass die Deutschen 59 Jahre nach dem Desaster des Zweiten Weltkrieges ihre Vergangenheit überwunden hatten und sich selbstbewusst in der Weltgemeinschaft präsentierten. In Ruanda verheilten die Wunden des einhundert Tage andauernden Blutrausches nur zögernd. Die Administration hatte nach dem Genozid mithilfe ausländischer Juristen eine Gerichtsbarkeit installiert und gleichzeitig eine Kampagne zur nationalen Versöhnung eingeleitet. Während die Hauptverantwortlichen des Mörderregimes dem UN-Tribunal im tansanischen Arusha überstellt wurden, machte die ruandische Justiz bis heute unerbittlich Jagd auf die Marodeure. Wer nicht zum Tode verurteilt wurde, fristete oft lange Jahre ein Leben als *Flamingo* im Gefängnis, so genannt in Anlehnung an die pinkfarbene Gefängniskleidung für politische Häftlinge. Die unterste Ebene der Justiz, die *Gacacas*, wurde nach dem Vorbild der ehemaligen Dorfgerichte eingerichtet und fand weltweit Anerkennung. Seine Kinder würden, so hoffte Bosco, diese Last der Vergangenheit nicht mehr spüren.

Wie viele Ruander hatte auch Bosco wenig Verständnis für die weltweite Kritik an der konsequenten, auch grenzüberschreitenden Verfolgung der Mörder der hundert Tage. Besonders von den Deutschen, die es nicht verhinderten, dass selbst aktive Mitglieder der NSDAP nach dem Zweiten Weltkrieg höchste Ämter wahrnehmen konnten, wollte man sich in dieser Angelegenheit nicht belehren lassen.

Bald wurde Englisch als dritte Amtssprache eingeführt. Offiziell wurde dies mit dem Wunsch, engeren Kontakt mit den anglofonen Nachbarn Tansania und Uganda zu unterhalten, begründet. Zweifellos führte aber auch der Mangel an Sprachkenntnissen der überwiegend in diesen Nachbarländern aufgewachsenen Tutsi zu dieser Entscheidung. Viele der Rückkehrer beherrschten weder Französisch noch die Landessprache Kinyarwanda in ausreichendem Maße. Spürbar war außerdem der Wunsch, sich von den Franzosen zu distanzieren. Frankreich hatte das Hutu-Terrorregime bis zuletzt unterstützt und Waffen geliefert. Diesem Umstand begegnete Bosco durch das Studium englischsprachiger Fachlektüre und der in Kigali erscheinenden *The New Times*, bei dem ihm auch Chantal, die vorzüglich Englisch sprach, half. Bei seinen Mitarbeitern und Vorgesetzten wurden diese Fähigkeiten sehr geschätzt. Viele seiner Kollegen stammten aus dem Kreis der englischsprachigen Exilanten. Andere gehörten zu den im Lande verbliebenen unbelasteten Hutu. Sie hatten es, wie er selbst, irgendwie geschafft, nicht in die Hände der marodierenden Milizen zu fallen, mit der Alternative, mordend durch das Land zu ziehen oder selbst dem Mob zum Opfer zu fallen.

Nach der Geburt des Nesthäkchens Agathe, die nun fünf Jahre alt und gerade eingeschult worden war, hielt es Bosco für angemessen, mit Chantal ein ernstes Gespräch über familiäre Geburtenkontrolle zu führen, was sie nachsichtig lächelnd zur Kenntnis nahm.

Das CID war gerade mit dem Fall des vermissten Mitarbeiters einer Nichtregierungsorganisation NRO beschäftigt. Die Ermittlungen standen noch am Anfang.

Seit den grauenvollen Tagen des Jahres 1994 bemühte sich die Weltgemeinschaft, die Flüchtlingsprobleme in den Kivu Provinzen des Kongo und in Ruanda, unter Aufwendung erheblicher finanzieller Mittel zu kontrollieren. Berater zahlreicher NRO, staatlicher Hilfsorganisationen wie der für Entwicklungshilfe und natürlich der Vereinten Nationen unterwarfen die noch existierenden staatlichen Institutionen der Region einem permanenten Assessment. Ziel war die Verbesserung der Infrastruktur, der Ausbau der

Energie- und Wasserversorgung, politische Schulung, Optimierung der Agrartechnik und vieler anderer Gebiete. Wenn sich auch Erfolge nicht immer schnell einstellten, so zahlte es sich allmählich aus, dass die meisten Geldgeber Aufbauprogramme mit der Schulung lokaler Fachkräfte verbanden, die in die Projektregionen entsandt wurden und dort wertvolle Arbeit leisteten.

Nach dem Verschwinden des NRO-Mitarbeiters hatten sie nach der Anzeige des Büroleiters in Kigali einige Hinweise verfolgt, die aber alle im Sande verliefen. Da der Mann Kongolese war und in Projektgebieten der Kivu-Region im Osten des Kongos tätig war, versuchten sie, über die kongolesische Administration Näheres zu erfahren, konnten aber nur abwarten, ob ihre Bitte um Unterstützung in Kinshasa Erfolg hatte.

2

Samstag, 13. August. Aus Boscos Mobiltelefon klangen die ersten Takte der inoffiziellen Hymne *Inzinzi*. Das Display wies auf die private Telefonnummer seines Kollegen Théonèste Mugisha aus Gisenyi hin. Seit ihrer gemeinsamen Zeit als Ranger im Virunga-Nationalpark war er mit Théonèste, den alle Kollegen Théo nannten, eng befreundet. Anders aber als Bosco, dem man inzwischen einen gewissen Mangel an Bewegung ansah, pflegte Théo nach wie vor verschiedene Sportarten. Bei Polizeimeisterschaften belegte er immer einen der vorderen Plätze. Durch seine Frau Vana, eine Kongolesin, war Théo mit einer Großfamilie in der Nord-Kivu-Provinz verwandt, ein Umstand, der in der Grenzstadt Gisenyi hilfreich war. Auch ihre Kinder, Julie und Raymond, hatten sich mit Boscos Kindern angefreundet.

Mit Théos Familie verbanden ihn viele Erinnerungen. Immer wieder, meist an den Wochenenden, trafen sie sich zu gemeinsamen Unternehmungen in den Nationalparks des Landes, am Kivu-See und auch bei deren Gegenbesuchen in Kigali. Besonders die Wochenenden in Gisenyi, an denen sie alle unbeschwert im Kivu-See schwammen, genossen sie.

Der Kivu-See ist der einzige See in der Region, in dem man ungefährdet ins Wasser gehen kann. Der See liegt in der Bruchzone des ostafrikanischen Grabens, und das Wasser wird durch den aktiven Vulkanismus am Grund des Sees mit Kohlendioxid und Methan angereichert. Dies und der hohe Salzgehalt schließen den See als Biotop für ein weites Spektrum der Flora und Fauna aus. Die ständige Zufuhr durch Gase macht den See aber auch zu einem der gefährlichsten Gewässer in Ostafrika. Die Methankonzentration war in den letzten zwanzig Jahren kontinuierlich angestiegen. Eine Übersättigung des Wassers mit den ständig nachströmenden Gasen und die Veränderung des Druckgleichgewichtes könnten zu einem Gasausbruch führen und das gesamte Leben rund um den See auslöschen. Die in jüngster Zeit begonnene Ausbeutung des Gases aus dem Kivu-See, um der chronischen Energieknappheit des Landes zu begegnen, trifft unter Wissenschaftlern daher nach wie vor auf Skepsis. Die Katastrophe am Nyos-See in Kamerun, die 1986 durch einen Gasausbruch mehr als 1700 Todesopfer gefordert hatte, war noch in lebhafter Erinnerung.

Über solche Szenarien machen sich Besucher keine Gedanken. Der Grund für den Niedergang des vormals blühenden Tourismus am Kivu-See war lediglich in der politischen Situation begründet. Darunter leidet heute besonders Gisenyi, aber auch das kongolesische Bukavu am südlichen Ende des Kivu-Sees. Beide Städte hatten es früher zu einem gewissen Wohlstand gebracht. Davon zeugen noch heute einige Villen im Kolonialstil.

Inzwischen tummeln sich an manchen Wochenenden wieder zahlreiche Touristen am Strand. Selbst Hotels mit niedrigem Standard beeindrucken immer noch mit ihrem maroden Charme und sind gut gebucht.

Bosco und Chantal saßen nach dem Mittagessen noch am Tisch, um eine Tasse Kaffee zu trinken, als Théo anrief. Bosco nahm an, dass dieser daran erinnern wollte, dass das letzte Treffen schon lange zurücklag. Sein Freund kam aber sofort dienstlich zur Sache:

»Bosco, wir haben einen übel zugerichteten männlichen Toten. Ich wäre dir dankbar, wenn du mal vorbeischauen könntest.«

»Wann habt ihr ihn gefunden?«

»Die Grenzmannschaft hat uns angerufen. Ein Fischer hat ihn heute Morgen um 8:15 Uhr von seinem Boot aus gesehen und sie informiert. Sie haben seinen Namen und seinen Wohnort aufgeschrieben und ihn wieder laufenlassen. Der Tote liegt direkt am Ufer an der Grenze nach Goma, nahe bei der ›Grande Barrière‹.«

»Hast du den Staatsanwalt informiert?«

»Er ist wohl am Wochenende verreist, aber ich habe ihm die Anzeige schriftlich zukommen lassen.«

»Gibt es schon irgendwelche Hinweise auf mögliche Täter?«

»Nein! Äh, Bosco, da ist noch etwas.«

»Nämlich?«

»Der Tote ist ein *Mzungu*.« Während Bosco, tief einatmend, zunächst nichts sagte, fügte er noch »*un blanc*« hinzu, als hätte dieser ihn nicht richtig verstanden. Bosco hatte gut verstanden, ein Weißer, vermutlich Ausländer.

Er, wie auch viele andere Ruander im Norden des Landes, benutzten das Swahili-Wort *Mzungu,* im Plural *Wazungu* für die Weißen oft anstelle der Bezeichnung *Umuzungu* des Kinyarwanda.

Das war keine gute Nachricht, erklärte aber das Hilfeersuchen. Théo, den er als besonders fähigen Kollegen schätzte, war selten auf Unterstützung angewiesen. Beiden war sofort klar, dass dieser Fall die Aufmerksamkeit der Generalstaatsanwaltschaft NPPA in Kigali, auf sich ziehen würde. So musste Bosco damit rechnen, die Akte bald auf seinem Schreibtisch vorzufinden.

Der Generalstaatsanwalt wurde im CID entweder *General* oder *GS* genannt. John Mugambage verrichtete seinen Job als Generalstaatsanwalt präzise und unnachsichtig, konnte aber auch pragmatisch sein. Er war ein alter Kampfgefährte des Präsidenten und der Tutsi-Elite angehörig. Dennoch kam niemand auf die Idee, dass Mugambage seinen Posten nur seinem Netzwerk zu verdanken hatte. Er war klug und etwas eitel. Wenn er sich aber entscheiden musste, gewann immer seine Klugheit die Oberhand. Unwahrscheinlich, dass er sich diesen Fall entgehen ließ. Es war bekannt, dass er ein Ministeramt anstrebte. Die Darstellung seiner Behörde in der Presse und im staatlichen Fernsehen Rwanda TV könnte ihm entgegenkommen.

Bevor Bosco antworten konnte, fuhr Théo fort:

»Er hat eine Maske auf dem Gesicht.«

»Wie, eine Maske? Was für eine Maske?«

»Eine Holzmaske, wie sie noch immer in kongolesischen Dörfern zu diversen Festen und Ritualen verwendet wird. Viele werden inzwischen aber an Touristen verkauft. Wir haben sie ihm noch nicht abgenommen. Ist ja durchaus mal was Neues, bedeutet aber vermutlich reichlich Ärger.«

Bosco schwieg einen Moment. Wie viele Afrikaner der postkolonialen Ära hatte er bisher wenig Berührung mit den Stammesriten und Gebräuchen der Vorfahren gehabt. Die Bildungselite Ruandas drängte in die Moderne.

»Treibt hier jemand einen üblen Scherz, Théo?«

»Ein recht makabrer Scherz, dem Toten hat man die Beine abgetrennt.«

Bosco, der gerade eine Tasse mit Kaffee zum Mund führte, setzte die Tasse wieder ab und schwieg einen

Moment. Wie schon oft, drohten Bilder aus der Vergangenheit sich seiner Gedanken zu bemächtigen, und er hatte Mühe, sie abzuschütteln.

»Liegen die Beine noch bei dem Toten?«

»Nein, wir konnten sie auch nicht im näheren Umfeld finden.«

Bosco sah auf die Uhr. Es war zwölf Uhr Mittag. In etwa dreieinhalb bis vier Stunden konnte er vor Ort sein. Da er noch keinen offiziellen Auftrag hatte, beschloss er, seine Fahrt nach Gisenyi zunächst nicht als Dienstreise anzugeben. Seinen Einsatz dort konnte er mit seiner zufälligen Anwesenheit erklären, falls dies überhaupt notwendig war. Théo hatte ihn privat angerufen.

»In Ordnung, Théo, ich komme. Sperre bitte den Fundort ab und lass ihn bewachen. Und bitte, lasst ihm die Maske noch auf dem Gesicht. Das würde ich mir gerne selbst ansehen. Außerdem ist es besser, wenn er vor der Öffentlichkeit vorläufig noch anonym bleibt. Ich fahre gleich los.«

»Okay, die Absperrung steht bereits. Danke, ich erwarte dich.«

Chantal hatte Verständnis, dass er, wie schon oft, am Wochenende unterwegs sein würde, und wickelte schnell noch eine Flasche Bordeaux für Vana und Théo ein. Die politisch begründete Abwendung von der Frankophonie führte nicht soweit, auch auf gewisse Gewohnheiten zu verzichten. Beide Freunde waren, wie sie selbst auch, Liebhaber französischer Weine, von denen sie immer ein paar Flaschen auf Vorrat hatten und die sie gerne bei ihren Besuchen mitbrachten. Bosco überlegte, ob er auf dem Weg nach Gisenyi noch bei Chantals Mutter vorbeischauen sollte.

Wie er stammten auch Chantal und ihre Familie aus Ruhengeri, Hauptstadt der gleichnamigen Nordprovinz. Ihr Vater lebte nicht mehr. Er war Mitarbeiter von Agathe Uwilingiyimana gewesen, der kurzzeitigen Premierministerin der Hutu-Regierung unter Habyarimana. Er wurde zusammen mit ihr Opfer des Genozides. Trotz Bewachung durch UN-Blauhelme wurden sie und auch zehn Soldaten von dem Mob der *Interahamwe* ermordet.

Er verwarf den Gedanken aber wieder. Die Zeit würde zu knapp sein und Chantal selbst sprach ihn auch nicht darauf an. Trotzdem würde er kurz in seinem Hühnerstall in Ruhengeri vorbeischauen, um Théo und seiner Familie noch ein Huhn mitzubringen.

Außer einigen entfernten Verwandten hatte Bosco selbst keine Angehörigen mehr. Der Vater hatte sich schon früh von seiner Mutter getrennt. Sein Verbleib war unbekannt. Es gelang Bosco nicht immer, die Vorstellung zu verdrängen, eines Tages zu erfahren, dass sein Vater in den Genozid verwickelt gewesen war. Die Mutter war vor ein paar Jahren gestorben. Das alte Haus seiner Eltern in Ruhengeri wurde während der Unruhen durch eine marodierende Horde der Milizen stark beschädigt. Sie hatten seine Mutter verdächtigt, ihre Schwiegertochter zu verbergen. Bosco hatte das Haus zu Lebzeiten seiner Mutter mithilfe einiger Nachbarn bewohnbar gemacht. Letztlich aber waren die Schäden zu groß gewesen und inzwischen war das Haus irreparabel verfallen. Einzig ein Stallgebäude, in dem er Hühner züchtete, hatte er instand setzen können. Die Betreuung der Tiere überließ er gegen ein geringes Entgelt dem Jungen einer Bauernfamilie. Diese bewirtschaftete einige Felder am Fuße des Karisimbi, dem mit über viertausendfünfhundert

Metern höchsten Berg des Virunga-Nationalparks, Boscos früherem Arbeitsgebiet.

Schon an der Haustür küsste er seine Frau auf die Wange und umarmte kurz die kleine Agathe. Flüchtig winkte er noch seinen beiden Ältesten zu, die sich bereits um das Mobiltelefon ihrer Mutter stritten, um ihre Freunde zu kontaktieren. Auf dem kürzesten Weg fuhr er über die Avenue du Lac Kivu an der Busstation vorbei in Richtung Kigali-Ruhengeri Road.

Nach zehn Minuten Fahrt stöhnte er entnervt auf. Schon von weitem erkannte er den Fahrzeugstau.

Merde, daran hätte ich denken können.

Trotz seiner katholischen Erziehung konnte er sich das Fluchen nicht ganz abgewöhnen, aber er fand, dass es sich auf Französisch immer noch zivilisierter anhörte, als in anderen Sprachen, einschließlich Kinyarwanda.

Umständlich fummelte er in seinen Taschen und förderte schließlich seinen Dienstausweis zutage, während er seine Fahrt verlangsamte. Man vergaß es immer wieder. Es war *Umuganda*, traditionell der Tag, an dem Ruanda das Land säuberte. Kurz vor der Überquerung des kleinen Flusses Nyabugogo standen mehrere Fahrzeuge vor einer Straßensperre. Die Fahrer diskutierten heftig gestikulierend mit einem der Aufseher. Einen, kleinen schwitzenden Mann mit Anzug, weißem Hemd und Krawatte, erkannte er. Trotz seines Ärgers schmunzelte er. Es war ein Angestellter des staatlichen Hypothekenfonds, der ihnen beim Antrag und der Vergabe des Kredites für ihr Haus seinerzeit viel Ärger gemacht hatte. Nicht ohne Schadenfreude beobachtete er, wie ihm, immer noch protestierend, ein Spieß und ein Müllsack in die Hand gedrückt wurden, um ihn den Abfall am Straßenrand beseitigen zu lassen.

Wie überall, wenn vom Einzelnen Opfer für die Gemeinnützigkeit verlangt werden, sind Bürger sehr kreativ darin, ihren Einsatz zu umgehen. Es ist nicht einfach in Ruanda, sich *Umuganda* zu entziehen, es sei denn man war, wie die Polizisten, davon befreit. Wer sich davor drücken will, sollte lieber gleich zu Hause bleiben. Aber der Erfolg der Maßnahme überzeugte letztlich und führte zu einer allgemeinen Akzeptanz. Müll und weggeworfene Plastiktüten sind in vielen afrikanischen Ländern als einzig sichtbare Spur der *Wazungu*-Kultur allgegenwärtig. Die Einfuhr von Plastiktüten ist verboten und dank *Umuganda* ist Ruanda das sauberste Land Afrikas.

Nach Präsentation seiner Dienstplakette ließ man ihn, wenn auch mit etwas missmutigem Blick, weiterfahren. Nach drei Stunden Fahrt ohne weitere Unterbrechung erreichte er seinen Hühnerstall am Stadtrand von Ruhengeri. Bosco schnappte sich eines der besonders gut genährten Hühner, band ihm die Füße mit einem Stück Hanf zusammen und legte es, flatternd und mit protestierendem Gackern, in den Kofferraum des SUV.

»Mach kein Theater, Vana wird dich sicher sanft ganz zart brutzeln, meine Schöne.«

Nach einer weiteren Stunde begrüßte ihn Théo vor seinem Haus in Gisenyi.

»Hallo, mein Freund. Schön dich zu sehen. Wie geht es der Familie und den Kollegen?«

»Danke, uns geht es gut. Im CID sind wir mit einem Vermissten beschäftigt und ansonsten läuft der übliche Kleinkram. Aber damit könnte es jetzt vorbei sein. Dieser Fall riecht richtig nach Stress.«

Théo stieg zu ihm in den Wagen und dirigierte ihn auf der Avenue de la Révolution in Richtung kongolesischer Grenze.

»Nur Arianes Laune dürfte etwas steigen«, fuhr Bosco fort. »Sie sendet in letzter Zeit deutliche Zeichen von Unterforderung aus.«

Théo lächelte verständnisvoll. Er hatte die energiegeladene Deutsche bereits bei Ermittlungen in einem anderen Fall kennengelernt.

»Nun, habt ihr schon etwas Verwertbares?«

»Nein, und ich habe Zweifel, dass die wenigen gesicherten Spuren uns weiterhelfen können. Ich hoffe, dass die forensischen Untersuchungen etwas mehr hergeben.«

Boscos Gesicht verdüsterte sich.

»Ein Raub als Motiv ist bei dieser Art Mord eher wenig wahrscheinlich«, resümierte Théo.

»Habt ihr die Umgebung des Fundortes untersucht?«

»Ja, aber natürlich nur auf unserer Seite der Grenze. Wir konnten nichts entdecken.«

Im Vorbeifahren registrierte Bosco ein Schild mit der Aufschrift

Kivu Shores, Paradise Awaits.

Vor dem Hintergrund der Realitäten in der Kivu-Region erscheint das als ein etwas kläglicher Versuch, die Situation zu beschönigen. Sicher, viele Besucher empfanden den Blick auf den Kivu-See als paradiesisch, aber wer hierher kam, wusste, dass es in Bezug auf die kongolesische Seite der Demarkationslinie gleichzeitig die Vorhölle war.

Nachdem sie das Fahrzeug auf einem Parkplatz der Grenzanlage »Grande Barrière« abgestellt hatten, gingen sie zu der mit rot-weißen Bändern gekennzeichneten Absperrung. Die zwei Constables der Gendarmerie, die den Fundort bewachten, nahmen Haltung an und salutierten. Auf beiden Seiten der Grenze hatte sich bereits eine Menschenmenge eingefunden, die aufgeregt diskutierend das Geschehen kommentierte. In dieser Region waren Gewaltopfer zwar nichts Besonderes, aber ein ermordeter *Mzungu* war auch hier nicht alltäglich.

Der Tote lag am Seeufer unterhalb der steilen Böschung in einer kleinen, von der Brandung frei gespülten Nische mit schwarzem Sand. Die kleine Bucht war mit einer Plane als Sichtschutz zur Straße hin abgespannt. Die tief hängenden Äste eines Baumes reichten fast bis zur Wasseroberfläche. Der Küstenabschnitt, nur wenige Meter von der kongolesischen Grenze entfernt, wurde aus Blöcken von *Nephelinit*, ein scharfkantig-poröses Gestein, geformt, eine für diese Gegend typische Variante vulkanischer Lava der Virunga-Vulkankette. Zuletzt hatte 2002 das Magma des Nyiragongo erhebliche Verwüstungen angerichtet, bevor es sich kurz vor der Grenze nach Ruanda in den Kivu-See ergoss. Betroffen waren das Zentrum von Goma und der Flugplatz. Von einigen mehrstöckigen Häusern war nur noch das oberste Geschoss sichtbar. Unbeirrt begann man danach, Goma wieder aufzubauen – als ständiges Provisorium, wie zuvor.

Bosco hatte Mühe, Théo zu folgen, der bereits dabei war, die Steilküste hinabzusteigen. Sich mit der Hand abstützend, kletterte er ebenfalls zum Ufer hinab und kam schmerzhaft mit dem scharfkantigen Gestein in Berührung.

Es gibt bequemere Orte, um zu sterben.

Der Tote lag auf dem Rücken, mit Blickrichtung nach Südwest, als hätte man ihm noch den letzten Sonnenuntergang hinter der in der Ferne hoch aufragenden Nil-Kongo-Wasserscheide gönnen wollen. Unter ein paar Shorts ragten zwei blutleere Stümpfe abgetrennter Beine hervor. Einige Männer in Schutzanzügen packten gerade ihre Koffer mit den Werkzeugen zur kriminaltechnischen Routineuntersuchung zusammen. Zwei Mitarbeiter von Théo warteten darauf, bis der Tote zum Abtransport freigegeben wurde. Das Opfer und eine größere aufgeworfene Stelle im Sand waren durch Spurentafeln der Kriminaltechniker gekennzeichnet. Auf dem Gesicht war eine hölzerne Maske mit einem Hanfstrick hinter dem Kopf befestigt. Dahinter ragten ein paar Büschel hellblonder Haare hervor. Ein paar Minuten nahm Bosco die Umgebung des Ortes in Augenschein und sah sich dann den Toten genauer an. Die Holzmaske war sichtlich dazu bestimmt, Furcht einzuflößen. Es war zu erkennen, dass die verzerrten Gesichtszüge und die hervorstehenden Zähne an ihrem Bestimmungsort ihre Wirkung, entfalten würden.

Auf ein Zeichen von Théo nahm einer seiner Mitarbeiter dem Opfer die Maske ab.

Falls der Tote im Paradies war, hatte er einen beschwerlichen Weg hinter sich. Nur wer so ins Jenseits befördert wurde, war keine Lichtgestalt und nicht auf der Einladungsliste, war Boscos erster Gedanke.

Nach der Aufklärung einiger Gewaltverbrechen, an der er maßgeblichen Anteil gehabt hatte, konnte ihn so schnell nichts erschüttern. Aber dieser Tote ließ ihn nicht unberührt. Die Beine waren oberhalb der Knie abgetrennt worden. Der Schädel war durch einen diagonalen Schnitt über das Gesicht gespalten. Letzterer Umstand ließ seine Gedanken sofort in die Vergangenheit schweifen, und ein leichter Schauer ging ihm durch seinen Körper. Ein Hieb mit einem nahezu identischen Schnitt durch den Schädel hatte vor zwanzig Jahren bei der Ermordung von Dian Fossey weltweit Aufsehen erregt. Bosco hatte die ermordete Forscherin zwar nicht gesehen, aber die Beschreibungen in den Nachrichten waren detailliert und wurden landesweit diskutiert. Er schüttelte seine Erinnerungen ab und prägte sich einige Details des Fundortes ein. Théo diktierte seinen vorläufigen Untersuchungsbefund emotionslos in sein aufnahmefähiges Smartphone.

»Männlich, weiß, etwa 58 bis 62 Jahre alt, Holzmaske auf dem Gesicht, mit einem Hanfstrick am Hinterkopf befestigt. Beide Beine an den Oberschenkeln abgetrennt und nicht am Fundort beiliegend. Größe circa 180 bis 185 Zentimeter, sehr kräftige, durchtrainierte Figur. Blonde, etwa fünf Zentimeter lange Haare, mit einer drei Zentimeter langen haarlosen Furche ohne sichtbare Narbe, leicht schräg vom linken Ohr zur Stirn gerichtet. Bekleidet mit Hemd und Shorts des schwedischen Herstellers »Fjällräven«. Narbe an der Innenseite des rechten Oberarms, vermutlich von einem Biss herrührend. Roter Hahn als Tattoo am linken Oberarm. Eine Wunde auf der Stirn und zwei Wunden am Hinterkopf.«

»Eines scheint klar zu sein«, wandte er sich an Bosco, nachdem er noch einige weitere Einzelheiten seinem Gerät anvertraut hatte. »Wir können davon ausgehen, dass das Opfer nicht hier getötet wurde. Die Leiche ist fast ausgeblutet und es gibt nur wenige Blutspuren.«

»Könnte es nicht sein, dass die Brandung des Sees alle Spuren vernichtet hat?«

»Nein, das ist nicht anzunehmen. Es herrscht seit über einer Woche eine bleierne Hitze über dem See, ohne die geringste Luftbewegung und auch ohne Wellengang. Schau dir die aufgewühlte Stelle im Sand direkt an der Wasserlinie an. Es waren möglicherweise Fußabdrücke, die man unkenntlich gemacht hat. Das Seewasser hätte inzwischen alles eingeebnet.«

»Das bedeutet, er ist mit einem Wasserfahrzeug hierhertransportiert und abgeladen worden. Weiter oben an der Böschung gibt es keine Spuren.«

»Ja, so war es vermutlich. An der Straße hätte das Unternehmen Aufmerksamkeit erregt. Hier ist ständig Verkehr.«

Der noch anwesende Arzt trat hinzu und gab Bosco die Hand. Eugène Muhoza war ein alter Bekannter, mit dem Bosco bereits in Kigali im Zusammenhang mit Gewaltverbrechen zusammengearbeitet hatte. Aus familiären Gründen hatte er sich nach Gisenyi versetzen lassen.

»Hallo, Bosco.«

»Hallo, Eugène. Eine üble Sache. Kannst du schon etwas zum Todeszeitpunkt sagen?«

»Die Leichenstarre hat sich noch nicht gelöst. Ich schätze den Todeszeitpunkt auf maximal zwei Tage vor Auffinden der Leiche. Totenflecken sind nur schwach ausgebildet. Er ist bei dieser Verletzung schnell ausgeblutet.«

Stumm betrachteten sie den Toten.

»Sauberer Schnitt. Es sieht aus, als wären die Beine mit einem einzigen Hieb durchtrennt worden. Unglaublich, bei dem Durchmesser dieser Oberschenkel«, merkte er noch an.

»Was könnte die Mordwaffe gewesen sein?«, fragte Théo.

Der Arzt zuckte mit den Achseln.

»Nun, der Hieb durch den Schädel kann mit einer *Panga* ausgeführt worden sein, aber nicht der Schnitt durch die Oberschenkel. Unmöglich, dazu fällt mir nichts ein.«

»Wurden die Beine vor oder nach dem Tod abgetrennt?«, fragte Bosco.

»Eindeutig nach dem Tod, die Schnittstelle ist nicht unterblutet.«

»Ein Mord im Milieu des Rohstoffschmuggels oder ein Ritualmord? Verdammt, wer macht so etwas und warum?«, brummte Théo hörbar vor sich hin.

»Kann sein, dass er einer jener *Wazungu* war, die von Afrika nicht genug bekommen können. Abenteuer in den Stammesgebieten und Trommelkurs mit Betreuung durch die Töchter des Dorfes inklusive, gegen Bares natürlich. Dabei werden schon mal ein paar Grenzen überschritten«, erwiderte Bosco spöttisch, was er angesichts der Situation aber sogleich etwas unangemessen empfand. Seine Assoziation mit Dian Fosseys Ermordung erwähnte er nicht. Théo ging darüber hinweg, er kannte Boscos Sarkasmus. Es war seine Art, die eigene Psyche zu schützen. Diese Methode teilte er mit vielen Kollegen, die sich auf diese Weise besser von belastenden Erlebnissen distanzieren konnten.

»So abwegig ist das nicht. Die *Chiefs* in den Dörfern haben ihre ursprüngliche Lebensweise zwar weitgehend aufgegeben, aber wenn man gewisse Tabus verletzt, greifen sie gerne auf animistische Rituale ihrer Vorfahren bis hin zum Kannibalismus zurück«, gab Théo zu bedenken. »Allerdings habe ich noch nie von einem Ritual gehört, bei dem die Beine abgetrennt werden.«

»Ich auch nicht, aber viele Rituale werden sicher geheim gehalten. Ich weiß nur, dass sich 1959 meine lieben Verwandten aus der Hutu-Familie bei einem Aufstand dieser Methode bedienten, um sich an den Tutsi zu rächen. Ein traumatisches Erlebnis für die Familie unseres Präsidenten, die damals nach Uganda flüchten musste. Wenn wir hier ansetzen, dann gibt es weder bei uns und schon gar nicht im Kongo eine Chance, dem Täter auf die Spur zu kommen. Wir ermitteln bereits in einem Fall, bei dem wir mit Kinshasa kooperieren müssen. Sie werden wenig begeistert sein, wenn wir sie nun wieder um Mitarbeit bitten.«

Bosco sah sich den Toten noch einmal an.

»Okay, wir können das nicht ausschließen. Wie ein ausgeflippter Hippie, der im Regenwald auf Abenteuersuche war, sieht er aber nicht aus. Es kann auch sein, dass jemand versucht, die Ermittlungen in diese Richtung zu lenken.«

»Du hast recht, nach dem, was von ihm zu erkennen ist, seine durchtrainierte Körperstatur, sein Haarschnitt, ist er eher dem Typ Geschäftsmann zuzuordnen, der morgens Frühsport macht«, erwiderte Théo.

»Oder ein Legionär zur Bewachung von Minen.«

»Er ist mindestens Ende fünfzig. Dafür rekrutieren die Minenkonzerne jüngere Leute.«

»Schon, aber unter den Kommandeuren sind auch ein paar *alte Hasen*.«

Einen weiteren Moment musterten sie schweigend den Fundort, bis Bosco sich wieder an den Arzt wandte.

»Sind Spuren von Folter oder sonstige Spuren, wie Abwehrverletzungen, zu erkennen, die auf einen Kampf hinweisen?«

»Nein, es gibt einige Hämatome und Fesselungsspuren an den Handgelenken. Die Narbe an der Innenseite des rechten Oberarms ist alt. Am Rücken sind ein paar Abschürfungen zu sehen, die vermutlich bei der Umlagerung entstanden sind. Eine der Wunden am Hinterkopf deutet auf einen Schlag hin, durch den er außerstande war, Gegenwehr zu leisten. Das passt auch zu der Stirnwunde. Sie entstand dann durch den Sturz nach vorne. Es ist ein bekanntes Muster.«

»Der rote Hahn – er ist möglicherweise ein Franzose. Das Tattoo sieht aus wie das französische Nationalsymbol, der *Gallische Hahn*, das französische Nationalsymbol, oder nicht?« Boscos Blick wanderte zwischen dem Arzt und Théo hin und her.

»Ich bin nicht sicher, aber ich glaube, der *Coq Gaulois* sieht irgendwie anders aus«, sagte Théo.

»Wir sollten mit den Kongolesen Kontakt aufnehmen, um eventuelle Spuren jenseits der Grenze zu sichern. Du kennst den Kommandanten in Goma.«

»Ja, außerdem ist nicht auszuschließen, dass der Mann zur Ausländerkolonie in Goma gehörte. Wir werden es in der Tat nicht vermeiden können, uns mit unserem lieben Kollegen Joseph Likongo zu unterhalten. Er wird nicht begeistert sein.«

»Möglich, wir sind es auch nicht«, erwiderte Bosco trocken.

Der leicht ironische Unterton in Théos Stimme war nicht zu überhören. Er hatte Likongo bei früheren Gesprächen schon im Zusammenhang mit den Ereignissen im Kongo erwähnt.

Joseph Likongo war ein prinzipientreuer Kongolese und im Rang eines Inspecteur Divisionnaire der Police nationale Congolaise, Kommandant der Nord-Kivu-Provinz mit Sitz in Goma. Er befehligte einhundertachtzig Männer und Frauen unterschiedlichster Dienstgrade. Likongo war Abkömmling des Tetela-Stammes in der Provinz Kasai. Seine Familie stand in einer entfernten Verwandtschaft zu dem berühmten Sohn dieses Stammes, dem 1961 ermordeten Premier Patrice Lumumba. Diesem Umstand verdankte er es, dass ihn eine gewisse Aura umgab, die ihm schon oft von Nutzen gewesen war. Seit seine langjährige, bei der UN tätige Freundin bei einem Unfall tödlich verunglückt war, lebte er alleine. Die Position des Standortkommandanten in Goma erforderte in hohem Maß diplomatisches Geschick und Organisations-fähigkeit. Likongo besaß beide Eigenschaften, konnte seine Position aber auch durch die Tatsache verteidigen, dass er wegen seiner lockeren Umgangsformen von seinen Gegnern unterschätzt wurde. Es gab aber unter seinen Kollegen wenige, die versuchten, ihm ernsthaft seinen Job streitig zu machen. Gelegenheiten, ein Gehalt durch Nebenverdienste aufzubessern, gab es überall, aber in Kinshasa war es bequemer, ertragreicher und auch weniger gefährlich. Wiederholt versuchte man, ihn auch wegen seines pragmatischen Umgangs mit wenig gesellschaftsfähigen Persönlichkeiten, wie den Warlords, die in Goma ihre Residenzen hatten, zu diskreditieren. Er ließ sich dadurch aber nicht beirren, denn angesichts der Situation im Osten des Kongos waren Kompromisse alternativlos. Dennoch schafften es die Warlords nie, ihn zu vereinnahmen oder zu instrumentalisieren. Sie gingen zwar unbekümmert von dem ganzen Tross der MONUC und der zahlreichen NROs ihren Geschäften nach, aber Likongo behielt sie im Auge. Angesichts der desolaten Lage im ganzen Land war er aber schon lange gezwungen, sich auf Raub und Gewaltstraftaten zu konzentrieren. Die Aktivitäten der verschiedenen Gruppen außerhalb Gomas sowie Kleinkriminalität, Schmuggel und auch Prostitution konnte er ohnehin nicht verhindern. Sein informelles Netzwerk funktionierte ausgezeichnet und reichte bis in die Hauptstadt.

Er war wenig erfreut über das Treiben der Banditen und Geschäftemacher, hatte aber wenig in der Hand, um gegen sie vorzugehen. Da er einigen seiner Mitarbeiter nicht vertrauen konnte, war er hier praktisch auf sich alleine gestellt. Selbstverständlich wachte Likongo auch über die internationale Gemeinde, sofern sie sich an die Regeln oder, genauer gesagt, an seine Regeln hielt. Bereitwillig gab er ihnen auch gegen eine Gebühr bürokratische Hilfestellung. Das notorische Ausbleiben seines Salärs und das seiner Mitarbeiter musste durch Kreativität ausgeglichen werden. Die Zuwendungen des gescheiterten Staates wurden eher wie Lotteriegewinne verteilt. Er hielt es für besser, selbst dafür zu sorgen, dass seine Mannschaft ihr Salär bekam, bevor sie sich, wie oft, einer Rebellengruppe anschloss. Trotzdem hielt er sich für einen rechtschaffenen Menschen, der sein Geld hart verdiente. An manchen Sonntagen suchte er auch die Kirche auf und hinterließ dem Abbé eine Geldspende.

Die zahlreichen Hilfsorganisationen der Weltgemein-schaft wurden zunächst nach dem Genozid 1994 in den Kongo entsandt. Zu dieser Zeit flüchteten alle

Hutu, die noch laufen konnten und irgendwie eine Nähe zum System hatten oder auch nur nicht das Gegenteil beweisen konnten, über die Grenze nach Goma. Später, nachdem 2002 der drohend über Goma aufragende Vulkan Nyiragongo seinen extrem gering viskosen Lavastrom über die Stadt ergossen hatte, kamen immer mehr Helfer und Soldaten der Vereinten Nationen. Die Soldaten der MONUC rekrutierten sich hauptsächlich aus Armeen einiger Entwicklungsländer. Im Gegensatz zu dem vergleichsweise niedrigen Sold der Soldaten ging es bei den Abgaben der UN an die jeweiligen Staaten um beträchtliche Summen. Das Verhalten der Blauhelme schaffte es innerhalb kurzer Zeit, die Reputation der UN insgesamt zu ruinieren. MONUC und NROs widmeten sich zwar mit unbestreitbarem Engagement ihrer Aufgabe und konnten auch teilweise begrenzte Hilfe leisten, aber natürlich waren sie nicht in der Lage, die Probleme nachhaltig zu lösen. Zur Freude einheimischer Händler, Haus-, Hotel- und Bordellbesitzer gaben sie aber alle ordentlich Spesen aus. Goma war schließlich seitens der Konsumenten fest in der Hand der MONUC und der NROs, seitens der Profiteure in der Hand undurchsichtiger Geschäftemacher beziehungsweise der Warlords in Personalunion. In dem grenzüberschreitenden Schwarzmarkt im Dreiländereck Kongo, Ruanda und Uganda gab es nichts, was nicht zu besorgen war, sofern man bezahlen konnte. Wenn man den größten Teil der Bevölkerung nicht mit einbezog, war es eine typische Win-win-Situation, stellte Théo bei ihren regelmäßigen Diskussionen immer wieder fest.

»Théo, zuerst sollten wir versuchen, seine Identität festzustellen – falls möglich, vorläufig ohne den

Kommandanten um Hilfe zu bitten. Wenn er ein Mitarbeiter der MONUC oder einer NRO war, sollte das einfach sein.«

»Ich werde mich darum kümmern, aber wenn er einer der Abenteurer war, die sich immer wieder im Grenzgebiet herumtreiben, dann sind die Chancen eher gering. Ich werde zunächst bei unseren Grenzbeamten nachsehen, ob seine Visumdaten aktenkundig sind. Danach kann ich das auch bei den kongolesischen Grenzern versuchen. Spätestens danach müssen wir Likongo mit einbeziehen.«

Boscos Laune näherte sich einem Tiefpunkt. »Und wenn das kein Ergebnis bringt, müssen wir uns an Kinshasa wenden.«

»Ja, aber dann wird es politisch. Dann übernehmen der *GS* und du die Leitung der Ermittlungen.«

»Du hast recht, aber es kann auch so darauf hinauslaufen, dass wir das übernehmen.«

Beide schwiegen einen Moment und malten sich die Konsequenzen aus, wenn der Fall politische Interessen berühren sollte.

Bosco wollte dieser Möglichkeit keinen Spielraum lassen. Wieder kreisten seine Gedanken um das Motiv. Es gab viele Möglichkeiten, aber leider wurde in dieser Region der Welt auch ohne Motiv gemordet, wenn man pure Mordlust nicht als Motiv anführen wollte. Ein normaler Mord, etwa im Streit, war eher unwahrscheinlich. Deuteten die abgetrennten Beine auf einen Ritualmord hin oder sollte nur eine falsche Fährte gelegt werden? War es ein Mord im Milieu des Schmuggels mit Seltenen Erden wie Coltan? Die Warlords waren recht humorlos, wenn man ihre Aktivitäten störte. Er könnte ein Aufkäufer gewesen sein, der versucht hatte, seine Lieferanten zu betrügen.

Das Geschäft mit *Seltenen Erden* florierte nicht erst seit einigen Jahren. Durch den letzten Kongokrieg und den Genozid in Ruanda wurden aber die Karten neu gemischt. Unter Mobutu behielt die Regierung des Kongos noch die Kontrolle über die Lizenzen an die ausländischen Minenkonzerne. Der Autokrat unternahm alles, um seine Autorität im Land zu festigen, und bewies dabei ein gewisses Gespür für die Mentalität seiner Bürger. So nannte er sich noch vor der Machtübernahme Joseph Désiré Mobutu, forcierte dann aber eine Afrikanisierung, nach der jeder Kongolese einen zusätzlichen afrikanischen Namen annehmen sollte. Er selbst nannte sich fortan *Mobutu Sese Seko Kuku Ngbendu wa za Banga* und sorgte damit dafür, dass sein Name in Erinnerung blieb. Als man im Ausland die Übersetzung, Mobutu auf alle Zeit, der mächtige Hahn, der keine Henne unbestiegen lässt, erfuhr, war man zunächst sicher, einem Scherz aufgesessen zu sein, bis sich herausstellte, dass die Übersetzung korrekt war. Kein wirkliches Problem im Kongo. Der Mann kannte sein Volk.

Insgesamt, das war Bosco klar, spielte sich das Verbrechen vor der Kulisse einer explosiven politischen Lage ab, und wenn der Mord durch den Handel mit *Seltenen Erden* oder auch mit Blutdiamanten motiviert war, konnte man schnell zwischen allen Stühlen sitzen. Bei dieser Art von Delikten offenbarten sich auch immer Verbindungen in höchste Kreise. Es gab in Kigali einflussreiche Bürger mit Beziehungen, die relativ ungeniert ihre Hand im Handel mit Rohstoffen hatten. Ermittlungen im Rahmen solcher Straftaten zu führen, war immer eine Gratwanderung, und bisher hatte er das Glück gehabt, nichts damit zu tun zu haben. Daher war sich Bosco nicht sicher, ob er nicht versuchen sollte, sich dem Fall zu entziehen, um den Gedanken auch gleich wieder zu verwerfen. Théo hatte ihn schließlich um Mithilfe gebeten. Und außerdem, wenn es politisch brisant wurde, bestand auch die Chance, dass der Generalstaatsanwalt in Kigali den Fall an den Geheimdienst übertrug.

»Beende erst einmal deine Recherchen und schreibe deinen Bericht. Ich fahre zurück nach Kigali und warte ab, wie sich der *GS* verhält.«

Sie fuhren zu Théos Haus. Bei der Abfahrt übergab er ihm mit Grüßen an Vana und die Kinder noch das Huhn und die Flasche Wein. Mit bereits laufendem Motor kurbelte er das Fahrerfenster herunter.

»Du kennst Mugambage. Bei seinen Ambitionen werden wir ganz schön Druck bekommen, wenn er die Sache an sich zieht. Schick uns dann gegebenenfalls deine Vorgangsakte bald zu.«

Sie verabredeten, täglich zu telefonieren, und er fuhr nach Hause, wo er um Mitternacht neben der bereits schlafenden Chantal müde ins Bett fiel. Als ihm einfiel, dass der nächste Tag ein Sonntag war, schlief er erleichtert ein.

3

Seit Thomas Mayeye, ehemaliger Mitstreiter des als Warlord bekannten Laurent Nkunda, in der kongolesischen Grenzstadt Goma seine Geschäfte betrieb, wurde die politische Lage immer bedrohlicher.

Mit dem Einmarsch der Befreiungsbewegung ADFL des späteren Präsidenten Kabila in den Kongo wurden die Machtverhältnisse nicht nur regional, sondern auch international neu sortiert. Dabei war die Unterstützung durch die Armee Ruandas überaus willkommen. Der letzte Feldzug, um Mobutu zu stürzen, wurde generalstabsmäßig von ihnen geplant und angeführt. Nach außen hin wurde das mit dem Schutz der ethnisch mit den Tutsi verwandten Volksgruppe der Banyamulenge im Kongo begründet, denen Mobutu die Staatsbürgerschaft verweigert hatte. Der Marsch auf Kinshasa hinterließ eine blutige Schneise der Vergeltung. Alle Hutu, derer man habhaft werden konnte, wurden niedergemetzelt. Logistisch unterstützt wurde das Unternehmen auch von den Amerikanern, die gegenüber den Franzosen nun bereits zum zweiten Mal ihren Einfluss festigen konnten. Letztere hatten bereits die Hutu-Armee während des Genozides bis zuletzt durch Waffenlieferungen unterstützt. In diese unrühmlichen Beziehungen war auch der Sohn des damaligen französischen Präsidenten Mitterand verwickelt. Man fühlte sich ganz dem als *Système France-Afrique* bezeichneten Netzwerk verpflichtet, dem man nach dem Rückzug aus den Kolonien den Fortbestand der Macht durch wirtschaftliche Beziehungen sichern wollte. Nach diesem bis heute anhaltenden Zerwürfnis zwischen Ruanda und Frankreich hielten die Franzosen auch noch zu lange an Mobutu fest.

Am Ende war in großen Teilen des Ostkongos ein Machtvakuum entstanden, in dem sich die Warlords einrichteten, soweit sich die Minenkonzerne nicht durch eigene Truppen, in der Regel Söldner, um ihren Schutz kümmerten. Als wäre die Lage nicht schon schlimm genug, zogen auch Deserteure der von Kinshasa im Stich gelassenen regulären Truppen mehr oder weniger führungslos durch das Land. Dabei terrorisierten sie die ländliche Bevölkerung, um sich für den ausbleibenden Sold zu entschädigen.

Dieser Zustand änderte sich auch nicht, als Mobutus Nachfolger Laurent Désiré Kabila 2001 einem Attentat zum Opfer fiel. Die Vermutung liegt nahe, dass sein plötzlicher Sinneswandel, die Verträge mit den ausländischen Minenkonzernen für nichtig zu erklären, sein Todesurteil war. In einer Art Erbfolge bestieg nun sein Sohn Joseph Kabila den Thron. Seine Bemühungen, sich demokratisch zu legitimieren, hielten sich in Grenzen. Als eine der ersten Amtshandlungen begann er, nicht nur die ehemaligen Verbündeten, die ruandischen Tutsi, zu vertreiben, sondern er versuchte auch, deren kongolesische Verwandtschaft, die Banyamulenge, loszuwerden.

Nkundas Rebellenbewegung wurde im Zuge des Friedensschlusses von Pretoria 2002 von Joseph Kabila in die nationale Armee eingegliedert und er selbst zum General befördert. Mit der Begründung, dass die Zentralregierung zu wenig gegen die Hutu-Extremisten unternähme, trat er kurz danach wieder zurück. Zusammen mit Nkunda gingen auch Mayeye, ehemals Major des *Rassemblement Congolais pour la Démocratie RCD*, und ein Sergeant namens Samuel Matengo und gründeten eine neue Rebellenbewegung. Etwas später schlossen sie sich dem *Congrès National pour la Défense du Peuple* CNDP, an. Nkunda übernahm die Führung. Daraufhin beschloss die Regierung in Kinshasa, sich der einstigen Helfer im Kampf um die Macht zu entledigen. Kabila wies unter dem Beifall der Bevölkerung die unbeliebten Tutsi aus. Sie waren in Kinshasa bereits dabei, die politischen Fäden zu ziehen.

Ihre kongolesischen Brüder versuchten unterdessen, den Osten des Landes brandschatzend unter ihre Kontrolle zu bringen. Im Jahre 2004 besetzten sie die Stadt Bukavu. Dabei wiegten sie sich in der trügerischen Gewissheit, von ihren Tutsi-Verwandten in Ruanda und von Präsident Paul Kagame unterstützt zu werden. Nach den imageschädigenden Nachrichten über Massenvergewaltigungen, Kindersoldaten und dem illegalen Rohstoffabbau, waren die um ihren Ruf besorgten Ruander es immer mehr leid, beschuldigt zu werden, das Treiben zu unterstützen. Sie distanzierten sich zunehmend von den Aktionen ihrer Verwandtschaft. Präsident Kagame, der Preuße Afrikas, wie er oft genannt wurde, hatte wenig Lust, seine unbestreitbaren Erfolge bei der Stabilisierung des Staates durch eine Bande Krimineller infrage stellen zu lassen.

In Kinshasa, der Hauptstadt der Demokratischen Republik Kongo, standen die ersten freien Wahlen bevor. Die UN setzte, mit dem Mandat, die Bevölkerung zu schützen und die Regierung beim Prozess der Demokratisierung zu unterstützen, immer mehr Soldaten der MONUC ein, um die Exzesse der unkontrollierbaren Freischärler unterschiedlicher Interessen zu unterbinden. Nkunda konnte seine Stellung in Bukavu nicht halten und zog sich zurück.

Mayeye und sein Sergeant, die schon zuvor in Goma die Basis für ihre Geschäfte gelegt hatten, ließen sich mit Nkundas Einwilligung endgültig in Goma nieder.

In dieser angespannten Situation waren zusätzliche Probleme, welche die Aktivitäten Mayeyes stören konnten, äußerst unerwünscht. Er gab sich Mühe, sein Image als Helfer des Warlords loszuwerden und sich als seriöser Geschäftsmann zu etablieren, wobei er für den Begriff »seriös« eine eigene Definition hatte. Immerhin war er aber weitgehend aus dem Geschäft mit der Prostitution ausgestiegen und wandte sich zunehmend dem Rohstoffhandel zu. Außerdem unterhielt er den uniformierten und militärisch organisierten Sicherungsdienst »SÉCOMA«. Dessen breites Angebot umfasste die Gebäudesicherung, Geleitschutz für Personen und Transporte sowie die Bewachung von Minen. Mit der operativen Leitung betraute Mayeye seinen ehemaligen Sergeant Matengo, den er zum Capitaine beförderte. Matengo hatte schon unter Mobutu gedient, verließ aber bald die Armee. In den Wirren im Zuge der fortschreitenden Entmachtung Mobutus scharte er einige Leute um sich, mit denen er die Bevölkerung terrorisierte. Als er sich mit Mayeye wieder in die Armee eingliedern ließ, war er erneut der Mann fürs Grobe.

Es war bekannt, dass Mayeyes Schutztruppe bei der Bewältigung von Problemen methodisch wenig subtil war. Spötter behaupteten, dass die Firma Schutz vor sich selbst anbot – das *gardien*-Prinzip. Die Geschäfte florierten.

Als Joseph Likongo durch einen Anruf der Grenz-mannschaft vom Fund der Leiche an der Grenze erfuhr, befahl er sofort einem seiner Männer, sich unter die Schaulustigen zu mischen, um herauszufinden, um wen es sich bei dem Toten handelte. Es gelang dem Mann, trotz der Schutzmaßnahmen der ruandischen Polizei das Opfer zu identifizieren. Er war bei der Police Nationale Congolaise PNC, in Goma bekannt. Als der Beobachter seinem Vorgesetzten die Nachricht überbrachte, ahnte der Kommandant, dass dieser Fall auch ihn erreichen würde. Der Mann hatte für seine Aktivitäten im Osten des Kongos die Zustimmung einflussreicher Gönner in Kinshasa und es war klüger, sich sofort um die Sache zu kümmern. Früher oder später würden die Ruander darauf kommen, dass der Tote in Goma tätig gewesen war. Um Näheres zu erfahren, griff er zu seinem Mobiltelefon und wählte eine Nummer, die er nur ungern kontaktierte.

Thomas Mayeye erkannte den Anrufer an der auf dem Display erscheinenden Nummer und ahnte den Grund des Anrufes, denn auch er wusste bereits Bescheid. Dem Gangster war klar, dass er nun eines jener Probleme hatte, welches er mit den üblichen Mitteln nicht lösen konnte, denn der Verursacher des Problems war bereits tot und eine geräuschlose Beseitigung war auch nicht mehr möglich.

Thomas Mayeye und Joseph Likongo kannten sich schon lange und sprachen sich mit Vornamen an. Ihre Beziehung konnte man dennoch nicht freundschaftlich nennen. Die desolate Lage in der kongolesischen Grenzstadt und die realen Machtverhältnisse machten aber auch Kooperationen notwendig, die unter normalen Umständen nicht bestehen könnten. Und die Verhältnisse in Goma waren alles andere als normal. Der Chef der Polizei wusste, dass er sich nicht zu sehr mit Mayeye einlassen konnte. Es war schwierig, seine Bande in Schach zu halten, aber Mayeye war mitunter hilfreich bei der Informationsbeschaffung. Dem Gangster wiederum war klar, dass es besser war, Likongo seinen Job machen zu lassen und zu versuchen, ihn zu kontrollieren. Das Risiko, dass Kinshasa den Posten mit einem Unbekannten neu besetzte, wollte er möglichst umgehen.

Der Anruf kam nicht unerwartet, aber Mayeye hatte sich noch keine Strategie zurechtgelegt, wie er sich verhalten sollte. Bevor er in der Lage war, seine gewohnte Selbstsicherheit zur Schau zu stellen, kam Likongo ohne Umschweife zur Sache.

»Darcy ist ermordet aufgefunden worden. Thomas, ich muss mich mit dir unterhalten.«

Ungewollt verfiel der Angerufene sofort in einen gereizten Tonfall.

»Was soll das, verdächtigst du mich etwa?«

»Aber nein, ich will nur wissen, woran ich bin. Deine Beziehungen zu ihm sind bekannt, und du wirst so oder so mit dem Fall konfrontiert werden. Ich komme in einer Stunde bei dir vorbei.«

Ohne auf eine Antwort zu warten, unterbrach Likongo das Gespräch. Mayeye schwankte gefühlsmäßig zwischen Wutausbruch und Beherrschung. Schließlich sah er ein, dass es besser war, sich zunächst zu fügen.

Die Sonne stand schon tief, als Likongo nach kurzer Fahrt sein Ziel erreichte – *La Résidence*, wie Mayeye die schmucklose Lehmziegelkonstruktion mit ihren Nebengebäuden nannte. Das Anwesen lag etwas außerhalb der Stadt und spiegelte sich mit rötlichem Schimmer im Kivu-See. Besucher, die sich dem Areal näherten, konnten sich kaum des Eindrucks erwehren, vor einer mittelalterlichen Festung zu stehen. Das gesamte Areal war von einer drei Meter hohen Mauer mit eingelassenen Glasscherben an der Oberkante umgeben. Die schmalen Fenster des Hauptgebäudes ließen nur wenig Licht durch und erinnerten eher an Schießscharten.

Der Kommandant hatte bisher zwar nur das Wohnzimmer, gleichzeitig Mayeyes Empfangsraum, betreten, kannte aber die Pläne des gesamten Anwesens. Er hatte sie sich schon vor langer Zeit besorgt.

Das Wohnzimmer maß etwa fünf mal sechs Meter. An der dem Eingang gegenüberliegenden Seite ging das Erdgeschoss über einen als Rundbogen gestalteten Übergang in den zweiten Raum von etwa fünf mal vier Metern über. In der Mitte dieses Raumes stand ein Billardtisch. Am Durchgang war eine Bar mit einer Auswahl hochprozentiger Getränke installiert, über der ein Foto des ruandischen Präsidenten Kagame hing. Hinter einer Tür im Wohnzimmer verbarg sich ein Sanitärraum. Hinter dem zweiten Raum führte eine Tür zu einer Küche und einem weiteren Sanitärraum. Neben einer Vorratskammer standen für das Personal drei kleine Räume zur Verfügung. Im Obergeschoss waren die privaten Räume Mayeyes eingerichtet, zwei Zimmer und ein Bad. Die Treppe führte vom Flur im Wirtschaftsteil weiter bis zu einer Dachterrasse, wo ein ständiger Wachposten die Umgebung observierte. Das Gebäude war unterkellert. Einer der Räume im Tiefgeschoss war von außen zugänglich und diente als Waschraum. Der Zugang zu weiteren Räumen im Tiefgeschoss führte über eine Treppe aus dem Wirtschaftstrakt. Von hier aus war auch ein Tunnel zu einem Ausgang am See angelegt worden, wo, an einem kleinen, von außen nicht einsehbaren, Anleger, zwei Motorboote bereitstanden. Ein weiteres Gebäude auf dem etwa zehntausend Quadratmeter großen Gelände diente als Unterkunft für die Wachmannschaft.

Normalerweise hatte niemand ohne Leibesvisitation Zutritt, aber die Wachen hatten bereits Instruktionen erhalten, den Polizisten eintreten zu lassen. In dem großräumigen Erdgeschoss empfing ihn der hochgewachsene Mayeye. Er saß mit lang ausgestreckten Beinen auf einer Couch mit einem Bezug aus Zebrafell. Trotz der spärlichen Beleuchtung hatte Mayeye das im Kongo beliebte Ray-Ban Sonnenbrillenimitat chinesischer Produktion aufgesetzt. Der weit geöffnete Kragen des mit brüllenden Löwen bedruckten Hemdes lenkte den Blick auf eine massive Halskette aus Gold, die schwer auf seiner bronzenen Haut lag. Im Gegensatz zu seinem Kriegsherrn Nkunda, der sich nur in Uniform zeigte, gab er ziviler Kleidung den Vorzug.

Demonstrativ warf Mayeye einen Blick auf seine Rolex, ein Geschenk Nkundas, und stand auf. Mit einem gewinnenden Lächeln trat er seinem Besucher entgegen. Ein schwerer Teppich dämpfte seine Schritte.

Likongo sah keine Notwendigkeit, das Lächeln zu erwidern. *Sein Blick flößt etwa so viel Vertrauen ein wie der einer trächtigen Krokodildame, nur ist er gefährlicher.*

»Kommandant Joseph, warum so verdrießlich? Schön, dass du mich einmal in meiner einsamen Hütte besuchst«, begrüßte er den Polizisten.

»Nun, du weißt, dass ich nichts lieber tue«, versuchte dieser sich in Selbstironie, ohne sein Gesicht zu verziehen.

Sein Gastgeber lachte laut. Mit gespielter Begeisterung klatschte er zuerst in die Hände und klopfte danach jovial auf die Schulter seines Besuchers, wurde aber gleich wieder ernst. Vor der Couch standen ein zwei Meter langer, glänzend lackierter Tisch aus einem längs geschnittenen Mahagonibaum und ein riesiger Sessel. Mayeye bot ihm einen Platz auf der Couch an. Er selbst setzte sich in den Sessel. Seine gebeugten Knie überragten die Tischkante.

Das wuchtige Möbelstück war ebenfalls ein Geschenk. Der Direktor eines ausländischen Holzkonzerns, der sich unter den Schutz der »SÉCOMA« gestellt hatte, pflegte so seine Beziehungen. Mayeye war Partner im Unternehmen und beide teilten nicht nur den Gewinn, sondern auch die Ansicht, dass ein allzu üppig wuchernder Regenwald der Entwicklung des Landes im Wege stand. Den Profit sah man als gerechten Ausgleich ihrer Mühe, diesen Zustand zu ändern.

Über der Couch hing an der Wand das berühmte Porträt des kubanischen Revolutionärs Che Guevara von Alberto Korda in seiner etwas entrückten Version des *Guerillero Heroico*. Mayeye war stolz, dass sein Vater ein Mitstreiter des Revolutionärs gewesen war, und sah sich in der Pflicht, das Erbe zu bewahren. Er ließ keine Gelegenheit aus, den heroischen Kampf der kongolesischen Revolution gegen die damalige Regierung zu loben. Guevara machte sich damals über seine kongolesischen Mitstreiter seine eigenen Gedanken.

In den 60er Jahren war Kabila Senior bereits Führer der kongolesischen Oppositionstruppen. Zuerst kämpfte der junge Kabila gegen Moise Tsombé, nach dessen Sturz auch gegen Mobutu. Er selbst zog es allerdings vor, seine Kampfkraft in den Nachtclubs seines Exils im tansanischen Daressalam einzusetzen statt an der Front seiner Revolutionsarmee. Bald war er auf Hilfe angewiesen. Sein Ruf verhallte nicht ungehört. Um der kongolesischen Revolution eine höhere militärische Professionalität zu verleihen, entsandte Fidel Castro bereits 1965 kubanische Militärberater unter der Führung Che Guevaras in den Kongo. Kabilas Kämpfer und die kubanischen Berater scheiterten kläglich. Über Kabila notierte Che Guevara später in seinem Tagebuch, publiziert in *Der afrikanische Traum*:

> »...deutet vieles darauf hin, dass er dem Alkohol und den Frauen sehr zugetan ist.«

Und unter dem zunehmenden Druck seiner Führungsposition fügte er am Ende der Mission frustriert hinzu:

> »Der kongolesische Revolutionssoldat ist der jämmerlichste Kämpfertyp, den ich bisher kennengelernt habe.«

Die Beurteilung der kämpferischen Qualitäten war nachvollziehbar seinem Ärger über den geringen Fortschritt der Revolution geschuldet. Seine Aufzeichnungen lassen vermuten, dass die Kongolesen, beim Verständnis für die revolutionäre Idee, noch erhebliche Defizite hatten. Che Guevara hatte einige Mühe, zu erklären, wofür gekämpft werden sollte.

Im hinteren Raum öffnete sich eine Tür und eine hübsche junge Frau betrat den Raum. Von einem Tablett servierte sie mit strahlendem Lächeln ein Mützig-Bier der Brauerei *Bralirwa* aus dem benachbarten ruandischen Gisenyi.

Joseph Likongo war gemessen an seiner Posittion noch relativ jung. Wie es seinem Naturell entsprach, war er auch jungen Frauen gegenüber nicht reserviert. Sein Charme war bekannt und er war beliebt und respektiert. Seit seine Lebensgefährtin, eine afrikanische Angestellte der MONUC, ihr Leben gelassen hatte, hatte er sich nicht wieder liiert. Aber trotz seiner Stellung, die ihm ungehinderten Zugang zu allen weltlichen Vergnügungen in den zahlreichen Etablissements von Goma eröffnen würde, war er in diesem Punkt strikt konservativ und duldete auch von seiner Mannschaft keine Übergriffe. Diese Einstellung unterschied ihn von den meisten Männern in diesem Land, in dem man das Gefühl hatte, dass selbst die Orchideen nach Testosteron rochen. Ein UN-Bericht bezeichnete die Gebiete Nord- und Süd-Kivu als den weltweit gefährlichsten Lebensraum für Frauen. Das war vermutlich noch, bevor bekannt wurde, dass auch Männer zu den Vergewaltigungsopfern gehörten. Joseph kannte diesen Bericht und wusste, dass er weitgehend der Wahrheit entsprach. Umso mehr schätzte und respektierte er die unglaubliche Lebenslust der Frauen des Kongo. Sie repräsentierten den Rest der immer mehr schwindenden Normalität des sozialen Lebens. Ein ständiger Tanz auf dem Vulkan, wobei der schon mehrfach ausgebrochene Nyiragongo bisher noch die wenigsten Opfer forderte.

Joseph dankte der jungen Frau, erwiderte das Lächeln unprätentiös und lehnte sich zurück.

Unvermittelt eröffnete Mayeye das Gespräch: »Ich will keine Scherereien mit der Regierung, wir haben genug Probleme. Er hat ein paar von meinen Leuten als Bewacher beschäftigt und dafür bezahlt. Aber sonst habe ich mit seinen Geschäften nichts zu tun. Ich weiß, dass er zusammen mit drei Angestellten Naturfilme produzierte. Das ist alles. Es hat mich auch nie interessiert, welche Geschäfte er außerdem so treibt.«

»Aber er hat noch andere Geschäfte betrieben, oder wie soll ich das verstehen? Dich interessiert sonst immer alles, was hier so vor sich geht. Du hast also keine Ahnung, bist du da sicher?«

Der Zweifel in Likongos Blick entging Mayeye nicht. Inzwischen hatte er sich aber etwas aus seiner anfänglich defensiven Haltung gelöst. Das *Krokodil*, wie er ihn gedanklich nannte, beugte sich nach vorne, nahm seine Brille ab und sah seinem Besucher direkt in die Augen. Sein rechter Zeigefinger deutete auf den Kommandanten. »Ich hoffe, du kommst nicht auf falsche Gedanken. Sein Tod ist bedauerlich, aber ich kann dir da nicht weiterhelfen.«

Likongo hielt seinem Blick stand und gab sich entspannt. »Okay, beruhige dich, ich versuche nur, etwas Klarheit in die Sache zu bringen.«

»Noch einmal, ich bin hier nicht für jeden Mord verantwortlich. Was ist denn mit seinen beiden Mitarbeitern in Goma? Kann ich davon ausgehen, dass du sie schon befragt hast? Sie sollten über Darcys Geschäfte Bescheid wissen.«

Joseph verkniff es sich, ihn mit seinem sprachlichen Fehltritt » ... nicht für jeden Mord ... « zu reizen.

»Seine beiden Mitarbeiter in Goma arbeiten nach ihren Aussagen nur im Filmgeschäft. Das wird noch überprüft. Im Moment werden sie bewacht und dürfen die Stadt nicht verlassen.«

»Wissen sie über Darcys Tod Bescheid?«

»Nein, aber sie werden es bald erfahren. Im Moment wundern sie sich, dass ihr Boss sich nicht mehr meldet.«

»Was hast du vor, zu unternehmen?«

»Warten wir ab. Ich rechne damit, dass die Ruander nach einiger Zeit den Fall tiefer hängen und diese Sache bald zu den Akten legen. Meine vorgesetzte Behörde wird danach entscheiden, ob ich mich weiter um den Fall kümmern muss.«

»Ich höre, er hatte eine Maske auf dem Gesicht. Jeder wird denken, es war ein Ritualmord. Vermutlich war es das auch. Etwas Besseres kann uns gar nicht passieren. Dann werden die Ermittlungen schnell im Sand verlaufen. Bei der derzeitigen Lage hier ist kaum damit zu rechnen, dass irgendjemand auf die Idee kommt, in den Dörfern zu ermitteln.«

»In den Dörfern wäre man froh, von den ständigen Überfällen gewisser Banditen verschont zu bleiben. Die werden sich nicht noch mehr Probleme einhandeln, indem sie einen Weißen ermorden und uns auf diese Weise dekorativ präsentieren.«

Likongo wusste, dass sein Gesprächspartner früher zusammen mit Nkundas Männern an solchen Raubzügen beteiligt gewesen war. Dieser war daher auch nicht erfreut, daran erinnert zu werden, und zischte dem Polizisten entgegen:

»Was soll das? Lass die Anspielungen, darum geht es hier nicht.«

Der Kommandant nickte und erhob sich. »Das tut es nicht, aber deine Vergangenheit ist auch nicht gerade dazu geeignet, dich aus dem Kreis der Verdächtigen auszuschließen.«

Mayeyes Blick verengte sich. Er stand ebenfalls auf und ging mit dem Polizisten zur Tür.

»Joseph, ich warne dich. Halte mich aus dieser Sache heraus.«

»Warum sollte ich? Wenn du nichts zu verbergen hast, wird das kein Problem sein. Und außerdem, ich fürchte, das liegt nicht in meiner Hand. Die Ruander werden früher oder später auf deinen Namen stoßen. Durch deine Verbindungen zu Darcy bist du automatisch mit dabei.«

Beim Verlassen des Gebäudes fiel ihm ein, dass sich Mayeye nur nach zwei Mitarbeitern des Toten erkundigt hatte, obwohl er wusste, dass Darcy drei Mitarbeiter hatte. Der Verbleib des dritten Mitarbeiters, eines Deutschen, hatte ihn nicht interessiert.

Likongo stieg in seinen Wagen. *Ich verwette meine Uniform, dass er mehr weiß, als er zugibt.*

Mayeye blickte dem Fahrzeug einen Moment wütend hinterher, bis es in einer aufgewirbelten Staubwolke verschwand. Als Kontrollfanatiker war er beunruhigt. Durch die Ermittlungen der Ruander war eine Situation eingetreten, die sich seinem Einfluss entzog. Irgendwie ahnte er, dass er diese Geschichte nicht so einfach aussitzen konnte und beschloss, diesen Zustand zu ändern. Unwillkürlich drehte er seinen Kopf zum Nyiragongo. Ein paar graue Wolken türmten sich drohend auf und kündigten die nahe Regenzeit an. Dieses Jahr würde sie früher einsetzen. Ohne den salutierenden Mann an der Tür zu beachten, ging er in sein Haus zurück.

Sonntag. Nach dem Frühstück versuchte Chantal, ihren Mann dazu zu überreden, zusammen den Gottesdienst in der katholische Kirche St. Michael zu besuchen, aber Bosco winkte ab. Sie rief daraufhin ein Taxi und fuhr mit den beiden Jüngsten los. Grégoire hatte sich schon in Sportbekleidung abgesetzt, um mit seinen Freunden Basketball zu spielen. Bosco nutzte nach Möglichkeit jede Gelegenheit, mit seiner Familie zusammen zu sein, aber es gab Tage, an denen er das

Bedürfnis hatte, alleine zu sein. Seine Gedanken kreisten um den Toten. Wer oder was brachte sie weiter in diesem Fall?

Er setzte sich an seinen Schreibtisch und fasste zusammen:

Fakten:
- männlich, weiß, blond
- groß, sportlich
- Kopfverletzungen,
- abgetrennte Beine
- gespaltener Schädel (wie bei Dian Fossey)
- Holzmaske über dem Gesicht
- ältere Vernarbung am rechten Oberarm
- Tattoo, roter Hahn, am linken Oberarm
- wenig Spuren am Fundort

Fragen:
- Motiv?
- Nationalität?
- Maske?
- Ritual? Rohstoffhandel?
- Mordwerkzeug(e)?
- Legionär, Geschäftsmann, NRO, Tourist?

Noch bevor er seine Gedanken ordnen konnte, meldete sich sein Mobiltelefon mit den ersten Takten von *Inzinzi* und er sah, dass Théo ihn sprechen wollte. Einen Moment gingen ihm die Fortschritte in der Telekommunikationstechnik durch den Kopf.

In Ruanda hatte man sich mithilfe der Amerikaner völlig auf den Aufbau des mobilen Funknetzes konzentriert, während das Festnetz vernachlässigt wurde. Nicht nur Ruanda, sondern der gesamte

Kontinent übersprang so einhundertfünfzig Jahre Entwicklung in der Telekommunikationstechnik.

»Théo, gibt es etwas Neues?«

»Nein, wir kommen im Moment nicht so recht weiter. Kigali hat uns angewiesen, den Toten in die Rechtsmedizin zu überweisen. Bei uns können nicht alle Untersuchungen durchgeführt werden. Ich verspreche mir dadurch ein paar weitere Informationen. Der Arzt meinte noch, dass er dem Toten zu Lebzeiten ungern im Streit begegnet wäre. Er war wirklich gut in Form. Sehr mysteriös, diese Geschichte. Ich habe dich noch unerwähnt gelassen, aber vermutlich wirst du bald offiziell benachrichtigt.«

»Gut, ich gebe zu, ich bin im Moment auch ratlos«, erwiderte Bosco. »Wir müssen uns bald darüber unterhalten, wie wir an die kongolesischen Kollegen herantreten. Ich bin mir nicht sicher, ob der *GS* den offiziellen Weg beschreiten will.«

»Zumindest für eine vorläufige inoffizielle Informationsbeschaffung in Goma hätte ich eine Lösung. Er heißt Prince und ist 25 Jahre alt. Im Alter von zwölf Jahren wurde er von *Madame* Carrs Waisenhaus, dem *Imbabazi,* aufgenommen. Bis er achtzehn Jahre alt war, blieb er dort. Danach nahm er eine Tätigkeit als KFZ-Mechaniker in Cyangugu an. Diese Zeit hat er wohl gut genutzt, um seine Fähigkeiten zu entwickeln.«

Bosco kritzelte zerstreut mit einem Bleistift eine Maske auf ein Stück Papier.

»Woher kennst du ihn?«

»Über Vana. Sie hat ihn damals verletzt, abgemagert und völlig heruntergekommen aufgelesen und zu Ross Carr gebracht.«

»Ist er Kongolese?«

»Er stammt aus dem Osten des Kongos, ich glaube, er ist ein Banyarwanda.«

»Und ist er zuverlässig?«

»Ja, ich glaube schon. Er geht kleinen illegalen Geschäften nicht aus dem Weg, wenn sie denn ohne Gefahr durchzuführen sind, aber seine Referenzen sind gut. Außerdem ist er immer gut informiert.«

»Was macht er zurzeit?«

»Er arbeitet als Chauffeur von *Wazungu* und wohlhabenden Afrikanern. Bei Bedarf bietet er auch sein eigenes Fahrzeug an. Er wird als äußerst geschickter Fahrer geschätzt und hat noch nie einen Unfall verursacht. Joseph kennt ihn auch. Er beauftragt Prince gelegentlich für Botendienste.«

Rosamond Carr war eine Amerikanerin, die als junge Frau nach Ruanda gekommen war und nach der Trennung von ihrem Ehemann zunächst ihre Farm Mugongo zum Anbau von Chrysanthemen zur Gewinnung von Pyrethrum, einem natürlichen Insektizid, aufbaute. Während dieser Zeit war sie auch eine kritische Freundin von Dian Fossey, mit der sie einen intensiven Briefverkehr unterhielt. Mit Ausbruch der Unruhen im Jahre 1994 musste sie das Land verlassen, kehrte danach aber zurück und eröffnete ein Waisenhaus, das *Imbabazi*. Sie hatte in Gisenyi ein Wohnhaus und auch ihr Waisenhaus war zunächst in Gisenyi. Vor kurzer Zeit hatte sie es aber auf ihr ehemaliges Farmgelände in Mugongo, am Fuße des Karisimbi, verlegt.

Bosco war unschlüssig. Er wusste, dass es in der Grenzregion einige Informanten gab, die für die Kollegen des Geheimdienstes tätig waren. Eine

Zusammenarbeit mit diesen war aber schwierig. Sie beschäftigten sich fast besessen hauptsächlich mit der Jagd auf versprengte Mitglieder und Unterstützer der *Interahamwe*. Die Beziehungen zur Regierung in Kinshasa waren sehr gespannt, seit Kabila die ruandischen Militärs nach Hause geschickt hatte. Die meisten Kollegen hielten Distanz zu den Kollegen des Geheimdienstes, da sie auch im persönlichen Umgang eine gewisse Paranoia offenbarten.

»Ich glaube, es ist besser, den Staatsanwalt zuvor zu informieren und zu fragen, ob er einverstanden ist, Prince einige Informationen beschaffen zu lassen. Das Ganze ist zu riskant und, wenn es publik wird, mit der Gefahr diplomatischer Verwicklungen verbunden«, erwiderte Bosco.

Théo hatte keine Einwände, und so beschlossen sie zu warten, bis Bosco den *General* kontaktiert hatte.

»Mugambage! Hören Sie, Jean-Bosco, wir haben einen Mordfall in Gisenyi aufzuklären. Die Sache ist delikat und hat äußerste Priorität. Bitte kommen Sie sofort bei mir vorbei, wir haben etwas zu besprechen«, meldete sich der Generalstaatsanwalt, als Bosco am Montag, kaum an seinem Arbeitsplatz angekommen, den Anruf entgegennahm.

Er hatte den Anruf erwartet und verzichtete darauf, den *GS* um eine Erklärung zu bitten, etwas, was normalerweise ohnehin nicht ratsam war. Bosco stellte erst nach einer gewissen Zeit der Zusammenarbeit überrascht fest, dass er hier gewisse Privilegien genoss, ohne dass er sich dessen bewusst gewesen war.

»Ich komme, *Sir*.«

Bosco machte sich auf den Weg in die nahe gelegene NPPA am Boulevard de l'Umuganda. Nachdem ihm der Büroleiter beim Eintritt kurz zugenickt hatte, betrat er Mugambages großzügiges Büro.

Vorladungen beim *General* waren oft schicksalhaft. Er war als gnadenloser Verhörstratege gefürchtet, dem kein Verdächtiger gewachsen war. Es dauerte nie lange, bis er herausfand, ob jemand etwas zu verbergen hatte. Besonders Besucher, die er im Zusammenhang mit politischen Straftaten selbst verhörte und die sich im Zuge von Ermittlungen als wenig kooperativ erwiesen, konnte er förmlich auseinandernehmen, bis sie zusammenbrachen. Zu seiner Verteidigung musste man eingestehen, dass der *GS* diese Prozedur nicht nach Ansehen oder Rang durchführte. Selbst Minister, die er sich in gewissen Fällen, zum Beispiel bei Anklagen wegen Korruption, selbst vornahm, hatten keinen Anspruch auf Sonderbehandlung. Die landesweite Kampagne gegen Korruption, die er selbst leitete, gehörte zu den bemerkenswertesten Kennzeichen der Administration Kagame. Das wurde auch im Ausland wahrgenommen.

Viele Geberländer haben inzwischen Probleme, finanzielle Zuwendungen an die weitgehend korrupte Elite Afrikas zu rechtfertigen. Ruanda gehört in diesem Punkt zu den Ausnahmen. Es hatte die UN-Konvention gegen Korruption schon lange ratifiziert. Korruption konnte zwar noch nicht gänzlich verhindert werden, wurde aber rigoros verfolgt. Der politische Weg Ruandas war gelegentlich Gegenstand von Diskussionen zwischen Bosco und Ariane, die nicht selten kritische Kommentare verlauten ließ. Zu Arianes Ärger konterte Bosco dann mit der UN-Konvention. Deutschland maßte sich an, über die staatliche Deutsche Gesellschaft für internationale Zusammenarbeit GIZ, andere Länder in guter

Regierungsführung zu unterrichten, dachte bisher aber nicht daran, das Abkommen selbst zu ratifizieren. In diesem Punkt standen die Deutschen auf einer Stufe mit Staaten wie Syrien und Nordkorea, die sich ebenfalls der Ratifizierung verweigerten.

Heute winkte Mugambage seinen Besucher sofort an seinen Besprechungstisch, um den sechs mit feinstem Rindsleder bespannte Stühle gruppiert waren. Sein Küchenservice hatte bereits ein Tablett mit zwei Tassen und einer Kanne ruandischem Arabica-Kaffee vorbereitet. Noch im Stehen füllte der *GS* persönlich die Tassen, eine Ehre, die man zumindest mit einer Bemerkung über den vorzüglichen Geschmack quittieren sollte. Mugambage war Besitzer einer Plantage und servierte Kaffee aus eigenem Anbau – natürlich Exportqualität.

»Wie gesagt, der Mord an dem Ausländer in Gisenyi ist delikat und verlangt rasches Handeln.«

Sie setzten sich. Bosco nippte kurz an der Tasse, unterließ aber einen Kommentar. *Welcher Mord ist schon nicht delikat?*

»Und daher …«, fuhr Mugambage fort, während er ihm eine Akte zuschob, »… habe ich beschlossen, dass Sie in dieser Sache nicht nur die Ermittlungen übernehmen, sondern gemäß Artikel 52 des Organic Law No 15 auch die Funktion des ermittelnden Staatsanwaltes übernehmen. Im Klartext, Sie sind mein Stellvertreter. Alle Beteiligten, Ihre Vorgesetzten, der Commissioner und der Inspektor General, sind informiert. Sie berichten mir direkt. Der Bericht über die gerichtsmedizinischen Untersuchungen steht noch aus.«

Fast hätte Bosco den Fehler gemacht, sich pro forma nach Einzelheiten zu erkundigen, die er schon wusste, als der *General* mit etwas hintergründigem Lächeln nachsetzte: »Weitere Erklärungen kann ich mir ersparen, Sie wissen ja bereits Bescheid«, ohne das aber weiter zu vertiefen.

Bosco war sich sicher, dass Théo nichts von seiner Anwesenheit in Gisenyi erwähnt hatte, aber angesichts der Zuschauermenge am Fundort der Leiche war es wenig verwunderlich, dass seine Anwesenheit nicht verborgen geblieben war. Er rang sich ein verlegenes Lächeln ab. »Ich bitte noch um Ihr Einverständnis über den Einsatz eines Informanten in Goma, der von Inspector Mugisha empfohlen wurde – wenigstens am Anfang der Ermittlungen. Es ist zu vermuten, dass wir nur dort weiterkommen«, fügte Bosco nach einer kurzen Pause hinzu und ergänzte: »Wir sind der Ansicht, dass es noch zu früh ist, die Kollegen in Goma einzubeziehen. Möglicherweise besteht die Gefahr, dass der Einsatz eines Informanten politische Komplikationen provozieren kann.«

Der *General* erwies sich, einmal mehr, als kurz entschlossen und pragmatisch.

»Machen Sie sich darüber keine Gedanken. Wir haben einige kongolesische Informanten in Kigali im Fokus, mit denen wir sofort dagegenhalten können, falls es Probleme gibt. Ihr Kollege in Goma, Kommandant Likongo, ist aber nicht dafür bekannt, gerne die Bürokratie zu bemühen. Setzen Sie den Informanten also ein, wenn Sie es für nötig halten.«

4

»Der Tote lag genau hier.«

Im Besprechungsraum des CID war eine große Wandkarte von Ruanda und der Kivu-Region im Maßstab 1:50.000 aufgehängt. Bosco deutete mit der Antenne eines ausrangierten Kofferradios auf den Fundort des Mordopfers. Alle Kollegen des CID waren anwesend. Bosco hatte ihnen die bisherigen Erkenntnisse erläutert. Jeder besaß eine Akte, in der alle Fakten vom Büro des Staatsanwaltes zusammengefasst worden waren. Obwohl alle eigene Notizen zu dem Fall hatten, bestand die Generalstaatsanwaltschaft auf einer offiziellen Version mit einer offiziellen Sprachregelung.

»Das ist vorläufig alles. Ich bitte euch, die bisherigen Ergebnisse genau zu studieren«, schloss Bosco seine Ausführungen. »Ich halte es für sinnvoll, dass wir zusammen in das Kigali Forensic Laboratory, gehen und uns den Bericht von Natalia Baranyanca persönlich anhören. Sie erwartet uns bereits.«

Nach kurzer Fahrt in Boscos Dienstwagen, während der jeder seinen Gedanken nachhing, erreichten sie das KFL im Stadtteil Nyarugenge, dem Stadtzentrum.

Der Tote lag auf einem fahrbaren, höhen-verstellbaren Seziertisch aus Edelstahl. Helles Neonlicht beleuchtete die Szene. Der obligatorische Y-Schnitt für die innere Besichtigung war vernäht. Der Unterkörper war mit einem Tuch abgedeckt. Darunter ragten die Stümpfe der abgetrennten Beine hervor. Es war nicht möglich, sich der morbiden Atmosphäre des Raumes entziehen.

Natalia Baranyanca stammte aus einem alten Tutsi-Adelsgeschlecht in Burundi, dessen Angehörige im Zuge ethnisch motivierter Unruhen, ebenfalls zwischen Hutu und Tutsi, verfolgt und zum Teil ermordet worden waren. Ein Teil der Familie floh ins Ausland, ihre Nachkommen wuchsen weltweit im Exil auf.

»Schön, dass ich euch alle einmal zusammen sehe«, begrüßte sie ihre Kollegen aus dem CID. Bosco stellte Ariane vor, die hier noch nicht bekannt war. Während einer kurzen Plauderei, in der Natalia auf ihren Aufenthalt in Deutschland zu sprechen kam, nahmen die anderen Kollegen die Leiche in Augenschein. Danach wandten sich die beiden Frauen ebenfalls dem Toten zu. Natalia überflog kurz ihre Notizen.

»Ich … kann nicht verhehlen, dass uns dieser Tote in die Abgründe der Vergangenheit blicken lässt. Für eine derartige Gewaltorgie gibt es in jüngster Zeit keine vergleichbare Tat – zumindest nicht in Ruanda. Wir sind, wie auch aus dem Bericht der Polizei in Gisenyi hervorgeht, ebenfalls der Ansicht, dass der Fundort des Toten nicht der Tatort ist. Es lassen sich aber aus den Befunden der kriminaltechnischen Untersuchung und den Laboranalysen gewisse Bezüge zum Tatort herstellen und es sind auch einige Hinweise zur Tatrekonstruktion zu erkennen.«

Nach einer kurzen Pause fuhr sie fort:

»Der Tote war um die sechzig Jahre alt, männlich, weiß, Größe um die 185 Zentimeter, mit ein bis zwei Zentimetern Abweichung nach oben oder unten. Die Augen sind blau, der Körperbau ist kräftig und durchtrainiert. Aufgrund der noch nicht gelösten Totenstarre nach dem Fund können wir den Todeszeitpunkt etwas eingrenzen. Nach etwa sechs bis zehn Stunden ist der gesamte Körper starr. Bei den zurzeit herrschenden Nachttemperaturen eher weniger. Frühestens nach vierundzwanzig Stunden beginnt sich die Starre wieder zu lösen. Gehen wir von einem beschleunigten Eintreten von sechs Stunden bis zur Totenstarre aus, heißt das, der Todeszeitpunkt liegt innerhalb einer Dreißig-Stunden-Spanne vor Auffinden der Leiche.« Sie legte eine kurze Pause ein. »Gibt es dazu Fragen?«

»Kann der Todeszeitpunkt durch die Rektaltemperatur noch weiter eingegrenzt werden?«, fragte Ariane.

»Ja, eingeschränkt. Diese Methode ist innerhalb der ersten vierundzwanzig Stunden nach dem Tod gut anwendbar, setzt aber eine Konsistenz der Umgebungstemperatur voraus, was nicht der Fall war. Die Rektaltemperatur, die vom Arzt in Gisenyi gemessen wurde, lag bei achtundzwanzig Grad Celsius. Die Körpertemperatur von Lebenden liegt bei rund siebenunddreißig Grad Celsius. Weiter als bis zur Umgebungstemperatur, die am Fundort etwa zwanzig Grad Celsius betrug, sinkt die Körpertemperatur nicht. Bei einem Temperaturverlust von durchschnittlich einem Grad pro Stunde ergäbe sich daraus ein Todeszeitpunkt von mindestens neun Stunden vor der Messung der Körpertemperatur.«

Alle betrachteten das mit Fragezeichen markierte Temperaturmonogramm im Bericht des KFL.

Ariane wollte es genauer wissen. »Okay, und wie passen die übrigen Indizien dazu?«

»Nun, die Totenflecken sind infolge des hohen Blutverlustes nur sehr schwach ausgebildet. Sie folgen bei Drehung des Körpers der Schwerkraft. Dieser Prozess erfolgt nur im Zeitraum bis maximal zwölf Stunden nach dem Tod. Das Wegdrücken der Totenflecken war ebenfalls noch möglich. Das kann man bis zu zwanzig Stunden nach Todeseintritt.

Zumindest spricht nichts gegen die Ergebnisse der Temperaturmethode.«

Natalia machte eine kurze Pause und überließ die Zuhörer ihren Gedanken.

Bosco räusperte sich und resümierte. »Das heißt, also, er wurde vermutlich in der Nacht vom 12. zum 13. August ermordet.«

»So würde ich die Ergebnisse interpretieren.« Die Medizinerin blickte erneut auf ihre Notizen. »Das Mordopfer ist wahrscheinlich Belgier, möglicherweise ein wallonischer Nationalist.« Ihr Blick in die Runde traf auf fragende Gesichter. Bevor jemand etwas sagen konnte, fügte sie hinzu: »Das Tattoo, es ist nicht wie vermutet der *Gallische Hahn*. Es ist der *Tapfere Hahn*, der *Coq Hardi,* das Wappentier der Wallonie.«

Fast alle ehemaligen Kolonien pflegten gute Beziehungen zu den einstigen Kolonialherren. So merkwürdig das auch erscheinen mochte, verbarg sich dahinter reiner Pragmatismus. Weiße waren alle Kolonialisten, so die verbreitete Meinung, da konnte man auch gleich das Original nehmen, wenn man sie schon benötigte. Man kannte sich und der Umgang miteinander war vertraut. So wie in Angola und Guinea-Bissau die Portugiesen, im Senegal die Franzosen, waren auch im Kongo, in Ruanda und in Burundi wieder viele Belgier tätig oder sesshaft geworden.

Niemand hatte einen Kommentar abzugeben.

Die Forensikerin fuhr fort: »In den Schnittflächen der abgetrennten Beine wurden Verunreinigungen mit Sand identifiziert. Wir haben das durch das Geochemistry and Mineralogy Laboratory der Rwanda Natural Resources Authority untersuchen lassen. Die Analyse ergab, dass die Probe auch sogenannte Schwermineralien, hauptsächlich das Zinnerz Kassiterit, aber auch Coltan enthält. Diese Rohstoffe werden, wie wir alle wissen, bei uns wie auch im Kongo industriell, oft aber unkontrolliert abgebaut. Beide Erze gibt es am Fundort, dessen Untergrund ausschließlich aus vulkanischen Ablagerungen besteht, nicht. Ein detaillierter Bericht zur mineralogischen Analyse ist als Anlage beigefügt.«

Die Ermittler blätterten in ihren Akten. Alle hatten jetzt nur einen Gedanken: *Also ein Mord im Milieu der Coltan-Mafia.*

Keiner der Anwesenden wollte sich aber schon dazu äußern und so fuhr sie fort.

»Die Abtrennung der Beine oberhalb der Knie wurde mit großer Wucht und mit einem sehr scharfen Werkzeug durchgeführt.« Natalia deutete auf die Schnittstellen.

Jean-Baptiste entfernte sich unauffällig aus dem Raum.

Die Medizinerin musterte kurz die Anwesenden. »Angesichts der außerordentlich kräftigen Oberschenkel des Opfers ist es schwer, zu begreifen, dass dafür nur ein einziger sauberer Schnitt benötigt wurde, aber es besteht kein Zweifel. Die Tatwaffe ist uns ein Rätsel. Das Abtrennen der Beine erfolgte *post mortem*, wie der Arzt in Gisenyi bereits richtig festgestellt hat. An der Trennfläche wurden neben Spuren von Stahl auch feinste Spuren von Blei identifiziert. Das macht die Sache nicht einfacher. Es scheint sich also nicht um eine herkömmliche Waffe aus geschmiedetem Stahl zu handeln.« Natalia blickte erneut in die Gesichter der umstehenden Ermittler.

Bosco kam noch einmal auf die Mineralanalyse zu sprechen: »Ich verstehe, dass Spuren von Stahl zu einem Tatwerkzeug gehören. Wenn aber *Kassiterit* und

Coltan als Verunreinigungen gefunden wurden, warum wird dann Blei einem Tatwerkzeug zugeordnet und nicht ebenfalls als Verunreinigung bewertet?«

»Gute Frage, Bosco. Ich musste dazu auch erst die Experten konsultieren. Blei kommt in der Natur nicht zusammen mit Kassiterit und Coltan vor und wird auch weder bei uns noch in den umliegenden Minen im Kongo abgebaut.« Natalias Blick traf auf Boscos zweifelnde Miene. »Du bist nicht so richtig überzeugt, wie?«

»Nein, aber ich habe auch keine andere Erklärung. Für eine Verletzung durch Bleigeschosse gibt es ja keine Hinweise.«

»Ja, das können wir ausschließen.« Natalia musterte erneut die Anwesenden und wandte sich wieder ihren Aufzeichnungen zu. »Blutergüsse und Abschürfungen an den Handgelenken sind die Folgen einer Fesselung. Der Schädel weist einen mit einem harten Gegenstand verursachten Biegungsbruch am Hinterkopf auf, der sowohl hier als auch an der Stirn infolge des Sturzes zu Quetschungen des Hirngewebes führte.«

»Ist das die Todesursache?«, unterbrach Fabien die Ausführungen.

»Nein, der Schlag auf den Kopf hat ihn nur kurz betäubt. Todesursache ist eindeutig der Schnitt durch den Schädel. Ich bin keine Psychologin, aber auch euch dürfte bekannt sein, dass Gesichtsverletzungen oft aus tiefgründigem Hass ausgeführt werden. Der Täter verfolgt damit die Absicht, das Opfer zu depersonalisieren. Der Hieb wurde wahrscheinlich mit einer *Panga* ausgeführt.«

»Wie bei Dian Fossey«, flüsterte Ariane leise, ohne dabei jemanden anzusprechen.

Bosco, der neben ihr stand, sah sie überrascht von der Seite an. Entweder niemand außer Bosco hatte die Bemerkung gehört, oder ihr eine Bedeutung beigemessen.

»War der Gegenstand, mit dem er niedergeschlagen wurde, eher spitz oder eher stumpf?«, mischte sich nun Bosco wieder ein, ohne auf Arianes Anmerkung einzugehen.

»Es muss ein stumpfer Gegenstand gewesen sein, zum Beispiel ein runder Stein«, präzisierte die Medizinerin. »Der massive Blutverlust führte, wie schon angedeutet, nur zu schwachen postmortalen Leichenerscheinungen, wie die Ausbildung von Totenflecken. Das passt auch zu den blassen inneren Organen. Wie gesagt, die Totenstarre war noch nicht wieder gelöst und die Fäulnisbildung hatte noch nicht eingesetzt. Wir nennen das eine frische Leiche.«

»Wurden Faserspuren entnommen?«, fragte Fabien.

»Ja, natürlich. Die Techniker in Gisenyi haben den ganzen Körper mit Klebeband beprobt. Sie sehen das auf dem Spurensicherungsblatt dokumentiert. Wir haben Fasern von grober Baumwolle gefunden. Die Kleidung des Toten bestand aus Synthetikmaterial. Also vermutlich stammt die Baumwolle vom Täter oder den Tätern. Haare und Blutproben wurden ebenfalls gesichert und asserviert. Fingerabdrücke außer denen des Toten konnten wir nicht identifizieren. Das Blutspurenmuster weist allerdings auf eine weitere Blutgruppe hin, vermutlich die des Mörders. Die DNS-Analyse führt aber solange nicht weiter, bis es vergleichende Proben gibt.«

Natalia blickte wieder kurz auf ihre Notizen.

»Interessanter scheint die Bissspur am Arm zu sein, die aber schon verheilt ist.«

Sie drehte sich zu dem Toten und hob kurz den linken Arm. Das Muster entsprach deutlich dem Abdruck eines menschlichen Gebisses.

»Das haben wir oft bei Vergewaltigungen«, warf Ariane ein.

»Richtig«, erwiderte sie, »aber die Wunde ist längst verheilt und es gibt auch keinen Hinweis auf einen Sexualkontakt kurz vor seinem Tod.«

»Wir sollten das trotzdem im Auge behalten«, sagte Fabien. »Wenn er ein Vergewaltiger war und erneut eine Vergewaltigung versucht hatte, könnte es nicht sein, dass ihn eine Frau mit dem Stein außer Gefecht gesetzt hat, bevor es zu einer Vergewaltigung kam?«

»Schon möglich, aber schwer vorstellbar, dass sie ihm auch noch den Schädel gespalten und die Beine abgetrennt hat, ohne sofort die Flucht zu ergreifen«, gab Ariane zu bedenken.

»Was für einen Grund gibt es, einem Gewaltopfer die Beine nach dem Tod abzutrennen? Ein Sadist hätte eine andere Reihenfolge«, warf nun Alphonse ein.

»Also wären wir wieder beim Ritualmord«, bemerkte Bosco, ohne Überzeugung in der Stimme.

»Das, liebe Kollegen, findet mal selbst heraus. Eine Identifizierung sollte jedenfalls nicht verhindert werden, sonst hätte man ihm die Hände und den Kopf abgetrennt. Noch etwas: Dem Toten wurde ein kleines Haarbüschel mit einem Stück Kopfhaut aus dem Hinterkopf gerissen, als wäre es beim Transport der Leiche irgendwo hängengeblieben. Die Fingerabdrücke und die DNS lasse ich euch noch digital zukommen. Ich bin damit vorläufig durch. Wenn es noch Fragen gibt, ihr habt meine Telefonnummer. Lasst mich wissen, wenn ihr einmal wieder im *La Galette* einkehrt. Auch ich bin schon mal gerne unter Lebenden.«

Sie verabschiedeten sich und fuhren in das CID zurück, wo sie sich in Boscos Büro versammelten.

»Wir müssen also in drei Richtungen ermitteln. Ich gebe zu, dass der Coltan-Befund den Fall recht eindeutig in eine Richtung lenkt. Wir werden dieser Spur Priorität einräumen. Trotzdem möchte ich aufgrund der merkwürdigen Umstände des Mordes auch der Bissspur nachgehen. Ein nachträglicher Racheakt ist nicht auszuschließen. Außerdem müssen wir die Herkunft und die Bedeutung der Maske klären. Teilen wir uns die Aufgaben.«

Nachdem niemand aus der Runde etwas sagte, fuhr er fort: »Ariane und Fabien, könntet ihr bitte der Bissspur nachgehen. Ich halte es für erfolg-versprechender, wenn da eine Frau die Befragung durchführt. Ich weiß, es ist ein wenig aussichtsreiches Unterfangen, aber solange sich die Coltan-Spur nicht bestätigt, möchte ich in alle Richtungen ermitteln.«

Ariane seufzte. »Im Nord- und Süd-Kivu waren Massenvergewaltigungen lange an der Tagesordnung. Wo sollen wir da anfangen?«

»Nun, da es sich um einen *Mzungu* handelt, stehen die Chancen besser. Ihr solltet die Anlaufstationen für Vergewaltigungsopfer in Bukavu aufsuchen und die Frauen befragen. Wartet, bis wir mit der Polizei in Goma und Bukavu in Kontakt getreten sind. Aber natürlich müssen wir auch bei uns recherchieren. Fangt damit an. Gehen wir davon aus, dass er hier oder in Goma tätig war. Dann war er auch Grenzgänger, wie viele Ausländer.«

Ariane und Fabien erhoben sich ohne große Begeisterung. Sie wussten, was sie erwartete. Es standen endlose, mühselige Befragungen von Frauen bevor, die sehr zurückhaltend sein und deren Aussagen sich schließlich meist als wertlos herausstellen würden.

»Alphonse, Jean-Baptiste«, wandte Bosco sich nun an seine beiden anderen Mitarbeiter, »kümmert euch um die Maske. Fragt die Leute im Künstlerdorf *Le petit village de l'artisanat*, besonders die Kongolesen. Schickt ein Foto an das Precolonial History Museum in Nyanza und an das National Museum Rwanda in Butare. Kontaktiert außerdem die infrage kommenden Experten in Europa und den USA mit einem Hilfeersuchen. Ach ja, und lasst euch von der Rwanda Natural Resources Authority eine Karte der Coltan-Lagerstätten bei uns und in den Kivu-Provinzen geben. Sagt ihnen, wir suchen eine Lagerstätte, in der Coltan zusammen mit Kassiterit vorkommt.«

Als seine Mitarbeiter das Büro verließen, bat er Ariane, die ebenfalls schon dabei war, den Raum zu verlassen, kurz zu bleiben, und schloss die Tür.

»Was weißt du über Dian Fosseys Ermordung?«

»Das, was darüber öffentlich zugänglich ist. Es gibt zwei Autoren, Farley Mowat, ein Kanadier, und Harold Hayes, ein Amerikaner, die sich ausführlich mit ihrer Biografie beschäftigt haben. Ihre ehemaligen Kollegen, das Forscherehepaar Bill Weber und Amy Vedder, haben in ihrem Buch *In the Kingdom of Gorillas* ihre Version der Geschichte veröffentlicht. Mowat ging in seinem Buch *Woman in the Mists: The Story of Dian Fossey and the Mountain Gorillas of Africa,* detailliert auf ihre letzten Tage und ihre Ermordung ein. Hayes legte in der Biografie *The Dark Romance of Dian Fossey* den Schwerpunkt etwas mehr auf ihre Affären. Vor meiner Abreise nach Ruanda habe ich alles über sie und ihr Buch *Gorillas in the Mist*, den Genozid und auch

Rosamond Carrs Buch *Land of a Thousand Hills: My Life in Rwanda*, gelesen. Außerdem gab es eine Menge Presseberichte und TV-Dokumentationen im Internet.«

Bosco kannte zwar die Nachrichten der lokalen Presseorgane zu dem international aufsehenerregenden Fall, hatte sich aber nicht weiter damit beschäftigt. In seiner Erinnerung wurde die Ermordung der *Nyiramacyibili* als zwangsläufige Folge ihres unangemessenen Umgangs mit der Bevölkerung des Virunga-Nationalparks diskutiert. Aber danach wurde die umstrittene Beschuldigung und Verhaftung von einem ihrer ruandischen Mitarbeiter und die Verurteilung des geflüchteten amerikanischen Studenten Wayne McGuire widerspruchslos hingenommen. Es gab niemand, der Interesse daran hatte, die Sache weiterzuverfolgen. Trotz der Trauer ihrer Mitarbeiter und ihrer engsten Freunde hatte man das Gefühl, dass viele der Beteiligten aus den unterschiedlichsten Gründen froh waren, sich nicht mehr mit dem Fall beschäftigen zu müssen.

»Haben die Biografen sonst noch irgendetwas ausgegraben?«

»Sie haben sich schon im Wesentlichen an die offiziellen Untersuchungsergebnisse gehalten. Was aber anscheinend nicht allgemein bekannt war, ist, dass sie vorher durch ein *Sumu*, eine hölzerne Puffotter, gewarnt wurde und dass sie im Besitz einer Liste mit Namen von Personen war, die sich mit dem verbotenen Handel geschützter Arten beschäftigten. Diese Liste bewahrte sie in einem orangefarbenen Ordner auf. Mir fiel dabei nur auf, dass nach ihrer Ermordung weder über den Verbleib der hölzernen Puffotter noch über die Liste etwas berichtet wurde.

Als Polizistin erkenne ich hier zwei wichtige Beweismittel. Sowohl Mowat und Hayes, als auch Weber und Vedder gingen nicht weiter darauf ein. Möglich, dass diese Fakten von den damaligen Behörden unterschlagen wurden, um den Fall schnell abzuschließen. Denkst du, da gibt es eine Verbindung mit unserem Toten in Gisenyi? Die Gesichtsverletzung – es ist schon verblüffend. Trotzdem, ich kann es mir kaum vorstellen.«

»Nein, ich auch nicht. Ich möchte auch abwegige Indizien nicht ignorieren. Lassen wir es erst einmal dabei bewenden, bis wir etwas mehr wissen.«

Der Anruf kam wieder sehr früh am Morgen, und irgendwie hatte Bosco das Gefühl, dass er schon am Klingeln erkennen konnte, wer ihn sprechen wollte. Seine Vorahnung trog ihn nicht, es war der *General.*

»Jean-Bosco, es gibt etwas Wichtiges zu besprechen. Ich bitte Sie, kurz vorbeizukommen«.

»Ich komme, *Sir*«, antwortete Bosco kurz angebunden.

Als er kurze Zeit später das Büro des Generalstaatsanwaltes betrat, kam dieser ihm schon entgegen und deutete auf seine Sitzgruppe. Während er sich selbst einen Stuhl zurechtrückte, kam er ohne Zögern sofort zur Sache.

»Kinshasa hat von der Sache Wind bekommen, aber sie reagieren eher unerwartet. Mein Kollege dort hat sich mit dem Standortkommandanten in Goma, Divisionsinspektor Joseph Likongo, darauf verständigt, dass Sie in den Provinzen Nord- und Süd-Kivu ermitteln dürfen – auf eigenes Risiko natürlich.«

Bosco war konsterniert.

»Entschuldigen Sie, *Sir*, wie soll das funktionieren?«

»Likongo wird Ihren Schutz garantieren. Er ist zwar regulär nur für die Provinz Nord-Kivu zuständig, aber für diesen Fall hat man ihm die Vollmacht für alle Kivu-Provinzen übertragen. Einzige Bedingung ist, dass wir alle Ergebnisse regelmäßig nach Kinshasa mailen und dass Sie und Ihre Begleiter unbewaffnet sind. Den Kontakt mit Kinshasa übernehme ich selbst.«

»Nun gut, ich gehe davon aus, dass sich unsere Kompetenz ausschließlich auf ermittelnde Tätigkeiten beschränkt. Eventuelle Verhaftungen werden durch die kongolesische Polizei vorgenommen.«

»Exakt, Jean-Bosco, und noch etwas: Der Kommandant hat Ihnen einen gewissen Prince als Fahrer zur Verfügung gestellt. Ist das nicht der Kontaktmann, den Inspector Mugisha vorgeschlagen hat?«

»Das ist richtig«, erwiderte Bosco zögernd, zum wiederholten Mal erstaunt über das informelle Netzwerk des Generalstaatsanwaltes. Er hatte ihm den Namen von Prince nicht genannt.

Der *GS* wusste, dass seine oft schon demonstrierte informelle Überlegenheit bei seinen Mitarbeitern gemischte Gefühle auslöste. Boscos kurzen überraschten Blick ignorierend, ging er elegant darüber hinweg.

»Entweder ist es ein Zufall oder Likongo ist über die Verbindungen von Prince informiert und will uns einen Wink geben, dass er auf der Hut ist. So kann er ihn von Anfang an kontrollieren und Prince ist als geheimer Informant ausgeschaltet. Scheint überhaupt eine illustre Persönlichkeit zu sein, dieser Joseph Likongo. Übrigens habe ich eine Pressekonferenz autorisiert. Das Interview mit den Pressesprechern wird in den Ausgaben von morgen erscheinen. Wir konnten nicht mehr länger warten.«

»Ich verstehe, hoffentlich ist Likongo kooperativ. Aber insgesamt ist das eine gute Nachricht und erleichtert die Ermittlungen. Wie kommt es zu diesem freundlichen Entgegenkommen, ohne offizielles Hilfeersuchen?«

»Das frage ich mich auch, aber es kann sein, dass man dort schon mehr weiß und Gründe hat, sich nicht selbst darum zu kümmern.«

»Es scheint dann aber auch klar zu sein, dass der Schlüssel zu dem Fall auf kongolesischer Seite zu suchen ist, *Sir*.«

»Sie haben recht, Jean-Bosco. Es gibt noch mehr Merkwürdigkeiten. Eine Einmischung der MONUC, die bei polizeilichen Ermittlungen sonst immer dabei ist, hat man sich in diesem Fall ausdrücklich verbeten.«

»Hm, was soll das denn bedeuten?«

»Es muss aber nicht zwangsläufig einen tieferen Sinn haben. Es kann sein, dass unsere Kollegen in Kinshasa lediglich beweisen wollen, dass sie auch ohne die Hilfe der UN-Einsatzkräfte alles im Griff haben. Eine richtige Liebesbeziehung zwischen der Zentralregierung und der MONUC gibt es ohnehin nicht.«

»Dann wissen sie anscheinend wirklich schon mehr. Zumindest können wir ausschließen, dass der Tote zur MONUC-Mannschaft gehörte. Sie hätten sich sonst nicht abwimmeln lassen.«

»Das ist zu vermuten. Falls Sie aber deren Hilfe benötigen, kann ich das trotzdem arrangieren. Offiziell beschimpft uns die sogenannte Weltgemeinschaft zu diversen Gelegenheiten, weil wir ihr Modell der Strafverfolgung nicht ungeteilt bewundern. Sie haben noch nicht begriffen, dass wir noch eine Menge anderer Probleme haben. Hinter den Kulissen sind sie aber froh, dass wir der einzige stabile Faktor der Region sind.«

»Wir versuchen es vorläufig alleine. Wenn ich an die Bürokratie und die Entscheidungsprozesse der UN denke … «.

Der Generalstaatsanwalt verzog sein Gesicht etwas und nickte zustimmend. »Unsere Erfahrungen mit der UN ermuntern tatsächlich wenig, eine Zusammenarbeit zu suchen. Sie haben uns während der Massaker 1994 schon einmal im Stich gelassen.«

»Was ist, wenn wir jemandem in Kinshasa auf die Füße treten?«

Die Frage entlockte dem *General* ein Lächeln. »Aber Jean-Bosco, Sie wissen, wie so etwas läuft. Wenn das Ergebnis der Ermittlungen der Regierung in Kinshasa passt, werden wir offiziell gemeinsam die gute Zusammenarbeit loben. Wenn nicht, werden sie das Ergebnis anzweifeln und es zur politisch motivierten Anschuldigung erklären. Das werden wir ertragen. Außerdem, das Hilfeersuchen muss ich nachreichen.«

»Es scheint so, als wäre der Fall geeignet, den Kongolesen auch auf politischer Ebene auf den Schlips zu treten.«

»Ich bitte Sie, Jean-Bosco, das tun wir ständig, auch gegenseitig«, entgegnete der *General* geschmeidig. »Ich kann verstehen, dass sich Ihre Begeisterung in diesem Fall in Grenzen hält, aber machen Sie sich darüber nicht zu viele Gedanken. Ich werde Sie decken, soweit ich kann.«

Beide erhoben sich und der Staatsanwalt reichte Bosco die Hand. Die Botschaft war klar: Fehler können passieren, aber keine, die den *GS* persönlich kompromittieren könnten.

»Viel Erfolg, Jean-Bosco, und seien Sie vorsichtig.«

Bei Förmlichkeiten verfiel Bosco leicht in das Französische, und so hätte er fast mit »Merci, *Monsieur*« geantwortet, als ihm einfiel, dass auch der *General*, obwohl des Französischen leidlich mächtig, zur Frankophonie eine gewisse Distanz pflegte und es vorzog, Englisch zu sprechen. So beendete er das Gespräch mit »*Thank you, Sir*«.

Zu dieser Zeit saß Prince bereits bei Joseph Likongo und erhielt seine Instruktionen.

Schweißgebadet war der Mann mehrmals in der Nacht aufgestanden und unruhig in seinem Schlafzimmer auf und ab gegangen. Schließlich ging er in einen anderen Raum und nahm ein Buch aus einer Reihe abgegriffener Bände antiker Herstellungsart zur Hand. Er setzte sich in einen Sessel und las. Gierig, wie ein Ertrinkender nach Luft schnappt, sog er die Zeilen in sich hinein und schlief schließlich erschöpft ein.

5

Es war das zweite Mal, dass sie sich treffen mussten. Joseph Likongo hielt es für notwendig, dem *Krokodil* eine Botschaft zu überbringen. Es war keine gute Botschaft, und er fühlte sich nicht wohl in seiner Haut. Mayeyes Wutausbrüche waren auch bei seinen Leuten gefürchtet und hatten schon Opfer gefordert. Aber gerade wegen seiner Unberechenbarkeit musste er ihn warnen. Wie üblich ließ er sich von seinem Fahrer zu der Lehmziegelfestung des zwielichtigen Unternehmers fahren.

»Was gibt es, Joseph?«, empfing ihn Mayeye lauernd. »Willst du mich verhaften? Dann solltest du ein paar von deinen Leuten mitbringen.«

Joseph beschloss, die offene Drohung zu ignorieren. Trotz der friedlichen, aber fragilen Koexistenz hatte er vorgesorgt und für die Verhaftung von Subjekten von Mayeyes Kaliber bereits Pläne ausgearbeitet. Aber noch war es nicht so weit.

»Ich möchte dich nur warnen. Wir konnten nicht damit rechnen, dass Kinshasa sich mit Kigali darauf verständigt, die ruandische Polizei bei uns ermitteln zu lassen. Ich bin dazu verpflichtet worden, Chief Inspector Kabeera und sein Team aus Kigali sowie Inspector Mugisha aus Gisenyi zu unterstützen. Sie bekommen einen Fahrer und ein Fahrzeug. Falls nötig, soll ich ihn begleiten, wo immer er hin will. Du solltest dich kooperativ zeigen.«

Mayeye reagierte zunächst eher zurückhaltend, brach aber dann in Flüche aus:

»Diese verdammten Bürokraten, ich könnte ihnen in den Hintern treten!« Danach versuchte er, sich wieder selbst zu beruhigen: »Was können die schon herausfinden? Meine Geschäftsbeziehungen zu ihm? Na und? Das heißt gar nichts.«

»Im Prinzip hast du recht, aber es wäre gut, wenn du nachweisen könntest, nichts mit dem Mord zu tun zu haben. Denk' darüber nach, Thomas. Du weißt, dass man in Kinshasa nicht so gut auf dich und deine Leute zu sprechen ist. Ich würde sogar so weit gehen, dass diese unerwartete Kooperation dazu genutzt werden soll, dir etwas anzuhängen.«

Mayeye verzog keine Miene, aber in seinem Inneren arbeitete es. Der Mord an dem *Mzungu* konnte für ihn tatsächlich ein Problem werden. Es war ihm bekannt, dass Darcy gute Beziehungen in die Hauptstadt gehabt und dass er diese Leute auch mit seinen Zuwendungen bei Laune gehalten hatte. Likongo registrierte befriedigt, dass Mayeye etwas nachdenklich wurde.

»Ich habe in seiner Wohnung und seinem Büro außer einem Eintrag in seinem Mobiltelefon nichts gefunden, was dich kompromittieren könnte. Aber die Ruander werden weitersuchen, wenn sie erfahren, in welcher Beziehung du zu dem Belgier standest.«

Und ich werde auch weitersuchen.

»Du hast hoffentlich den Eintrag gelöscht?«

»Wie kommst du darauf? Natürlich nicht. Es lässt sich kaum verheimlichen, dass du den Toten gekannt hast. Du bist der Vermieter des Hauses, in dem er und seine Mitarbeiter ihr Büro haben und in dem ihre Wohnungen liegen. Außerdem bedienst du sie über die ›SÉCOMA‹ mit deinem Service. Glaubst du, das entgeht den Ruandern?«

»Du hast es noch nicht aufgegeben, mich zu verdächtigen, wie?«

»Ich glaube nicht, dass du so blöd bist, einen Toten in dieser Weise zu präsentieren. Wir wissen, du selbst gehörst eher zu den ...«, er rang etwas mit den Worten, »... diskreten Geschäftsleuten. Das kann man aber nicht von allen Personen deines Umfeldes behaupten, vor allem nicht von deiner ›SÉCOMA‹ mit ihrem Häuptling. Matengos Manieren lassen, zurückhaltend ausgedrückt, zu wünschen übrig.«

»Aber Joseph, seit wann legst du Wert auf Manieren?« Mayeye war amüsiert.

»Schon immer, ich habe nur selten Gelegenheit, es zu zeigen. Aber lassen wir das. Es besteht auch die Möglichkeit, dass die Art, wie der Tote präsentiert wurde, ein Manöver ist, um den Verdacht in eine bestimmte Richtung zu lenken. Wenn du etwas weißt, solltest du damit herauskommen. Ich will nur auf den Auftritt der Ruander vorbereitet sein.«

»Noch einmal, ich habe nichts damit zu schaffen. Die Ruander können mich mal.«

»Ich bedaure es außerordentlich, dass sich deine freundschaftlichen Gefühle zu Ruanda etwas abkühlen. Ich fürchte, man wird dort keine Rücksicht auf die Sensibilität ihrer kongolesischen Brüder nehmen.«

»Spar dir deine Witze, das brauche ich jetzt nicht.«

Beide waren inzwischen aufgestanden. Mayeye ging zur Hausbar. Kagames Foto hing etwas schief. Normalerweise störte ihn so etwas, aber heute ignorierte er es und schenkte sich einen Martini ein. Als Liebhaber der James-Bond-Verfilmungen, die alle seine Videosammlung bereicherten, ließ sich Mayeye oft den Martini mit den berühmten Worten »geschüttelt, nicht gerührt« servieren. Er legte Wert auf Stil, oder zumindest das, was er dafür hielt. Aber zu solchen Spielchen war ihm jetzt die Laune vergangen.

»Nun, wenn du nichts mit dem Mord zu tun hast, solltest du aber der Versuchung widerstehen, über irgendeine Problemlösung mithilfe deiner Mannschaft nachzudenken. Mir scheint, dass dieser Fall etwas Fingerspitzengefühl erfordert. Dafür sind deine Leute und besonders dieser Matengo nicht gerade berühmt. Ich möchte diese Sache so schnell wie möglich abschließen«, versuchte Likongo die Situation zu entspannen.

Nun war es mit Mayeyes Beherrschung vorbei. Er drehte sich so schnell in Richtung seines Besuchers, dass das Getränk in seiner Hand überschwappte. Ein stechender Blick traf den Kommandanten. Das *Krokodil* trat dicht an Joseph heran und zupfte mit der freien Hand am Kragen seiner Uniform. »Hör gut zu, Kommandant, du wirst mir in dieser Sache helfen, ganz sicher. Und lass mich in Ruhe mit deinen Verdächtigungen.«

Joseph blieb ruhig stehen und strich demonstrativ mit spitzen Fingern über den Kragenspiegel. Aus seinen Augen war die Freundlichkeit gewichen. Mayeye hätte gewarnt sein sollen. Der Banyamulenge konnte sich normalerweise auf seine Instinkte verlassen, aber heute ließen sie ihn im Stich. Ein schwerer Fehler.

Likongo drehte sich um, winkte kurz mit erhobenem Arm und ging zur Tür. »Ich werde wiederkommen, Thomas. Überlege dir genau, was du tust und was du sagst, wenn die Ruander kommen.«

Am nächsten Morgen war die Nachricht bereits auf der ersten Seite der *The New Times*. Bosco hatte die Zeitung mit ins Büro genommen und lehnte sich in seinem Bürosessel zurück.

Mysteriöser Mord in Gisenyi

Viele Fragen stellen sich, nachdem ein Mann, vermutlich Europäer oder Amerikaner, tot in Gisenyi aufgefunden wurde.

Der Tote lag nahe der Grenze nach Goma am Kivu-See. Der Mann konnte noch nicht identifiziert werden. Ein Unfall kann ausgeschlossen werden. Nach den ersten Untersuchungen und den Ergebnissen des Kigali Forensic Laboratory handelt es sich den Umständen nach eindeutig um ein Gewaltopfer. Der Mann hatte gröbste Kopfverletzungen und abgetrennte Beine.

Der Mord, so die Sprecherin der Staats-anwaltschaft, wurde nach den vorläufigen Ergebnissen, nicht am Fundort der Leiche begangen.

Wir gehen davon aus, dass dieser Fall nur mit grenzüberschreitenden Ermittlungen zu lösen ist. Kontakt mit Kinshasa wurde bereits aufgenommen«, sagte Mrs Umuhoza der New Times in einem Interview gestern in ihrem Büro. Ein vergleichbarer Mord ist bisher noch nicht aktenkundig. Sowohl sadistische Motive, als auch ein ritueller Mord sind nicht ausgeschlossen. Es wird aber in alle Richtungen ermittelt.

Polizeisprecher Dennis Mekombo beschreibt den Mord als äußerst mysteriös. Er fügte hinzu, dass das Criminal Investigations Departement eine Sonderkommission unter Chief Inspector Jean-Bosco Kabeera gebildet habe, um den oder die Mörder der Justiz zuzuführen. »Ich möchte noch feststellen, dass der Fall mit höchster Priorität bearbeitet wird. Der Fall hat aber keine Relevanz für die allgemeine Sicherheit«, sagte Mekombo. Bisher wurde noch kein Verdächtiger festgenommen.

Bosco legte die Zeitung weg und wählte Théos Nummer. »Hast du die Nachricht in der Presse gelesen?«

»Ja, der *GS* scheint es für klüger zu halten, einige Einzelheiten noch nicht preiszugeben.«

»Das ist es wohl auch. Es wird Zeit, sich mit Joseph Likongo in Verbindung zu setzen. Kannst du das arrangieren?«

»Ich habe gerade einen Anruf von ihm bekommen. Er schlägt einen Termin morgen um vierzehn Uhr vor.«

»Gut, ich komme. Wir treffen uns in deinem Büro.«

Nach einer Besprechung mit seinen Mitarbeitern, bei der die Aufgabenverteilung noch einmal durchgegangen wurde, kündigte er an, mit Théo nach Goma zu reisen. Ariane und Fabien sollten sich nun, wie bereits verabredet, zunächst auf ruandischem Gebiet bei Anlaufstellen von Vergewaltigungsopfern umhören. Alphonse und Jean-Baptiste kümmerten sich um die Herkunft der Maske und hielten sich im Büro in Rufbereitschaft zur Verfügung.

Es war dreizehn Uhr dreißig, als Bosco am nächsten Tag in Gisenyi ankam und direkt zum Büro von Théo in der Rue de l'Indépendance fuhr. Vor der Tür stand ein Landrover Freelander.

»*Jambo Bwana*«, begrüßte ihn Théo auf Swahili, der *lingua franca* in Ostafrika, mit gespielt serviler Geste. »Darf ich dir unseren Fahrer Prince vorstellen?

Kommandant Likongo lässt uns freundlicherweise abholen. Ich wusste nicht, dass er so zuvorkommend ist, aber er hat wohl seine Instruktionen.«

Prince erhob sich von einem Stuhl und schüttelte Bosco die Hand, während er seine Sonnenbrille mit der anderen Hand abnahm. Der etwa 1,70 Meter große Mann machte einen ernsten Eindruck und hatte einen offenen Blick.

»Sie kennen sich in den Kivu-Provinzen aus?«, begann Bosco, weniger um ihn zu befragen, als sich einen persönlichen Eindruck von ihrem Chauffeur zu verschaffen. Seine Fähigkeiten kannte er schon von Théos Beschreibung.

»Ja, *Sir*, ich hatte schon Aufträge in der gesamten Region, in Ruanda und im Kongo, und ich kenne auch einige Wege, die nicht in Karten verzeichnet sind. Allerdings ist es im Moment nicht überall sicher. Falls es notwendig sein sollte, uns außerhalb von Goma zu bewegen, wird uns aber Kommandant Likongo begleiten.«

»Wissen Sie, worum es geht?«

»Ja, *Sir*, um den Toten am See.«

»Kannten Sie ihn?«

»Ich habe den Toten nicht gesehen.«

Bosco spielte einen Moment mit dem Gedanken, ihm das Foto des Toten zu zeigen, entschied sich aber dagegen. Es war besser, zuerst Likongo zu konsultieren. Sie würden den Kommandanten noch brauchen, und es war nicht klug, mögliche Empfindlichkeiten zu ignorieren.

»Gut, dann lasst uns losfahren, ich bin ganz gespannt auf unseren Kollegen in Goma.«

Bosco fragte sich, warum er noch nie im Kongo gewesen war, und gab sich auch gleich selbst die

Antwort. Im Bewusstsein vieler Ruander begann gleich hinter der Grenze der Dschungel, in dem sich die Mörder der *Interahamwe* ungehindert tummelten. Bei einem Blick auf die Karte wirkt der kongolesische Riese erdrückend auf das kleine Ruanda. Durch die Aktivitäten der Milizen in den Kivu-Provinzen wurde der Kongo als ernste Bedrohung wahrgenommen.

Bosco hasste Vorurteile, besonders, wenn er sie bei sich selbst entdeckte. Er war überzeugt, dass besonders ein Kriminalist mit Vorurteilen bei seiner Arbeit nie erfolgreich sein konnte, und nahm sich vor, bei seiner Aufgabe möglichst wenig Voreingenommenheit an sich herankommen zu lassen.

Prince steuerte das Fahrzeug zur etwa zwei Kilometer entfernten Grenze und bat Théo und Bosco um die Pässe. Es dauerte nur fünf Minuten, dann brachte er sie wieder zurück. Als Staatsdiener hatten sie alle eine CEPGL-Autorisation für die Region der großen Seen.

Die *Autorisation Spéciale Great Lakes* wurde von den Anrainerstaaten der großen Seen für Geschäftsleute und einen bestimmten Personenkreis auf Antrag ausgestellt. Sie sollte den Handel unterstützen und berechtigte einen dazu, ohne Visum die Grenze zu übertreten.

Der Schlagbaum öffnete sich und sie passierten ungehindert die »*Grande Barrière*«. Nach weiteren zwei Kilometern erreichten sie das Büro des Kommandanten im Zentrum Gomas.

Als sie ausstiegen, kam ihnen Joseph Likongo bereits entgegen. Théo, mit dem er sich duzte, stellte ihn etwas förmlich vor.

»Bosco, das ist Inspecteur Divisionnaire Joseph Likongo, Police Nationale Congolaise, Kommandant in Goma.«

»Aber ich bitte dich, Théo, ich heiße Joseph.«

Der so Vorgestellte lächelte in die Runde und ging auf Bosco zu.

»Joseph, Chief Inspector Kabeera, zurzeit in Vertretung des Generalstaatsanwaltes.«

»Willkommen, Herr Staatsanwalt. Meine Vorgesetzten haben Ihre Ankunft bereits angekündigt. Ich stehe Ihnen zur Verfügung.«

Dem Kommandanten schien Boscos Titel wenig zu imponieren, ohne dass er respektlos wirkte. Bosco konnte noch nicht einschätzen, ob seine temporäre Beförderung zum Staatsanwalt hilfreich war. Hier im Kongo war er nicht weisungsbefugt. Aber zumindest bei Behörden würde dieser Titel einen gewissen Eindruck machen.

Likongo schüttelte Bosco die Hand, der es vermied, das Angebot, den Polizisten mit seinem Vornamen anzureden, anzunehmen.

»Unsere Regierungen scheinen dem Fall einige Bedeutung beizumessen, Kommandant.«

»So sieht es aus, auch ich bin etwas überrascht über die Kooperation.«

»Dieser Fall wird sicher noch weitere Überraschungen bereithalten, aber ich hoffe, zumindest nicht auf der politischen Ebene.« *Er hat etwas Schlitzohriges, nicht unsympathisch, aber schwer einzuordnen.*

»Ja, das hoffe ich auch. Kommen Sie erst einmal herein.«

Likongo wies auf ein älteres, etwas heruntergekommenes Haus, das anscheinend alle Lavaausbrüche des Nyiragongo unbeschadet überstanden hatte. Sie betraten das im Erdgeschoss gelegene Büro des Kommandanten. Der Raum war etwa dreißig Quadratmeter groß, nicht ungemütlich, aber spärlich eingerichtet. Neben einem Schreibtisch mit einem Computer stand ein Besprechungstisch mit nur zwei Stühlen. Bosco schloss daraus, dass hier die Verhöre des Polizeichefs stattfanden. An einer Wand hing eine große Karte der Region der großen Seen. Im Hintergrund stand ein weiterer, größerer Tisch mit vier Stühlen. Auf einem kleinen Beistellregal war ein zweiflammiger Gasherd installiert, der an eine Gasflasche unter dem Tisch angeschlossen war. Die Möbel waren eine Sammlung unterschiedlicher Stilrichtungen und unterschiedlichen Alters.

Als hätte Likongo die Gedanken seiner Besucher erraten, entschuldigte er sich für das schlichte Interieur seiner Arbeitsstätte.

»Ich bin hier nicht besonders repräsentativ eingerichtet. Die Möbel musste ich mir selbst beschaffen. Unser Staat erzieht die meisten seiner Diener zur Bescheidenheit«, erläuterte er mit deutlicher Ironie, gleichzeitig etwas verlegen lächelnd, und fügte hintergründig hinzu: »Die Meisten.«

Sie setzten sich an den größeren Tisch und Joseph bot Tee aus einer Blechkanne an, die auf dem Gasherd stand. Prince wurde gebeten, beim Wagen zu bleiben. Als sie saßen und sich jeder eine Tasse eingeschenkt hatte, zog Bosco ein Foto des Getöteten heraus und legte es vor Joseph auf den Tisch. Dieser warf nur einen kurzen Blick darauf, und bevor Bosco etwas sagen konnte, überraschte er die Runde.

»Er heißt Tom Darcy. Wir haben ihn bereits identifiziert, und ich habe auch schon zwei seiner Mitarbeiter befragt.«

Joseph zog seinerseits aus einer Mappe, die vor ihm lag, die Kopie eines Fotos, welches den unversehrten Darcy zeigte.

»Wie das?«, warf Théo erstaunt ein.

»Ich wurde zunächst durch meine Vorgesetzten in Kinshasa über den Toten informiert, die ihrerseits von Ihrer Staatsanwaltschaft informiert worden waren. Als mir das Foto zugesandt wurde, habe ich ihn aber trotz der …«, er rang etwas mit den Worten, »… ja, Sie wissen schon, trotz der Gesichtsverletzungen wiedererkannt. Er hatte seinen Visumantrag mit diesem Foto eingereicht.« Dass er den Toten schon vorher identifiziert hatte, erwähnte er nicht. »Er ist Belgier und hat in Goma eine Filmproduktion. Die Firma heißt »*TD Nature Film Production*«. Prince hat ebenfalls für ihn gearbeitet. Einen Moment, Sie können ihn selbst befragen.«

Er ging zur Tür, bat Prince hereinzukommen und zeigte ihm Darcys Foto. Stumm betrachtete dieser das Porträt und blickte von Likongo zu Bosco.

»Das ist *Monsieur* Darcy. Ist er der Tote?«

»Ja. Kommandant Likongo sagt, dass Sie bereits für *Monsieur* Darcy gearbeitet haben. Was hatten Sie für einen Job?«

»Ich sollte nur ein Paket nach Kalehe transportieren. Danach bin ich zurück nach Goma gefahren.«

Joseph erhob sich und deutete mit dem Zeigefinger auf den Ort auf der Wandkarte im Süd-Kivu unweit des Sees zwischen Goma und Bukavu. Die Blicke der Ruander folgten dem Hinweis des Kommandanten. Sie waren aber bereits über die geografische Lage im Bilde.

»Kennen Sie den Inhalt des Paketes?«, fragte Théo.

»Nein, ich kontrolliere mir anvertraute Sendungen nicht. Außerdem war das Paket mit Klebeband verschlossen.«

»Wissen Sie, für wen es bestimmt war?«

»Nein, aber zu dieser Zeit war ein Filmteam von Darcy in der Gegend tätig. Ich nehme an, sie waren die

Empfänger. Mir wurde nur ein Treffpunkt genannt, an dem ich das Paket an einen anderen Boten zu übergeben hatte.«

»Kannten Sie den Boten?«

»Nein, er war aber ein Kongolese.«

»Wie groß war das Paket?«

»Nicht sehr groß«, antwortete Prince und umriss mit den Händen die Größe einer Schuhschachtel.

Fragend wanderte sein Blick über die Anwesenden und blieb an Bosco haften.

»Ist damit etwas nicht in Ordnung?«

Bosco schüttelte den Kopf. »Nein, schon gut. Wir werden später noch sehen, ob mit dieser Information etwas anzufangen ist. Ich habe im Moment keine weiteren Fragen dazu.«

Théo und Likongo verneinten ebenfalls und Letzterer bat Prince, wieder zu seinem Fahrzeug zu gehen.

»Seit wann war dieser Tom Darcy in Goma?«, nahm Bosco, an Likongo gerichtet, das Gespräch wieder auf.

»Seit etwa zwei Jahren. Soweit ich weiß, produziert er nur Naturfilme. Seine Kontakte scheinen ausgezeichnet gewesen zu sein.«

»Das heißt, er verfügte über finanzielle Mittel.«

»Sicher, ohne das läuft hier so etwas nicht. Alle Mitarbeiter des Filmteams sind sowohl mit einer CEPGL-Autorisation, einem *laissez-passer* für die Provinzen Nord- und Süd-Kivu, und zusätzlich mit Visa für die gesamte DRC ausgestattet. Die Anträge und die Bescheinigungen sind namentlich auf Tom Darcy und sein Team, *Monsieur* Piquard, *Mister* Dallaway und *Mister* Krauskopf ausgestellt. Die Namen sind identisch mit denen in ihren Pässen.«

»Drei Mitarbeiter. Ich dachte, es sind zwei?«

»Der Dritte, *Mister* Krauskopf, ist irgendwo auf Reisen. Wir haben keinen Hinweis darauf, wo er sich aufhält. Seine Kollegen geben an, es auch nicht zu wissen.«

»Hast du schon einmal einen seiner Filme gesehen?«, fragte Théo.

»Ja, sie haben in ihrem Büro einige Videos, die sie überarbeiten. Ich hatte bei einem Besuch dort einmal Gelegenheit, etwas anzusehen. Es war ein Film über Gorillas. Mit einem von den beiden, mit *Monsieur* Piquard, habe ich mich einmal abends in einer Bar unterhalten. Sie waren dabei, eine Expedition in den Garamba-Nationalpark vorzubereiten, um weiße Breitmaulnashörner zu filmen.«

»Wann wollten sie abreisen?«

»Das stand noch nicht fest. Sie hatten noch kein Flugzeug organisiert. Das ist im Moment nicht einfach. Seht euch auf dem Flugplatz um. Es gibt keine Maschine, in die jemand einsteigen würde, der noch bei Verstand ist. Bis vor Kurzem wurden noch einzelne Flugzeuge aus dem Schrott der übrigen zusammengeflickt, heute gibt es nur noch Schrott. Außer den Transporten der UN und der Maschine nach Kinshasa gibt es kaum noch Flugverkehr. Na ja, ein paar kleine Maschinen … «, er zögerte, » … mit unbekannter Ladung.«

Obwohl Bosco keine Zweifel hatte, was er damit meinte, stand ihm die Forderung nach einer weitergehenden Erklärung im Gesicht.

»Der Zoll, nun ja, da gäbe es sicher noch etwas zu optimieren. Ich bin dafür nicht zuständig.«

»Ich verstehe.«

Auch Théo hatte verstanden, worauf Joseph anspielte. Die Schmuggelaktivitäten über den

Flughafen von Goma waren kein Geheimnis. Bekannt war auch die Korruption der Zollbehörden.

»Ich schlage vor, dass Sie dafür sorgen, dass die Herren noch vorläufig hierbleiben«, sagte er.

»Sie haben bereits ein Verbot, die Stadt zu verlassen, offiziell wegen der Sicherheitslage. Ich habe ihre Pässe eingezogen.«

»Gut. Wie, glauben Sie, kam der Tote an den Fundort?«, fragte Bosco. »Nach unseren Untersuchungen wurde er umgelagert und mit einem Wasserfahrzeug an den Fundort geschafft. Wenn er im Kongo tätig war, hat man ihn auch möglicherweise hier getötet.«

»Diese Frage habe ich mir auch schon gestellt. Ein Transport von der Wasserseite her scheint mir plausibel. Ich werde aber das Gebiet am Ufer noch einmal nach Spuren untersuchen lassen.«

Bosco hatte das Gefühl, dass diese Untersuchung wenig erfolgversprechend war. Trotzdem nickte er. »Das ist sicher notwendig, tun Sie das bitte.«

Nun hakte Théo nach. »Was ist mit seiner Wohnung?«

»Ich habe mich sowohl in seiner Wohnung als auch im Büro der Firma kurz umgesehen. Wir haben dann beide Räume verschlossen. Anstelle des bezahlten Wachdienstes habe ich meine Leute mit der Bewachung beauftragt. Sie haben Order, niemanden, auch nicht die Mitarbeiter der Firma, in das Büro zu lassen. Die Büroschlüssel der beiden anwesenden Kollegen Darcys, *Mister* Dallaway und *Monsieur* Piquard, habe ich an mich genommen.«

Er ging zu seinem Schreibtisch und entnahm einer Schublade ein Mobiltelefon und ein Blatt Papier.

»Das Gerät lag in einem der Schreibtische, vermutlich Darcys. Ich nehme an, dass er zwei davon hatte. Führte er in seinen Taschen etwas bei sich?«

»Nein, seine Taschen waren leer«, antwortete Théo.

»Das Telefon hatte keinen Zugangscode und wurde mit einer Prepaid-SIM betrieben. Ich habe Ihnen eine Liste der Telefonnummern gemacht. Es sind Anschlüsse von »CELLCO‹ und »VODACOM CONGO« sowie Anschlüsse aus Ruanda und aus Europa.«

»Haben Sie einmal versucht, die Anschlüsse zu erreichen?«, fragte Bosco.

»Ja, die meisten Anschlussinhaber sind nicht zu ermitteln. Sowohl die Namen im Telefonspeicher als auch die Telefonnummern sind verschlüsselt. Alle Versuche, unter diesen Nummern eine Verbindung zu bekommen, werden mit der Nachricht, ›Kein Anschluss unter dieser Nummer‹, beantwortet. Am Ende des Registers sind mit vorgestelltem »Z« ebenfalls Nummern eingetragen, die wie Telefonnummern aussehen. Allerdings sind hier auch die Vorwahlnummern nicht identifizierbar, falls es überhaupt Telefonnummern sind. Die Anrufliste ist gelöscht.«

»Danke, wir werden uns damit beschäftigen.«

Bosco warf einen Blick auf die Liste. Vor den Nummern stand jeweils eine Buchstabenkombination ohne erkennbaren Namenshinweis. Immerhin waren einige Ländervorwahlen erkennbar. Zwei davon erkannte er als die Ländervorwahlen für Belgien, 0032, und für Ruanda, 00250.

»Können wir uns seine Wohnung ansehen?«

»Ja, sicher. Sie liegt über dem Büro der Filmgesellschaft. Seine drei Mitarbeiter, ein Belgier, ein

Deutscher und ein Engländer, wohnen ebenfalls dort. Jeder bewohnt ein kleines Zwei-Zimmer-Appartement, je zwei auf einem Stockwerk. Darcy und der verschwundene Mitarbeiter, der Deutsche, wohnen in der ersten Etage, die beiden anderen darüber.«

»Kennen Sie den Dritten, den Deutschen?«

»Kennen wäre übertrieben. Ich habe Krauskopf nur einmal kurz gesehen. Unangenehmer Typ. Seine äußere Erscheinung macht einen sehr gewalttätigen Eindruck. Er ist noch größer als Darcy, aber nicht so sportlich. Eher fett, kahl, mit einem faltigen Stiernacken und langem Oberlippenbart. Der Engländer und der Belgier nennen ihn den *Hunnen*.

»Sind die drei verdächtig? Was meinen Sie?«

»Wir haben im Moment nichts gegen sie in der Hand, aber ich würde sagen, sie sind noch nicht raus.«

»Hm, ich sehe das auch so.«

Bosco blickte kurz von Théo zu Likongo.

»Wir sollten uns das Haus einmal ansehen, ohne dass wir seinen Mitarbeitern schon den Grund für unsere Ermittlungen nennen. Ist das möglich?«

»Kein Problem.«

»Gut, lassen wir es als Sprachregelung mit der Suche nach einem Vermissten bewenden.«

Beide nickten. Sie erhoben sich und gingen zur Tür. Prince saß im Wagen und startete den Motor, während sie einstiegen. Joseph, der auf dem Beifahrersitz Platz genommen hatte, gab dem Chauffeur eine kurze Anweisung, und Prince fuhr los. Er kannte die Adresse.

Die Fahrt dauerte nur fünf Minuten. Das Haus lag in der Nähe des *Hôtel des Grands Lacs* und war umzäunt. Der Wachposten, in der Uniform der kongolesischen Polizei, salutierte, als er den Kommandanten erkannte, und wies mit einer Geste auf die Parkplätze. Sie stellten den Wagen vor dem verschlossenen Büro im Tiefgeschoss ab. Durch die Fensterscheiben konnte man die nüchterne Ausstattung mit vier Schreibtischen erkennen, auf denen Laptops mit zusätzlichen, extern angeschlossenen Monitoren standen.

Sie gingen zu einem Seiteneingang, der zu einer Treppe in die Obergeschosse führte. Als sie hintereinander die ersten Treppenstufen bestiegen, hörten sie, wie sich oben eine Tür öffnete. Eine Frau, bekleidet mit einem eng anliegenden, teilweise durchsichtigen schwarz glitzernden Nichts aus Stretch, welches ihre ausladende Physis kaum zu bändigen in der Lage war, kam schimpfend die Treppe herunter gestürmt und zwängte sich mit zornigem Blick an ihnen vorbei. Théo konnte sich ein anzügliches Grinsen nicht verkneifen, als er sah, wie Bosco, dessen Statur schon alleine das schmale Treppenhaus fast ausfüllte, Probleme hatte, die Frau durchzulassen. Von oben brüllte ein Mann ärgerlich: »*Piss off!*«, worauf eine Tür zugeschlagen wurde. Likongo blickte ihr kurz hinterher und hob, seinen Besuchern zugewandt, bedeutsam die Augenbrauen. Niemand hielt es angesichts der eindeutigen Situation für notwendig, einen Kommentar abzugeben.

»Anscheinend ist zumindest einer der Herren im oberen Stockwerk ansprechbar. Wir sollten uns einmal vorstellen. Vielleicht hat er uns etwas zu sagen«, schlug Bosco vor.

Likongo ging voraus und klopfte an die erste der beiden Türen, hinter der sofort schwer stampfende Schritte hörbar wurden und ein Mann, noch während er die Tür aufriss, losbrüllte: »Verdammt, was willst du noch?« Als er die drei Männer sah und den Kommandanten erkannte, verstummte er sofort.

»*Mister* Dallaway …«

Der Auftritt des von Likongo Angesprochenen zwang die drei Besucher, eine Atempause einzulegen, in der jeder seinen Eindruck verarbeiten musste.

Der Kommandant räusperte sich umständlich. »*Mister* Dallaway, meine Kollegen und ich sind dabei, den Verbleib ihres Chefs, *Monsieur* Darcy, zu ermitteln«, sagte Likongo auf Englisch, ohne zu erwähnen, dass Bosco und Théo Ruander waren.

Der Brite, ein etwa 1,70 Meter großer, korpulenter Mann, hatte lose einen Bademantel umhängen. Das gelichtete Kopfhaar stand in alle Richtungen ab, sofern es nicht lang genug war, um verschwitzt an der Kopfhaut zu kleben. Während sich penetrant riechende Ausdünstungen bemerkbar machten, musterten zwei tief liegende, durch buschige Augenbrauen dekorierte Augen die Besucher. Sein Gesicht war bis über das Kinn zum Hals unrasiert. Eine üppig wuchernde Pracht gekräuselter grauer Haare quoll aus der durch den geöffneten Bademantel sichtbaren Brust, was den Übergang vom Kopf zum Rumpf irgendwie harmonisch gestaltete. Aufkommende Zweifel an der Zuordnung des Bewohners zur Art des *homo sapiens* wurden aber letztlich durch die mit kaltem Rauch vermischte Alkoholfahne beseitigt. Den drei Polizisten war in dem engen Treppenhaus nicht die Gnade beschieden, genügend Abstand halten zu können, um den Automatismus menschlicher Sinnesprüfungen auszuschalten. Durch die Tür konnten sie hinter einem Flur ein Zimmer erkennen, dessen Zustand Joseph an sein Haus kurz nach dem letzten Vulkanausbruch erinnerte. Er konnte damals nur hastig seine wichtigste Habe zusammenraffen, bevor er sich in Sicherheit brachte.

Ungläubig musterte Bosco den Mann in einer Mischung aus Sprachlosigkeit und Abneigung.

Eine echte Lichtgestalt, aber auch ihn muss einmal eine Mutter geliebt haben.

Dallaway ahnte die Gedanken seiner Besucher. Mit einem Anflug von Verlegenheit stammelte er mit heiserer Stimme: »Ich … äh … « Es hörte sich an wie » … *beg your pardon*«. Daraufhin rang er sich dann aber eine verständliche Erklärung ab: »Ich konnte mich noch nicht frisch machen.«

»Aber ich bitte Sie, *Mister* Dallaway, es ist erst vier Uhr nachmittags«, entgegnete Joseph maliziös, mit nicht überhörbarem Spott. Der Angesprochene ließ die Bemerkung des Kommandanten ohne erkennbares Schmerzempfinden über sich ergehen und unterließ es, zu antworten.

»Wir wollen auch nicht weiter stören. Sie sollen nur wissen, dass wir uns die Räumlichkeiten von *Mister* Darcy ansehen müssen. Wo ist Ihr Kollege, *Mister* Piquard, aus dem Appartement neben Ihnen?«

»Ich weiß es nicht, er ist vermutlich einkaufen gegangen.«

»Wissen Sie inzwischen etwas über den Verbleib von *Mister* Krauskopf?«

»Nein, und es ist mir auch egal. Er war ohnehin so gut wie nie da, und er war auch bei unseren Filmaufnahmen selten anwesend.«

»Interessant. Welche Aufgaben hat er denn wahrgenommen?«

»Ich weiß es nicht.«

»Wie bitte? Er war Ihr Kollege.«

»Schon, aber wie gesagt, er war so gut wie nie hier, und wir hatten auch wenig Kontakt mit ihm. Wenn er sich einmal kurz sehen ließ, hing er nur mit Tom zusammen.«

»Aber Sie müssen gelegentlich mit ihm gesprochen haben.«

»Eher selten. Uns gegenüber war er zugeknöpft und wenig gesprächig. Eine Unterhaltung war ohnehin nicht möglich. Sein Englisch ist miserabel. Allerdings haben wir darauf auch keinen Wert gelegt. Er hat vom Filmgeschäft außerdem wenig Ahnung. Ständig fummelte er stümperhaft mit seiner kleinen Kompaktkamera herum und nervte uns während der Arbeit. Wir waren froh, wenn er bei unseren Aufnahmen nicht anwesend war.«

In Dallaways Stimme lag unverhohlene Verachtung.

»Hm, klingt so, als könnten Sie ihn nicht besonders gut leiden.«

»Klingt so und ist auch so. Ich mag die *Hunnen* sowieso nicht, und ihn am Allerwenigsten.«

Bosco und Théo hatten aufmerksam zugehört.

»Was meinen Sie mit *Hunnen*?

»Na, die Deutschen.«

»Wo waren Sie letzte Woche, *Mister* Dallaway, sagen wir zwischen Mittwoch und Freitag?« Der Brite blickte sichtlich entnervt zu Théo, der gefragt hatte.

»Ist das ein Verhör? Ich war die ganze Zeit hier in Goma, wo sonst. Im Moment haben wir nichts zu tun.«

»Gilt das auch für ihren Kollegen, *Monsieur* Piquard?«

»Ja, er war auch hier. Wir wollten eigentlich in den Garamba-Nationalpark, aber nun – ich weiß nicht.«

»Gut, ich möchte noch einmal daran erinnern, dass Sie sich nicht aus der Stadt entfernen dürfen. Geben Sie das bitte an ihren Kollegen weiter, falls wir ihn nicht mehr sehen sollten. Und halten Sie sich zur Verfügung«, ermahnte ihn Likongo.

»Äh, ja natürlich«, brummte Dallaway. Erst jetzt bemerkte er, dass sich der Gürtel seines Bademantels immer weiter gelockert hatte, wodurch seine Korpulenz noch deutlicher hervortrat. Schnell schlug er den Bademantel zusammen und zog den Gürtel fest. Missmutig äugte er den drei Ermittlern hinterher, die sich wieder zur Treppe wandten und über die steilen Stufen in das erste Stockwerk hinabstiegen. An einer der beiden Türen im ersten Stock holte Joseph einen Schlüssel aus der Tasche und öffnete die Tür.

Im Gegensatz zu seinem Mitarbeiter Dallaway, war der Bewohner dieses kleinen Appartements ein Pedant. Im Schrank hingen einige gebügelte Hemden und Hosen, in den Ablagen lag ordentlich zusammengefaltete Wäsche. Das Bett war frisch bezogen. Auf einem kleinen Schreibtisch stand ein schwarzer, vermutlich aus Ebenholz gefertigter Becher mit eingeschnitzten Affen auf der Außenseite. Ein paar Schreibwerkzeuge ragten heraus. Daneben lag ein ebenfalls aus schwarzem Holz gefertigter Brieföffner mit eingelegtem Silberdraht am Griff.

Die drei sahen sich in der spärlich eingerichteten Wohnung um. Viel war nicht zu sehen. Ein Bücherregal enthielt Literatur zum Tierleben in Afrika und auch Dian Fosseys Buch *Gorillas in the Mist* sowie einiges an Fachliteratur zur Filmproduktion. Bosco nahm einen Bildband über Ruanda heraus und bemerkte einen dahinterliegenden hölzernen Gegenstand. Zunächst hielt er ihn für eine Buchstütze. Er nahm das braune Holzstück heraus, um es genauer betrachten zu können. Fassungslos starrte er auf die Holzschnitzerei. Es war die gelungene Darstellung einer Puffotter, ein *Sumu*, wie es auch vor Dian Fosseys Ermordung als Warnung vor ihrer Hütte gelegen hatte. Bosco war irritiert. Er konnte sich nach wie vor nicht vorstellen, was der Mord an dem Belgier mit Dian Fossey zu tun haben sollte, aber es war bereits die zweite Assoziation, und nun hatte er Probleme, sie zu verdrängen.

Zu Likongo gewandt, sagte er: »Ich möchte das gerne mitnehmen.«

Der Kommandant nahm das *Sumu* in die Hand und betrachtete es mit etwas scheuem Gesichtsausdruck. Viele Afrikaner, auch die der höheren Bildungs- schichten, waren immer noch von der Magie der Fetische beeindruckt. Es konnte nicht schaden, sich nach allen Seiten abzusichern. Auch Likongo hatte sich von diesem afrikanischen Erbe noch nicht gänzlich befreit.

»Sie wissen, was das bedeutet.«

Auch Théo war hinzugetreten und betrachtete das Schnitzwerk.

»Ja, er wurde gewarnt, und zwar auf eine eher traditionelle Art. Dann ist auch ein Ritualmord noch nicht vom Tisch.«

»Ja, leider können wir noch nichts ausschließen«, sagte Bosco, immer noch dabei, seine Erinnerungen abzuschütteln.

Likongo gab den Fetisch an Bosco zurück. »Geht in Ordnung, nehmt es mit. Ich mache einen Vermerk in meinem Protokoll.«

»Hier ist weiter nichts zu holen, wir sollten uns einmal das Büro ansehen«, sagte Théo.

Likongo nickte zustimmend. »Ich sehe nach, ob *Mister* Dallaway inzwischen wieder so weit wiederhergestellt ist, um uns zu führen.«

Théo und Bosco gingen nach unten und warteten vor dem Büro. Nach einigen Minuten erschienen Likongo und Dallaway, der sich inzwischen ein paar Khaki-

Shorts und eines jener Funktionshemden angezogen hatte, die angeblich überschüssige Feuchtigkeit ableiten. Der Hersteller hätte an *Mister* Dallaway seine Freude gehabt, denn dieser verströmte nun abermals ungehindert seine persönliche Duftnote, dieses Mal aber mit einem aufdringlichen Herrenparfüm. Die drei Polizisten nahmen es gelassen hin.

»Wir müssen an die Laptops«, bemerkte Théo, nachdem sie sich im Büro umgesehen hatten. Außer den Tischen mit Rollcontainern war der Raum mit einem Standregal und einem Rollschrank möbliert. Jeder Arbeitsplatz war mit einem Computer ausgestattet. Das Regal enthielt einige Bücher über Filmtechnik und einen Plastikordner mit unbeschriftetem Rücken. Im Rollschrank war ein kleiner Safe mit einem Zahlenschloss installiert. Théo rüttelte daran und stellte fest, dass er durch den Schrank in der Wand verankert war.

»*Mister* Dallaway, wie lautet der Code?«

»Sorry, nur Darcy und Piquard haben den Code.«

»Nun gut, aber sie können mir den Computer zeigen, an dem Darcy gearbeitet hat.«

Dallaway deutete auf einen Schreibtisch und zeigte den Anwesenden auch gleich seinen eigenen Schreibtisch und den seiner Kollegen.

»Kann ich wieder gehen?«, fragte Dallaway. Sein Blick wanderte unruhig zwischen seinen Besuchern hin und her.

»Einen Moment noch, *Mister* Dallaway«, sagte Bosco, »geben Sie uns bitte noch die Passwörter der Computer.«

Dallaway protestierte mit empörter Miene. »Das alles wegen eines Vermissten? Was wollen Sie mit unseren

Computern? Was denken Sie? Ich habe natürlich nur mein eigenes Passwort.«

»Okay, dann geben Sie uns Ihr Passwort«, antwortete Likongo. Dallaway fügte sich. Schnaufend notierte er in Druckbuchstaben *Tobeornottobe* auf die Rückseite seiner Visitenkarte und gab sie dem Polizeichef.

Sie enthielt den Aufdruck:

Festus W. Dallaway
Film cutter
TD Nature Film Production
Goma / DR Congo
Phone +243 812354119
Mail: mail@dallawayf.mgx

Joseph sah sich die Karte an und wiederholte das Passwort. »*Tobeornottobe*, sehr originell Ihr Passwort, *Mister* Dallaway. Shakespeare! Ich habe schon immer geahnt, dass Sie ein Mann mit Bildung sind. Wofür steht denn das ›W‹ in Ihrem Namen?«

Misstrauisch äugte Dallaway zu dem Kommandanten auf, der ihn um einen Kopf überragte. Er hielt sich tatsächlich für gebildet, war sich aber nicht ganz sicher, ob der Kommandant ihn nicht abermals veräppeln wollte.

»Woodrow, das steht auch in meinem Pass und dem Visumantrag. Das sollten Sie eigentlich wissen. Sie haben alle unsere Papiere«, entgegnete er mürrisch mit patzigem Unterton.

»Sorry, ich hatte es vergessen. Wenn wir gerade dabei sind, notieren Sie mir bitte noch die E-Mail-Adressen ihrer Kollegen.«

Der Brite zögerte etwas, kam aber zu dem Schluss, dass diese Auskunft unverfänglich war, und nahm die

Karte wieder entgegen. Säuberlich listete er die Adressen untereinander auf:

darcyt@mail.bel
piquard.andre@mail.bel
krauske46@gxm.de

»Sehr freundlich, *Mister* Dallaway. Ich wünsche einen guten Tag.«

Nachdem sich Dallaway noch einmal mit schiefem Blick umgesehen hatte, verließ er mit schlurfenden Geräuschen seiner Flip-Flops das Büro. An der Tür stieß er noch brummend eine Verwünschung aus und verschwand im Treppenhaus.

In dem unverschlossenen Rollschrank befanden sich zwei Filmkameras, Taschen und weiteres Zubehör. Daneben standen einige Stative und Lampen.

Bosco nahm die Kameras in Augenschein und fand die Einschubschlitze für die Speicherkarten. Beide Kameras waren mit CF-Karten bestückt. Joseph, der hinzugetreten war, nickte kurz, und Bosco entfernte die beiden Datenspeicher.

»Wir lassen Jean-Baptiste damit spielen«, sagte er zu Théo.

Danach nahm er sich den Ordner vor. Er enthielt aber lediglich Quittungen und Listen von Büromaterial sowie der Kameras. Sie hatten einen beträchtlichen Wert.

Draußen fuhr plötzlich ein SUV vor und ein Mann stieg aus, in seiner Erscheinung praktisch ein Gegenentwurf zu Dallaway. Er war schlank, fast zierlich und etwa 1,65 Meter groß mit braun gebranntem, zerfurchten Gesicht, das einen langen Schnurrbart zierte. Unter einem breitkrempigen Hut fiel ein gräulicher Haarzopf auf die rechte Schulter. Er trug ein fast durchsichtiges weißes Hemd. Aufgrund der Überlänge hing es offen, weit über seine ebenfalls etwas zu großen Cargo-Shorts, aus denen dünne, sehnige Beine ragten. Es war Piquard. Als er die Männer im Büro sah und den Kommandanten erkannte, kam er herein.

»Was ist hier los? Ich bitte um eine Erklärung«, zischte er Likongo auf Französisch an.

»Wir sind dabei, das Verschwinden Ihres Chefs zu klären, *Monsieur* Piquard.«

»Und dazu müssen Sie unser Büro durchsuchen? Und wer sind diese beide Herren?« Piquard wies mit einer Drehung seines Kopfes auf Bosco und Théo.

»Das sind Kollegen, die mich unterstützen.«

»Seit wann benötigen Sie Hilfe? Das ist etwas ganz Neues. Haben Sie noch weitere Überraschungen für uns?«

Likongos Geduld war ausgeschöpft. »Wir sollten uns darauf verständigen, dass ab sofort wir die Fragen stellen, *Monsieur* Piquard. Wir benötigen das Passwort Ihres Computers und den Code des Safes – bitte!«, antwortete der Polizist kurz angebunden und reichte ihm einen Stift.

Piquard hatte den Kommandanten schon leutseliger in Erinnerung. Dieser war nicht abgeneigt, auf seinen Rundgängen mit den *Wazungu* in Goma ein Bier zu trinken und sich dabei den Tratsch anzuhören. Er spürte aber, dass Likongo heute wenig Lust hatte, sich auf Diskussionen einzulassen. So riss er ein Stück Papier von einer Einkaufstüte ab und notierte darauf das Passwort *Tarantula* und den Code 2399. Mürrisch übergab er den Zettel dem Kommandanten. »Nur unter Protest, Kommandant. Aber vielleicht sitzt Tom ja im Safe.«

»Sie sind der Erste, der es erfährt. Ich nehme Ihren Protest zur Kenntnis«, entgegnete Likongo und fügte ungerührt hinzu: »Wir würden uns außerdem gerne einen Überblick über Ihre Videoprodukte verschaffen. Besitzen Sie Sicherungen davon? Wir würden uns diese gerne einmal ausleihen.«

Der Belgier schnappte kurz nach Luft. Mit Empörung in der Stimme und einem Blick zwischen Misstrauen und Überheblichkeit fuhr er den Kommandanten an: »Ist Ihnen klar, dass diese Aufnahmen einen beträchtlichen Wert haben?« Piquard wies auf den Schrank mit dem Safe. »Was glauben Sie, was in dem Safe ist? Dort finden Sie eine Mappe mit einigen CF-Karten.«

»Wir werden Ihre Arbeit entsprechend würdigen.« Likongo deutete auf den Schrank. »Öffnen Sie den Safe selbst.«

Piquard machte eine resignierte Geste, ging zum Safe und gab den Code ein. Er entnahm ein gefaltetes Etui, in dem in getrennten Fächern einige Speicherkarten aufbewahrt waren. Der Safe enthielt keine weiteren Gegenstände. Mit deutlich verärgerter Miene übergab der Belgier dem Kommandanten die Mappe.

»Die CF-Karten enthalten sowohl das Rohmaterial als auch bearbeitete Videos. Ich hoffe, Sie gehen damit verantwortungsvoll um. Sie sind nicht zu ersetzen.«

»Sicher, *Monsieur* Piquard. Leider müssen wir auch die Computer mitnehmen. Ich versichere Ihnen, dass wir sorgsam damit umgehen werden.«

Die drei Polizisten verließen das Büro und luden die vier Laptops in das Fahrzeug. Likongo übergab Bosco das Etui mit den Speicherkarten. Piquard beobachtete mit düsterer Miene, wie Likongo das Büro verschloss, und entfernte sich ohne weiteren Kommentar.

Zu Bosco gewandt, sagte Likongo: »Bitte schickt uns das Material bald zurück, falls es keinen Anlass gibt, es zu konfiszieren.«

»Es wird etwas dauern, alles durchzusehen. Ich werde Sie über die Erkenntnisse auf dem Laufenden halten«, antwortete Bosco etwas ausweichend.

Der Wachposten salutierte, als ihr Fahrzeug das Eingangstor passierte. Sein Kommandant nickte ihm kurz zu.

Schwer atmend lag der Mann, nur mit Shorts bekleidet, auf dem Bett und wälzte sich im Halbschlaf herum. Er wachte auf.

War es nicht schon genug? Sie werden kommen und mich finden. Ich kann es spüren. Ich muss es beenden. Nur noch das eine Mal.

Wie in Trance ging er zu einem Bücherregal und entnahm ihm ein Buch mit starken Abnutzungsspuren. Er setzte sich in einen Sessel und las leise vor sich hin, bis er im Sitzen einschlief.

6

Sie fuhren noch einmal zu Josephs Büro, um das weitere Vorgehen zu besprechen. Spontan fiel Bosco eine Frage ein:

»Ach, übrigens, wer ist der Eigentümer des Hauses?«

Likongo war längst auf die Frage vorbereitet und hatte sich gewundert, dass sie nicht schon früher gestellt worden war. Er fühlte ein gewisses Unbehagen, hatte er sich bisher davor gedrückt, Mayeyes Verbindungen zu dem Mordopfer offenzulegen und damit auch sein Verhältnis zu Mayeye.

»Das Haus gehört einem Geschäftsmann, der etwas außerhalb lebt, ein gewisser Mayeye. Seine Telefonnummer ist auch auf der Liste, die ich Ihnen gegeben habe.«

»Kennen Sie ihn?«

»Ja, ich habe zwangsläufig Kontakt mit ihm, wenn es Ärger mit seinen Leuten gibt. In diesem Punkt ist er meistens kooperativ.«

»Vermietet er es selbst oder beauftragt er jemanden damit?«

»Er macht das selbst.«

»Was wissen Sie sonst noch über ihn?«

»Ich mache mir keine Illusionen. Er ist ein Gangster, der zunehmend versucht, am großen Rad zu drehen. Es ist bekannt, dass er Verbindungen zu Nkunda hat. Er besitzt noch ein Hotel und eine Nachtbar, in der meistens Ausländer verkehren.«

»Hat er seine Hände in der Prostitution?«, fragte Théo.

»Nun ja, wir nennen das hier nicht so. Aber sicher ist es das. Sie haben es bei unserem Besuch bei Dallaway erlebt. Die Girls in Goma arbeiten recht frei und selbstständig, aber nicht in offener Straßen-prostitution.«

»Und die *pimps*?«

»Auf dieser Ebene ist Zuhälterei in der Regel kein Problem, dafür sind die Frauen zu selbstbewusst. In größerem Stil war Mayeye auch im Geschäft, hat sich aber daraus zurückgezogen, wenn er auch durch sein Hotel indirekt davon profitiert. Er kennt meine Einstellung, besonders was Kinderprostitution betrifft. Bisher hat er die rote Linie nicht überschritten.«

»Wie ist das organisiert?«

»Meist über billige Absteigen. Mayeyes Hotel gehört nicht dazu. Die Paare, die sich dort einquartieren, müssen etwas zahlungskräftiger sein und geben sich nach außen einen seriösen Anschein. Da gibt es je nach Dauer des Aufenthaltes ein gestaffeltes Tarifsystem. Ich kümmere mich nicht darum. Wir müssen schon froh sein, wenn es nicht zu gewalttätigen Aus-schreitungen zwischen konkurrierenden Gruppen kommt und der Drogenkonsum eingeschränkt bleibt.«

»Und die Minderjährigen?«, meldete sich Bosco zurück.

»Leider sind sie ein großes Problem. Sie sind nicht organisiert. Sie kommen und gehen. Oft sind es Mädchen unter sechzehn, seltener auch weit unter sechzehn, die versuchen, sich hier zu verkaufen. Schon für ein paar Dollar.«

»Wo kommen sie her?«

»Oft aus den Dörfern, aber auch aus den Flüchtlingslagern. Sie unterstützen so ihre Familien. Wenn ich es erfahre, lasse ich das nicht durchgehen. Da habe ich ein Auge darauf. Leider sind einige meiner Leute nicht so ganz meiner Ansicht. Sie verdienen zu wenig Geld. Mit den Mädchen lässt sich schon hin und wieder etwas nebenbei verdienen. Die Kerle wissen, was die

Mädchen verdienen. Sie nehmen ›Schutzgeld‹ und versprechen, wegzusehen.«

»Und die Kunden?«

»Na ja, es sind die, die hier das Geld haben.«

»Ausländer!«

»Ja, es sind meist Männer der MONUC oder auch der NROs. Wenn ich erfahre, dass da etwas mit Minderjährigen läuft, werde ich schon einmal bei der MONUC-Administration oder bei den NROs vorstellig. Aber ich habe keine Handhabe gegen sie.«

»Und wie verhält sich Mayeye?«

»Wie gesagt, er hält sich da zurzeit zurück. Ich habe einmal einen von seinen Männern erwischt, der sich mit einer Dreizehnjährigen eingelassen hatte. Er hat ihn halb tot geschlagen und fortgejagt. Was Frauen betrifft, werden ihm gewisse Empfindlichkeiten nachgesagt. Ich habe gehört, dass er eine jüngere Schwester in den Kriegswirren verloren hat. In diesem Geschäft sind jetzt andere tätig.«

»Wir hören immer wieder von Vergewaltigungen.«

»Außerhalb Gomas, in der gesamten Kivu-Region, ist das Alltag. In jüngster Zeit verschärft sich das Problem leider dadurch, dass HIV-infizierte Typen glauben, sie könnten durch Sex mit einer Jungfrau geheilt werden. Es ist nicht zu fassen. Denken Sie an die Bissnarbe?«

»Ja, wir behalten das Vergewaltigungsmotiv weiter im Auge. Wenn Darcy sich ein Mädchen aus einem Dorf gegriffen hat, dann ist auch ein Ritualmord denkbar, und die Maske, was auch immer sie bedeutet, ergibt einen Sinn.«

»Dann ist Mayeye aus dem Spiel. Das ist nicht sein Stil. Eine solche Inszenierung von ihm, ist nicht vorstellbar.«

»Das kann sein, ich sehe ihn auch eher in einem anderen Zusammenhang.«

»Ich verstehe. Sie meinen den illegalen Roh-stoffhandel.«

»Ja, mir scheint, er ist eine bemerkenswerte Persönlichkeit, dieser Mayeye.«

»Sicher, das ist er, aber auch skrupellos – und gerissen. Nebenbei ist er noch am Holzhandel beteiligt. Außerdem hat er die ›SÉCOMA‹ gegründet. Die Firma vermietet Sicherheits- und Schutzpersonal. Das Büro ist hier in Goma, ebenfalls in einem seiner Häuser. Das Geschäft wird von einem ehemaligen Sergeanten der nationalen Armee, Samuel Matengo, geleitet. Mayeye kümmert sich um die Aufträge und kassiert. Darcy hat ihn gelegentlich beauftragt und lässt auch sein Büro von seiner Firma bewachen. Zurzeit habe ich meine Leute dort postiert.«

»Wo kommt er her, ist er ein Banyamulenge?«

»Ja, er stammt aus dem Süd-Kivu, hat aber durch Verwandtschaft gute Geschäftsverbindungen in den Norden, nach Isiro.«

Isiro ist die Hauptstadt der Provinz Haut Uele im Nordosten des Kongos. Sie ist nicht nur bekannt für die als »das grüne Gold« bezeichneten Kaffeeplantagen, sondern auch für Gold- und Diamantenminen.

»Oder Rohstoffe wie Coltan?«

»Wohl auch, ich glaube, er ist Verbindungsmann für Nkunda nach Isiro und kümmert sich um die Logistik zum Transport *Seltener Erden*, Gold und Diamanten. Wir nehmen an, dass er in Goma auch den Vertrieb organisiert.«

Bosco war alarmiert. Wenn es auch inzwischen üblich war, alle Verbrechen im Nord- und Süd-Kivu dem *Warlord* Nkunda in die Schuhe zu schieben, war er zweifellos ein übles Subjekt. Der selbst ernannte Kämpfer für Jesus, ein Adventist, kontrollierte die Coltan-Minen, rekrutierte Kindersoldaten und wurde auch immer wieder mit Massakern und Massenvergewaltigungen durch seine Leute in Verbindung gebracht.

Besonders Coltan, ein Kunstbegriff, hinter dem sich die Minerale Columbit und Tantalit verbargen, versprach bei einem Kilogrammpreis von etwa einhundert US-Dollar satte Gewinne, da es in der Elektronikindustrie bislang kaum zu ersetzen war. Die Geschichte des Kongos, die eng mit seinen unermesslichen Rohstoffreserven verknüpft war, setzte sich so auf dramatische Weise fort. Zuerst war es Leopold II., der den Kautschuk und das Elfenbein des Landes mit äußerster Brutalität ausbeutete. Danach waren es die Rohstoffe des sogenannten Kupfergürtels und die Minen der Provinz Katanga. Diese Begehrlichkeiten waren bereits Patrice Lumumba, der den Kongo in die Unabhängigkeit führte, zum Verhängnis geworden. Nun waren es die *Seltenen Erden*, die den Kongo zum Schauplatz wirtschaftlicher Interessenskonflikte machten.

Boscos Gedanken schweiften einen Moment ab.

Immer wieder die gleiche alte Geschichte. Der Reichtum des Kontinents führt uns in den Abgrund. Wer stoppt diesen Wahnsinn?

»Können Sie ein Gespräch mit diesem Mayeye arrangieren?«

»Das wird möglich sein. Er ist zwar sehr extrovertiert und quatscht ganz gerne, aber in dieser Sache dürfte er nicht besonders gesprächig sein.«

»Wir werden sehen. Menschen, die nicht sprechen, sagen manchmal mehr.«

Bosco kam eine Idee. Wenn Mayeye der Typ war, den er in ihm vermutete, konnte eine weibliche Besucherin eventuell ganz nützlich sein. Ariane war blond, sah gut aus und passte ideal in das Beuteschema jedes Machos in dieser Hemisphäre. Es musste ihr aber fairerweise erklärt werden, dass ihr Einsatz nicht nur als Polizistin gefordert war. Er hatte ihr schon oft gezeigt, dass er ihren analytischen Verstand schätzte, und war sich sicher, dass sie auch mit dieser Rolle kein Problem haben würde.

»Wir werden morgen erst gegen 15 Uhr nachmittags kommen, und ich würde gerne noch eine Mitarbeiterin mitbringen. Sie ist Deutsche und spricht ausgezeichnet Englisch und Französisch, hat aber keine CEPGL-Autorisation. Ich möchte ihr die Visaformalitäten ersparen. Können Sie das für uns arrangieren?«

»Sie soll mir einen Scan ihres Reisepasses schicken, dann kann ich das mit dem Zoll vorbereiten. Hier haben Sie meine Karte mit der E-Mail-Adresse.«

»Danke, Kommandant, dann also bis morgen.«

Sobald sie wieder im Netzbereich von MTN waren, rief er Ariane an.

»Ariane, könntest du morgen nach Gisenyi kommen? Ich möchte dich bei einem Besuch in Goma dabeihaben.«

»Ja, wenn du willst, aber gibt es einen bestimmten Grund, warum du eine zarte, schutzbedürftige Frau benötigst?«, flötete sie mit etwas frivolem Unterton in ihr Mobiltelefon.

Bosco hatte sich inzwischen an ihren Humor gewöhnt und ging gelegentlich auch gerne darauf ein.

»Genau das ist es, Ariane. Eine zarte, hilfsbedürftige blonde Frau, der Machos aus der Hand fressen. Der betreffende Herr heißt Mayeye, ist ein Gangster und gilt, schmeichelhaft ausgedrückt, als etwas schwierig im Umgang«, untrieb Bosco seine Ansicht über Mayeye.

»Deine Anwesenheit könnte ihn zähmen und eventuell auch etwas gesprächiger machen. Er gehört zwar nicht zu den Typen, deren Gehirn unterhalb der Gürtellinie zu suchen ist, aber als ausgesprochenen Gentleman würde ich ihn auch nicht bezeichnen. Das könnte sich zumindest kurzzeitig ändern, wenn du anwesend wärst.« Dann erklärte er ihr, worum es ging und was er über Mayeye wusste.

»Gut, dann versuche ich mal, meinen überragenden Intellekt etwas zu unterdrücken und mich auf meine feminine Seite zurückzuziehen. Wusstest du, dass ich zwar richtig hellblond bin, aber mich ein wenig abgetönt habe? Bei früheren Reisen in Afrika hingen mir immer Kinder und Frauen an den Haaren, was mir mit der Zeit etwas lästig wurde. Also gut. Ich war noch nie im Kongo, und ich freue mich, dass du mich von den Recherchen über Vergewaltigungsopfer befreist. Es ist mühsam. Mal sehen, vielleicht ist dieser Mayeye trotz allem ganz attraktiv, schließlich bin ich auch nur eine Frau«, antwortete sie provozierend kokett.

Bosco grinste ins Telefon.

»Na, du läufst ja richtig zur Hochform auf. Dein Blond ist völlig ausreichend. In Afrika ist alles blond, was nicht schwarz ist. Also dann bis morgen. Wir warten auf dich. Ich lasse dich durch unseren Fahrer Prince abholen. Bitte schick einen »Scan« deines Reisepasses an Joseph Likongo, den Kommandanten von Goma.«

Bosco nannte ihr die E-Mail-Adresse von Likongo. Ariane versprach, die Daten zu übermitteln, und legte auf. Bosco wies Prince an, Ariane abzuholen. Dieser fuhr sogleich los, um noch am Abend in Kigali zu sein.

Ariane kam frühzeitig gegen Mittag. Bosco und Théo hatten zunächst keine Gelegenheit, sie zu sprechen, da

Ariane und Vana sich lange nicht gesehen hatten und sich zunächst auf einen Kaffee zurückzogen.

Unterdessen unterhielten sich Bosco und Théo über die weitere Vorgehensweise.

»Théo, was hältst du von Mayeye?«

»Ich habe von ihm gehört. Ziemlich unangenehmer Typ. Wir müssen auf jeden Fall vorbereitet sein.«

»Ich hoffe nur, dass Likongo das auch ist. Wir sind unbewaffnet und auf den Schutz unseres kongolesischen Kollegen angewiesen.«

»Da können wir Joseph vertrauen. Bist du sicher, dass Arianes Anwesenheit eine gute Idee ist?«

»Sie ist Polizistin und kennt ihr Risiko. Außerdem ist sie schwer zurückzuhalten. Immer wenn es ernst wird, will sie vorne mit dabei sein. Aber ich rechne nicht mit Problemen. Trotzdem würde ich vorschlagen, dass du zu unserer Sicherheit dieses Mal nicht mitkommst. Wenn wir Hilfe benötigen, bist du hier nützlicher. Wir werden gegen 15 Uhr zu Mayeye fahren. Wenn wir um 19 Uhr nicht zurück sind oder uns gemeldet haben, solltest du den *GS* anrufen.«

»Gut, ich habe auch hier noch genug zu tun. Wir haben gerade Ärger mit *Kanyanga*.«

Sie unterhielten sich kurz über die illegalen Destillerien und das Geschäft mit dem Gebräu aus Mais, *Cassava*, Zucker und weiteren Zusätzen, als Ariane und Vana in das Wohnzimmer kamen, in dem Bosco und Théo saßen. Bosco hatte gerade ein Glas Wasser am Mund. Als er Ariane sah, verschluckte er sich fast. Sie hatte sich umgezogen und war in ihrem Kostüm ohne Zweifel ein Blickfang. Vana stand hinter ihr und konnte sich nicht verkneifen, Théo aufzufordern, seinen Mund zu schließen, denn auch ihr Mann war sichtlich beeindruckt.

»Bosco, du kannst mich jetzt zum Auto begleiten«, sagte Ariane etwas gestelzt. Bosco erhob sich umständlich, zwinkerte Théo und Vana zu und folgte Ariane, die, nachdem sie Vana und Théo noch einmal zugewinkt hatte, auf dem Rücksitz des Fahrzeuges Platz nahm.

Kurz vor der Grenze ließ Bosco Prince anhalten und führte Ariane zu der Stelle, wo man den Fundort des Toten einsehen konnte. Mit prüfendem Blick nahm sie konzentriert die kleine Bucht in Augenschein und machte mit ihrer digitalen Kompaktkamera einige Fotos.

Joseph hatte Wort gehalten. Es war alles vorbereitet. Ariane bekam ein *Multiple-Entry*-Visum und nach einer kurzen Wartezeit fuhren sie in die Richtung von Josephs Büro.

»Was ist dein Eindruck vom Fundort?«

Ariane schwieg eine Minute.

»Das Mordopfer ist sicher mit einem Boot abgeladen worden. Die Stelle ist vom Land aus schwer zugänglich und zu dicht an der Straße. Im Bericht von Théo steht, dass ihn ein Fischer vom Boot aus gesehen hat.«

»Ja, ein sechzehnjähriger Junge. Und?«

»Ein 16-jähriger Junge geht nicht alleine zum Fischen. Was hat er da gemacht?«

»Darüber steht nichts im Protokoll. Er war möglicherweise nur angeln.«

»Wir sollten uns noch einmal mit ihm unterhalten.«

»Likongo sucht ihn noch. Unsere Zöllner haben ihn ja leider laufenlassen.«

Ariane lehnte sich zurück. »Gut, dann kann ich ja wieder blond sein und als zarte, hilfsbedürftige Frau Beschützerinstinkte wecken.«

Bosco schwieg. Er kannte ihre Ausbildung. Unter anderem war sie in *Krav Maga*, dem Selbstverteidigungs- und Nahkampfsystem der Israeli Defense Force geschult – eine äußerst effektive Technik, die ohne sportliche Elemente zielorientiert auf das Ausschalten eines Gegners gerichtet ist. Selbst er als Kraftpaket hätte sich ungern mit Ariane angelegt.

Likongo wartete schon vor seinem Büro und stieg ein. Bosco stellte Ariane kurz vor. Prince kannte das Ziel und fuhr los. Bereits aus einiger Entfernung zu Mayeyes Domizil hörten sie ein trommelähnliches Geräusch. Bei Annäherung erwies es sich als schlecht eingestellte Bässe, riesiger Lautsprecherboxen. Kurz darauf erkannten sie den Sound von *Shida za Dunia*, gespielt von der ugandischen Band um Jose Chameleone. Bosco kannte den Song. Die Gruppe war eine der Lieblingsbands seines ältesten Sohnes. Auch Ariane war ganz begeistert von der rauen Stimme Chameleones. Als die Gruppe einmal im Nachtclub *Cadillac* auftrat, entfuhr ihr: »Meine Güte, wenn Joe Cocker das hört, geht er in Rente!«

Das Stück beschrieb die Geschichte eines Verlierers, dem nichts gelang und dem zum Schluss auch noch der Strick riss, an dem er sich aufhängen wollte. Begleitet von dem Zitat Martin Luther Kings, »*Everything done in the world is done by hope*«, nimmt ihn am Ende sein kleiner Sohn tröstend in die Arme.

Kurz darauf erreichten sie das bewachte Eingangstor zu Mayeyes Anwesen. Der Wachposten schaute kurz in den Wagen, nickte Joseph zu und ließ sie passieren. Vor der Eingangstür der Lehmziegelkonstruktion stiegen sie aus und ein weiterer Wachposten empfing sie. Es war ein grobschlächtiger, kräftiger Kongolese in einer

Uniform der »SÉCOMA«, der sofort seinen Blick anzüglich über Ariane gleiten ließ. Breit grinsend, die beiden Polizisten ignorierend, ging er auf Ariane zu.

»Wen haben wir da zu Besuch? Das wird die schönste Leibesvisitation meines Lebens.« Dreist legte er seine Pranken auf Arianes Schultern. »Tut mir leid, meine Süße, ist Vorschrift.«

Es ging schnell. Ariane drehte seinen Arm so nach außen, dass er sofort in die Knie ging und schließlich stöhnend am Boden lag. Gerade als er noch versuchte, nach seiner Pistole zu greifen, ertönten hinter dem Wachmann klatschende Hände. Ein lachender Mayeye stand im Eingang. Er hatte zwar wieder die Sonnenbrille auf, war aber ansonsten mit einer schwarzen Hose, weißem Hemd und schreiend grünem Jackett bekleidet. Belustigt wandte er sich an den am Boden liegenden Wachmann: »Wenn du sie noch einmal anrührst, schneide ich dir die Eier ab.«

Der Wachposten ließ erschrocken seine Pistole stecken. Trotz des Lächelns auf dem Gesicht des Hausherrn hatte niemand Zweifel, dass solche Drohungen ernst zu nehmen waren und gelegentlich in die Tat umgesetzt wurden.

Begleitet von einer etwas übertrieben, einladenden Geste, mit seinem Blick auf Ariane fixiert, bat Mayeye, die Besucher einzutreten. »Ich bitte um Entschuldigung, ich habe die Erziehung meiner Männer wohl etwas vernachlässigt. Bitte folgen Sie mir.«

Bosco und Likongo streifte er nur mit einem kurzen, herablassenden Blick. Der am Boden Liegende wagte nicht, sich zu rühren. Ariane stieg demonstrativ über sein Bein, wobei sich einer ihrer spitzen Absätze in das flach seitlich liegende Hosenbein bohrte. Vom wütenden Blick des Gedemütigten verfolgt, betrat sie das Haus. Bosco und Joseph, der Prince einen Wink gab, sich im Wagen bereitzuhalten, schlossen sich an.

Mayeye hatte sich, abgesehen von dem stilistisch etwas gewöhnungsbedürftigen Interieur, wirklich Mühe gegeben, eine angenehme Gesprächsatmosphäre zu schaffen. Trotzdem vergaßen die Besucher nicht, mit wem sie es zu tun hatten. Auf dem Mahagonitisch standen Gläser und Teller mit Besteck sowie eine große hölzerne Schüssel mit Mangos und Bananen. Im Regal hinter der Bar stand eine Reihe voller Flaschen mit Spirituosen. Bosco registrierte etwas irritiert das inzwischen wieder gerade gerückte Porträt seines Präsidenten.

Ein Präsident kann sich seine Verehrer nicht aussuchen. Er hat sie einfach.

Mit einladender Geste bat Mayeye die Besucher, sich zu setzen. Er selbst nahm wieder in dem großen Sessel Platz und lehnte sich in demonstrativ entspannter Haltung zurück. Die Joseph bereits bekannte junge Frau kam mit einem wassergefüllten Glaskrug aus der Küche und füllte die Gläser. Mayeye nahm seine Sonnenbrille ab. Seine Augen trafen Bosco mit kaltem Blick.

Wenn zwei Charaktere aufeinandertreffen, gibt es drei Möglichkeiten: Sie sind sich entweder sympathisch, gleichgültig oder sie können sich nicht ausstehen. Bosco und auch sein Gastgeber konnten sich in diesem Punkt stillschweigend auf die dritte Variante einigen. Beide wussten, dass damit die Gemeinsamkeiten erschöpft waren.

Likongo bemerkte die Spannung, die sich aufbaute und lächelte nervös. Ariane, die überzeugt war, dass die Inneneinrichtung eines Raumes eine Menge über dessen Bewohner aussagte, sah sich unauffällig im Raum um.

»Nun, Monsieur Chief Inspector Kabeera, was führt Sie zu mir?«, begann Mayeye, wobei er »Monsieur Chief Inspector« aussprach, als könne er es nur mit spitzen Fingern anfassen. Bevor Bosco antworten konnte, mischte sich der Kommandant ein und korrigierte Mayeye.

»Ich weise darauf hin, dass Chief Inspector Kabeera in Vertretung des Generalstaatsanwaltes agiert.«

»Oh, pardon, Prosecutor, das war mir nicht bekannt«, erwiderte Mayeye, dabei die Hände kurz faltend. Sein aufgesetzt reumütiger Blick erinnerte etwas an einen Dackel, dem das zugeworfene Stöckchen abhandengekommen war. Mayeye versuchte, zu lächeln. »Man hat mich informiert, dass Sie mit der Aufklärung des Mordes an dem toten Belgier betraut sind. Eine schreckliche Geschichte, die wir sehr bedauern. Wie kann ich Ihnen helfen? Ich hoffe, Sie bringen mich oder meine Männer nicht mit dieser Sache in Verbindung. Der Kommandant wird Ihnen bestätigen können, dass wir uns immer an die Gesetze halten.«

Likongo ließ dieses dreiste Verbrüderungsschauspiel unbewegt über sich ergehen.

Ariane schlug die Beine übereinander. Diese Bewegung löste bei dem Gangster einen Reflex aus. Er wendete seinen Blick von Bosco ab und widmete ihr nun seine ganze Aufmerksamkeit. Bosco war das ganz recht, hatte er so Gelegenheit, den Gangster zu studieren. Obwohl sie nichts abgesprochen hatten, ergriff Ariane die Gelegenheit und nahm mit verschränkten Armen die Befragung auf.

»Aber ich bitte Sie, *Monsieur* Mayeye«, antwortete sie etwas gestelzt, »wir sind noch nicht so weit, irgendjemanden mit dem Mord in Verbindung zu bringen. Aber da Sie geschäftliche Beziehungen zu dem Toten hatten, liegt es nahe, dass wir auch Ihnen einige Fragen stellen müssen.« Ariane schwieg einen Moment, bis Mayeye leicht nickte, ohne das zu kommentieren. Ariane nahm ihre Befragung wieder auf. »Sie sind Vermieter des Hauses, in dem das Büro der »*TD Nature Film Production*«, Darcys Wohnung und die Wohnungen seiner Mitarbeiter sind. Ist das richtig?«

»Ja, das ist richtig, und die Miete wird pünktlich bezahlt.«

Ariane nahm bereitwillig den Hinweis auf. »Wird Ihnen das Geld überwiesen?«

»Wo denken Sie hin? Hier kann man keiner Bank vertrauen. Ich schicke einen meiner Männer, der das Geld gegen Quittung in Empfang nimmt.«

»Machen Sie das in allen ihren Unternehmungen so?«

»Natürlich.«

Bosco räusperte sich: »Sie werden nicht etwa Steuern hinterziehen, *Monsieur* Mayeye?«

Mayeye war einen Moment sprachlos. Trotz seiner schwarzen Hautfarbe konnte man sehen, wie ihm durch Boscos Provokation das Blut in den Kopf schoss. Er blickte hasserfüllt zu ihm hinüber. Likongo hätte am liebsten laut gelacht und hatte Mühe, seine zuckenden Gesichtszüge zu beherrschen. Mayeye registrierte das und warf ihm einen vernichtenden Seitenblick zu, fing sich aber wieder. Er richtete sich in seinem Sessel auf, beugte sich nach vorne und schaltete in den Angriffsmodus.

»Das geht Sie überhaupt nichts an«, schnauzte er Bosco an, und ergänzte etwas zurückhaltender, wobei sein Blick Likongo streifte: »Aber da der Vertreter unseres Staates anwesend ist, antworte ich: Natürlich nicht, Chief Inspector – pardon, Prosecutor.«

Das war gelogen, und jeder wusste es. Mayeye war leicht zu provozieren, aber die Besucher spürten, dass er nun etwas aufmerksamer wurde.

»Sie haben oder hatten noch weitere geschäftliche Beziehungen zu *Monsieur* Darcy«, nahm Ariane nach einem kurzen Seitenblick auf Bosco die Befragung wieder auf.

Mayeye lehnte sich zurück, faltete die Hände und lächelte Ariane an. »Aber *Mademoiselle*, das wissen Sie doch. Ich vermiete seiner Filmproduktion über meine Firma ›SÉCOMA‹ Sicherheitspersonal. Meine Dienste werden hoffentlich auch von seinen Mitarbeitern weiter in Anspruch genommen.«

Ariane überlegte kurz, ob sie ihn wegen der Anrede »Mademoiselle« korrigieren sollte, unterließ es aber, um das Gespräch nicht noch einmal zu unterbrechen.

»Und wo?«

»Das Büro der ›*TD Nature Film Production*‹ wird von der ›SÉCOMA‹ bewacht. Der Kommandant hat zurzeit meine Männer durch seine eigenen Leute ersetzt. Ansonsten benötigte Darcys Team auch Schutz bei Filmaufnahmen. Sie sollten sich einmal so einen Film ansehen. Es sind wundervolle Aufnahmen afrikanischer Natur«, schwärmte er und rollte begeistert mit seinen Augen. Dabei konnte man ihn ganz sympathisch finden, und auch Joseph verlor für einen Moment seine Assoziation zu dem *Krokodil*. »Als Kongolese bin ich richtig stolz darauf. Ich liebe unsere Tierwelt. Ich bin fast schon Vegetarier, mit gewissen Ausnahmen«, sprudelte es mit einem anzüglichen Seitenblick auf Ariane aus ihm heraus. Seine Hand zuckte etwas, als wollte er ihre Knie tätscheln. Ihren geringschätzigen Blick interpretierte er entweder falsch oder er ignorierte ihn. Mayeyes Ego erlaubte ihm keine Selbstzweifel bezüglich seiner Wirkung auf Frauen. Nun erwies sich, dass Boscos Einschätzung richtig war.

»Ich habe das künstlerische Schaffen der Naturfilmer nach Kräften unterstützt«, fügte er lachend hinzu, wobei eine Reihe weißer Zähne sichtbar wurde.

Ein begnadeter Schauspieler, dachte Ariane.

»Kennen Sie sonst noch jemanden, mit dem Darcy Kontakt hatte?«, lenkte nun Bosco die Aufmerksamkeit wieder auf sich.

Mayeye blickte nur kurz zu ihm hinüber, und dann wanderte sein Blick kurz nach oben, so als müsste er überlegen.

»Ich kann mich nicht entsinnen. Ich habe ihn nicht überwacht, sondern nur bewacht. Sie verstehen, Diskretion ist eine unsere wichtigsten Geschäftsgrundlagen.«

»Sicher verstehen wir das, *Monsieur* Mayeye. Aber Sie wissen, wo er Ihre Leute zuletzt benötigt hat.«

»Ich habe mich nicht für die einzelnen Einsätze interessiert, aber ich glaube, irgendwo zwischen Goma und Bukavu. Die Organisation und die Planung der Einsätze obliegen Capitaine Matengo.«

»Capitaine? Ist er nicht Sergeant?«, wollte Likongo wissen.

»Das war er in der Armee. Ich habe ihn befördert. »Meine Firma ›SÉCOMA‹ ist militärisch organisiert. Mitarbeiter muss man auch etwas motivieren. Er ist zwar nicht gerade eine Leuchte, aber ich kenne ihn schon lange und er ist mir loyal ergeben. Das ist das Wichtigste, und er hält mir die Leute vom Hals. Aus demselben Grund gibt es noch drei Sergeants, die bei den Einsätzen vor Ort die Führung übernehmen.«

Ariane entglitt ein unmerkliches Lächeln. *Divide et impera, sieh da, ein afrikanischer Machiavelli.*

»Wie viele Männer waren es und wo sind sie zurzeit?«, nahm nun Bosco die Befragung wieder auf.

»Nach der letzten Rechnung waren es nur zwei Leute. Soweit ich weiß, sind sie auf Urlaub«, log Mayeye. Zwei Männer waren etwa zeitgleich mit Darcys Auffinden verschwunden. Da er selbst noch nicht wusste, wo sie sich aufhielten, wollte er das hier nicht thematisieren. Der Verdacht lag nahe, dass seine beiden Männer etwas mit Darcys Tod zu tun hatten und er noch stärker in den Sog der Ermittlungen geraten würde.

»Ich denke, sie sind in ihren Heimatdörfern.«

»Wir würden gerne einmal mit ihnen reden, wenn ihr Urlaub zu Ende ist.«

»Das lässt sich sicher einrichten. Ich werde Capitaine Matengo bitten, sie zurückzurufen.«

»Nur noch eine Frage, *Monsieur* Mayeye. Hat Darcy neben der Produktion von Videos noch andere Geschäfte betrieben, bei denen er Ihren Service anforderte?«

Der Kongolese überlegte nur kurz.

»Nein, das hat er nicht.«

»Und Sie können sich nicht vorstellen, warum er so zugerichtet wurde?«

Mayeye zuckte gleichgültig mit den Achseln.

»Nicht die Geringste. Möglich, dass er und seine Leute sich in einem Dorf danebenbenommen haben oder er hat sich bei Dreharbeiten im Busch mit irgendeiner Bande angelegt. Wir sind im Kongo. Es laufen hier immer noch genügend Verrückte herum. Solange man sich in Kinshasa nicht dazu entschließt zu regieren und das Land zu entwickeln, solange wird sich hier auch nichts ändern.«

Es hörte sich fast staatsmännisch an, aber seine Besucher wussten, dass er selbst zu den Kräften gehörte, die eine Rückkehr staatlicher Ordnung fürchten mussten und sie auch mit allen Mitteln zu verhindern suchten.

Bosco spürte, dass der Mann sich, im Gegensatz zu seinem Verhalten zu Beginn der Befragung, zunehmend entspannte. Entweder sie waren auf der falschen Fährte oder er hatte wirklich nichts mit dem Mord zu tun. Trotzdem konnte er sich des Gefühls nicht erwehren, dass der Banyamulenge mehr zu dem Fall sagen könnte. Er beschloss, dass es fürs Erste genug war.

Wir werden uns wiedersehen.

»Gut, *Monsieur* Mayeye, wir bedanken uns für Ihren Empfang.«

Alle erhoben sich. Joseph war die Erleichterung deutlich anzumerken. Draußen angekommen, stellten sie fest, dass der Wachmann, der Ariane untersuchen wollte, nicht mehr auf seinem Posten war. Prince hatte das Fahrzeug bereits in Fahrtrichtung manövriert. Ohne zurückzublicken, passierten sie das Eingangstor.

Nachdem der Wagen verschwunden war, scrollte Mayeye zu einer Nummer auf dem Display seines Mobiltelefons und drückte die grüne Taste.

»Piquard«, meldete sich der Angerufene.

»Weißt du, dass Darcy gefunden wurde?«

»Nein, wo ist er?«

»Er ist der Tote am See.«

Piquard verstummte einen Moment. Sie hatten von dem Toten gehört, aber keinen Zusammenhang mit Darcys Verschwinden gesehen.

»Likongo und zwei weitere Polizisten aus Ruanda waren bei mir.«

»Ah, sie waren auch bereits bei uns. Ich wusste nicht, dass die beiden anderen Männer Ruander waren. Sie haben die Räume durchsucht und die Computer mitgenommen. Dass Darcy tot ist, haben sie uns nicht gesagt.«

Mayeye verschwieg, dass er über Darcys Tod schon früh informiert gewesen war. »Die ruandischen Behörden arbeiten in dieser Sache mit den kongolesischen Behörden zusammen. Das heißt, man misst dem Fall auf beiden Seiten eine gewisse Bedeutung zu. Verhaltet euch ruhig. Gibt es auf den Computern etwas zu finden?«

»Was denkst du? Wir haben hier nichts zu verbergen. Bei Darcy weiß ich es nicht. Er hat mit Krauskopf auch noch andere Geschäfte betrieben. Ich habe immer angenommen, dass er sich mit… « Piquard stockte. Es war nicht klug, seinen Gesprächspartner in diese Geschäfte mit einzubeziehen. So fuhr er, ohne »mit dir« zu sagen, fort: » … dem Schmuggel von Rohstoffen beschäftigte. Die beiden haben uns da nicht mit einbezogen und auch nie darüber gesprochen. Ich glaube nicht, dass er etwas Kompromittierendes auf seinem Gerät gespeichert hat. Dazu war er zu vorsichtig. Was ist mit Krauskopf? Er meldet sich auch nicht mehr.«

»Im günstigsten Fall hat er sich abgesetzt. Aber zwei meiner Leute sind auch verschwunden. Ich bin dabei, mich darum zu kümmern.«

»Was willst du unternehmen?«

»Du wirst von mir hören.«

Mayeye drückte die rote Taste. *Piquard ist ahnungslos.* Inzwischen wünschte er sich, ebenfalls nichts zu wissen.

Ist es nicht schon genug? Wie kann ich weiterleben?
Zitternd griff seine Hand nach den Büchern, die ihm Trost gaben. Sein hämmernder Puls beruhigte sich und sein flacher Atem wich allmählich einem normalen Rhythmus.

7

Unter dem Joch des belgischen Königs Leopold II. und in der Folge des belgischen Protektorats bis zur Unabhängigkeit 1960 wurden unter den Augen der Welt unglaubliche Grausamkeiten an der Bevölkerung des Kongos begangen.

Wer sich in die Abgründe der leidvollen Geschichte des Kongos vertieft, kommt nicht umhin, in Belgien auf Spurensuche zu gehen. Das von Leopold erbaute ehemalige Kolonialmuseum in Tervuren, einem kleinen Vorort von Brüssel, ist ein beeindruckendes Zeugnis der Herrschaft des belgischen Königs. Es beherbergt heute das Museée royal de l'Afrique Central mit einer geradezu atemberaubenden Sammlung kunsthistorischen Diebesgutes aus der ehemaligen Kolonie. Die heute dort tätigen Wissenschaftler sind gefragte Experten kongolesischer Geschichte und Kultur.

Alphonse und Jean-Baptiste waren bereits dabei, einige Museen und Universitäten zu kontaktieren, um die Herkunft der Maske zu recherchieren. Es war eine Holzmaske mit grausamem Gesichtsausdruck und krummen, aus dem Gesicht herausragenden Zähnen. Auch die Händler im *Le Petit Village de L'Artisanat*, die meist nur neuere Masken ohne kunsthistorisch-kulturelle Bedeutung an Touristen verkauften, konnten anhand der Fotos, die man ihnen zeigte, nicht weiterhelfen. Einige waren der Ansicht, dass diese Maske nicht aus der Kivu-Region stammte. Bei ihren Recherchen stützten die Polizisten sich nicht nur auf afrikanische Quellen, sondern hatten auch Experten kontaktiert, besonders aus den Museen in Europa.

Es war schon wieder Samstag, eine Woche, nachdem Darcys Leiche gefunden wurde. Alphonse war ausnahmsweise noch im Büro. Er hatte noch etwas im Fall des Vermissten zu erledigen, den sie wegen des aufsehenerregenden Mordfalles etwas vernachlässigt hatten. Aus Kinshasa waren einige Nachrichten eingetroffen, die er prüfen wollte. Sein Diensttelefon meldete sich.

»Butera, CID Kigali. Mit wem spreche ich?«

»Le Roux«, stellte sich der Anrufer vor.

Alphonse konnte ihn nicht sofort zuordnen und schwieg eine Sekunde. Der Mann am anderen Ende ergänzte:

»*Docteur* Le Roux, Tervuren«, und fuhr gleich etwas umständlich fort: »Äh, ich bitte um Entschuldigung, dass es so lange gedauert hat, bis ich mich zurückmelde, aber ich war auf einem Kongress. Ich habe mir nun die Fotos der Maske, die Sie mir zugesendet haben, angesehen.«

Er hatte das gewisse Vibrieren in der Stimme, welches Wissenschaftlern zu eigen ist, wenn sie einer neuen Erkenntnis auf die Spur gekommen sind. Alphonse, nun im Bilde, entgegnete mit respektvoller Höflichkeit:

»Wir danken für Ihren Rückruf, *Docteur* Le Roux. Ich hoffe, wir haben Ihre Zeit nicht zu sehr in Anspruch genommen.«

»Keinesfalls, die Maske ist ein sehr interessantes Exemplar und einzigartig. Es gibt eindeutige Merkmale, die es uns erlauben, eine Expertise abzugeben. Wir werden sie Ihnen schriftlich zukommen lassen. Ich möchte Ihnen aber aufgrund der Dringlichkeit Ihrer Anfrage unsere Ansicht vorweg mündlich und per E-Mail, natürlich unter Vorbehalt, mitteilen.«

Alphonse hatte im Zusammenhang mit Ermittlungen bereits zuvor Erfahrungen im Kontakt mit

Wissenschaftlern sammeln können und wusste, dass sie sich gerne ausführlich ausließen. In der Erwartung eines langen Vortrages über Masken hatte er sich schon zurückgelehnt, richtete sich aber nun erwartungsvoll wieder auf.

»Sehr freundlich, *Docteur* Le Roux. In diesem Punkt gibt es tatsächlich noch wenig Fortschritte bei unseren Ermittlungen. Wir sind dankbar für jeden Hinweis.«

»Meine Kollegen und ich sind uns einig, dass zwar die rein handwerkliche Art der Herstellung nicht ungewöhnlich ist, aber für den Stil haben wir in Ostafrika noch keine Entsprechung gefunden.«

Le Roux machte eine kurze Pause. Alphonse fiel kein Kommentar ein, der als halbwegs intelligent durchgehen konnte. Trotzdem sah er sich genötigt, Le Roux' Pause zu füllen.

»Ja, wirklich?«

»Es ist eine sogenannte Vorlegemaske oder auch Gesichtsmaske.«

»Interessant!« Alphonses Stimme klang etwas lahm.

Le Roux hatte mehr Begeisterung erwartet. Zugleich ahnte er, dass diese Erkenntnis dem CID Kigali nicht entgangen war. Er fügte er hinzu:

»Das nur im Gegensatz zu Stülpmasken, die den gesamten Kopf bedecken.«

»Ich verstehe.«

»Die Maske muss sehr alt sein. Die Patina in den Detailaufnahmen zeigt, dass die Maske in den letzten Jahren nicht häufig benutzt wurde. Die Holzart können wir so nicht ermitteln, aber üblicherweise ist das Material ein Weichholz. Wir wissen, dass die Maskenschnitzer ausschließlich Holz von frisch gefällten Bäumen verwenden. Das macht es am Originalobjekt einfach, das Alter des Holzes zu bestimmen. Es gibt aber Fälle, in denen Altholz bereits verarbeiteter Gegenstände wiederverwendet wurde. Aber ich denke, für Sie steht der künstlerische Aspekt sicher nicht so sehr im Vordergrund.«

Das Risiko, den Wissenschaftler zu einem allgemeinen Vortrag über die Kunst afrikanischer Holzschnitzerei zu ermutigen, wollte Alphonse nicht eingehen. Deswegen enthielt er sich eines Kommentars in der Gewissheit, dass Le Roux sich ohnehin bereits auf einen ausführlichen Vortrag eingestellt hatte.

»Allgemein ist Ostafrika, was Masken betrifft, etwas schwierig. Gelegentlich wird behauptet, dass Ostafrika kunstarm wäre. Was Masken betrifft, haben, abgesehen von der vollendeten Maskenkunst der Makonde, der Yao oder auch der Rotse in Sambia, tatsächlich rein quantitativ gesehen, der Westen und Zentralafrika etwas mehr zu bieten. Hier ist besonders die Maskenkunst der Elfenbeinküste hervorzuheben.«

Le Roux kam nun merklich in Fahrt. Alphonse begriff, dass Le Roux es etwas spannender machen wollte und lehnte sich seufzend mit nervösem Blick auf seine Armbanduhr wieder zurück. Er hatte eine Eintrittskarte für das Amaharo-Stadion, in dem heute die Fußballnationalmannschaft ein Vorbereitungsspiel für das kommende Länderspiel gegen Zimbabwe ausrichtete. Das Spiel wollte er auf keinen Fall verpassen.

»Natürlich, *Docteur* Le Roux.«

»Die Maske kann nicht zweifelsfrei einem Stammesgebiet zugeordnet werden. Der Osten des Kongos und Ruanda gehörten zum Siedlungsgebiet der Lega. In der Kunst der Lega dominieren die Masken des Bwami-Bundes. Sie dienen allerdings nicht als klassische Gesichtsmasken, sondern werden entweder ausgestellt oder auch am Arm getragen. Ihre Bedeutung liegt in der Kennzeichnung des Trägers als Mitglied des Bwami-Bundes. Eine Maske, wie sie Ihnen vorliegt, ist uns in Ostafrika bisher nicht bekannt.«

»Das erklärt, warum noch niemand etwas dazu sagen konnte«, signalisierte Alphonse nun vorsichtig dem Experten, dass er aufmerksam zuhörte.

Le Roux ließ sich nicht ablenken. »Wir wissen, dass die Völker kein Problem damit hatten, den Stil der Nachbarn in ihre eigene Kunst einfließen zu lassen. Diese Maske scheint dafür ein besonderer Beweis zu sein.«

Er machte eine kurze Pause, als wollte er seinem Zuhörer Gelegenheit geben, das Gesagte abzuspeichern, um dessen Aufnahmefähigkeit für weitere Erkenntnisse zu erhöhen.

»Der Sinn und Zweck hingegen ist ziemlich eindeutig.«

»Tatsächlich? Und was ist dies nach Ihrer Meinung, *Docteur* Le Roux?«

Alphonse richtete sich wieder auf.

»Es gibt Masken der Pende, weit entfernt aus dem Kasai im Westen des Kongos, die einen ähnlichen Gesichtsausdruck haben, die aber mit Haaren aus Stroh versehen sind. Bei den weißen Flecken, die zu sehen sind, handelt es sich um rituelles Kaolin. Das wiederum finden wir auch bei anderen Masken, wie bei den Lega. Es kann daher nicht als Alleinstellungs-merkmal zur Identifikation herangezogen werden«, fügte er an, die Frage unbeirrt ignorierend.

Alphonse verzichtete darauf, die Frage zu wiederholen, und beschloss, mehr auf das offensichtliche Lieblingsthema von Le Roux einzu-gehen. »Weiß man denn etwas über die Künstler?«

»Eine gute Frage, *Monsieur*. Die Namen der Künstler werden, soweit überhaupt bekannt, von den Kunsthändlern wohlweislich verschwiegen. Die schönsten Exponate wurden schon nach dem Ersten Weltkrieg durch die Kolonialbeamten aus Afrika exportiert. Erst ein Deutscher, Erich Himmelsbach, versuchte in seiner Dissertation *Negerkünstler* von 1935, auch den Künstlern Ehre zuteilwerden zu lassen.«

Alphonse sah ein, dass er sich nicht gegen die leidenschaftlichen Ausführungen des Wissenschaftlers stemmen konnte. Nach einem abermaligen Blick auf seine Uhr überlegte er, wie es ihm gelingen konnte, den Vortrag des Experten abzukürzen. Wenig hoffnungsvoll startete er einen Versuch, das Gespräch durch gezielte Fragen in die gewünschte Richtung zu lenken.

»Dieses rituelle Kaolin, *Docteur* Le Roux, hat sicher etwas mit der Funktion der Maske zu tun. Sehe ich das richtig?«

»Das ist der Punkt, mein Freund. Kaolin, auch als weiße Tonerde bezeichnet, ist ein feinkörniges, weißes Gestein. Es besteht im Wesentlichen aus Kaolinit, ein Verwitterungsprodukt von Feldspäten. Ausgangsgestein ist Granit. Die Verwitterung findet nur unter tropischen Bedingungen statt. Es gibt auch in Ruanda Lagerstätten. Ich habe in der geologischen Karte von Ruanda nachgesehen. In der Nähe von Kigali, kurz hinter der Brücke über den Nyabarongo, an der Straße nach Butare, liegt ein Tagebau, aus dem Kaolin gewonnen wird. Ich nehme an, dass es zur Herstellung von Porzellan verwendet wird.«

»Aber welche Rolle spielt Kaolin in diesem Fall?«

»Pardon, ich komme auf den Kern Ihrer Frage zurück. Es ist allgemein bekannt, dass die weiße

Kaolinerde die Verbindung der Welt zum Reich der Toten herstellt. Weiß gilt als die Farbe des Todes.«

Alphonse war beeindruckt. Er hatte das Gefühl, dass Le Roux nun zur Sache kommen wollte.

»Der brutale, schreckenerregende Gesichtsausdruck und die hervorstehenden Zähne der Maske sind aber typisch und lassen eigentlich nur auf einen Verwendungszweck schließen.«

Hätte der Wissenschaftler seinen Gesprächspartner sehen können, hätte er einen nun lächelnden Alphonse erkannt, der mit etwas sülzender Stimme hoffnungsvoll in den Handapparat hauchte: »Ja, wirklich?«

Alphonse hatte plötzlich das Bedürfnis nach einer Zigarette. Er war der Einzige unter den Kollegen, der sich das Rauchen noch nicht ganz abgewöhnen konnte. Mit zwischen Schulter und Wange eingeklemmtem Hörer fingerte er in seiner Jackentasche nach der Zigarettenpackung, wobei ihm der Handapparat polternd auf den Boden fiel und mit dem Spiralkabel das Basisgerät mit sich riss. Leise fluchend nahm er das schwere Telefon wieder auf. Außer den Chefs hatten sie alle immer noch die alten schwarzen W48-Telefonapparate der 1960er-Jahre aus deutscher Produktion. Während er Le Roux' Stimme aus dem Hörer vernahm, »*Monsieur* Butera, was ist los, können Sie mich hören?«, platzierte er das Gerät wieder auf dem Schreibtisch und beschloss, auf die Zigarette zu verzichten. »Pardon, *Docteur* Le Roux, das Telefon war verrutscht und fiel herunter.«

»Äh ja, wo waren wir stehengeblieben?«

Er fand aber sofort selbst wieder den Faden seines Vortrages. »Sehen Sie, Masken werden oft in Geheimbünden benutzt, über deren Riten meist wenig bekannt ist. Indigene Gruppen legen äußersten Wert auf Geheimhaltung. Das gilt weniger der Zugehörigkeit von Personen zu den Geheimbünden, aber immer den Riten. Bekannt ist zum Beispiel die Verwendung von Masken anlässlich der Initiation der Jugend. Zudem gibt es auch Masken mit besonderen Aufgaben, die zum Beispiel Polizei und Richtergewalt repräsentieren. Die Aufgaben, die die Träger auszuführen haben, sind stellvertretend für die Handlungen der Macht, die der Maskenträger vertritt. Er ist damit auch nicht selbst dafür verantwortlich.«

Alphonse hörte ihn voller Enthusiasmus atmen.

»Wir führen seit einiger Zeit Diskussionen über zusammenhängende Merkmale in der afrikanischen Kunst. Der bisherige Bezug auf den Stil der einzelnen Stämme ist möglicherweise zu eng gefasst. Leider ist es recht schwierig, an geeignetes Forschungsmaterial zu kommen. Bei Masken, die im Kunsthandel auftauchen, ist oft die Herkunft unklar und sie überschreiten leider oft unser Budget. Außerdem gibt es das Problem, dass die überwiegende Anzahl afrikanischer Kunst aus Holz gefertigt wird. Zellulose ist ein Stoff, der im tropischen Afrika starker Zersetzung unterliegt.«

»Und das heißt?«

»Das heißt, dass ursprünglich auch im tropischen Ostafrika wahrscheinlich mehr Kunstgegenstände aus Holz vorhanden waren. Es gibt auch Vermutungen, dass der aus dem Norden kommende islamische Einfluss die Maskenkunst aus religiösen Gründen generell verdrängt hat. Das gilt aber auch für christianisierte Länder wie dem zentralen Kongo und auch Ruanda. Welch ein Verlust!«

Seine Stimme schlug nun hörbar in Empörung um.

»Sicher, *Docteur* Le Roux.«

Ohne noch einmal nachzuhaken, sackte Alphonse wieder in seinen Stuhl zurück.

»Daher sind wir natürlich entzückt über ein solches Exemplar aus dieser Region. Ich würde viel darum geben, mir die Maske selbst einmal ansehen zu können. Leider sind meine Reisemittel für dieses Jahr schon ausgeschöpft, Sie verstehen, die Haushaltskürzungen.«

Dieser Umstand förderte die Empörung in seiner Stimme noch zusätzlich. Sein Schnaufen war deutlich hörbar.

Alphonse nutzte die Pause. Bevor Le Roux wieder einsetzen konnte, wiederholt er seine Frage: »Und welche Verwendung hatte nun die Maske, *Docteur* Le Roux?«

»Oh, ich bitte um Entschuldigung, ich habe wohl etwas zu weit ausgeholt, *Monsieur* Butera.«

»Aber ich bitte Sie, *Docteur* Le Roux, Ihre Ausführungen waren überaus informativ«, entgegnete Alphonse mit verdrehten Augen, abermals auf seine Uhr schielend.

»Sagen Sie, um welchen Fall handelt es sich denn? Sie haben mir keine Hintergrundinformationen gegeben.«

Alphonse sah seine Chance gekommen, die Gesprächsinitiative zurückzugewinnen. Nach seiner Einschätzung war Le Roux eher feinsinnig veranlagt, und so konfrontierte er seinen Gesprächspartner mit der brutalen Realität.

»Wir haben einen Toten mit gespaltenem Schädel und abgetrennten Beinen gefunden. Er hatte die Ihnen bekannte Maske über dem Gesicht, soweit man die unförmige Masse … «, wobei er den Ausdruck »unförmige Masse« in das dicht an seinen Mund gepresste Mikrofon zischte, » … noch als Gesicht bezeichnen kann.«

Die Beschreibung des Opfers verfehlte ihre Wirkung nicht. Alphonse registrierte nicht ohne ein Gefühl des Triumphes, dass Le Roux einen Moment verstummte.

»Entsetzlich, nun, das ist – schrecklich!«, entfuhr es ihm. »Von so einem Fall habe ich noch nie gehört. Aber was die Riten betrifft … «.

»*Docteur* le Roux! Welchen Verwendungszweck hatte die Maske?«

»Äh, ja, natürlich. Also es handelt sich mit größter Wahrscheinlichkeit um die Maske eines Henkers.«

»Wie bitte?«

»Ja, die Maske wird bei der Vollstreckung von Todesurteilen getragen. Der Henker setzt sich eine Maske vor sein Gesicht und verliert seine eigene Persönlichkeit. Ab diesem Moment ist er das Werkzeug der Gerichtsbarkeit.«

Nun war es Alphonse, der tief durchatmete. Dieses Ergebnis hatte er nicht erwartet. »Wir sind Ihnen zu großem Dank verpflichtet, *Docteur* Le Roux. Das ist ein sehr wertvoller Hinweis.«

»Keine Ursache, ich stehe Ihnen jederzeit für weitere Fragen zur Verfügung. Falls Sie eine exakte Altersbestimmung und ein Echtheitszertifikat benötigen, verfügen wir über alle Analysemethoden, auch Infrarot-Spektroskopie. Natürlich benötigen wir dazu das Original.«

»Wir werden gegebenenfalls auf Ihr Angebot zurückkommen. Für den Moment genügt uns das.«

»Keine Ursache. Viel Erfolg bei Ihren Ermittlungen. Ich schicke Ihnen eine Zusammenfassung unserer Expertise gleich per E-Mail zu.«

»Danke, *Docteur* Le Roux, ich wünsche Ihnen ein schönes Wochenende.«

Gutgelaunt, aber ungewollt heftig knallte er den Hörer auf die Gabel.

Nun, Alphonse, rufst du Bosco an, oder nicht?

Er entschied sich dafür, seinen Chef am Wochenende nicht zu stören. Nachdem er die kurz darauf eintreffende E-Mail vierfach ausgedruckt und in eine Mappe gelegt hatte, leitete er sie noch an Théo weiter. Die Wache grüßte, als der Inspector als Letzter im CID mit seinem kleinen Privatfahrzeug das Gelände des Hauptquartiers verließ. In zehn Minuten hatte er das Amahoro-Stadion in Remera erreicht, wo gerade die Nationalhymne von Ruanda gespielt wurde.

Am Montag ging Alphonse direkt zu Bosco, der die anderen Kollegen sofort zu sich rief und die Mitteilung von Le Roux verteilte. Théo wurde über Lautsprecher zugeschaltet. Alle vertieften sich einen Moment in den Bericht des Experten aus Tervuren.

»Okay, er wurde also hingerichtet, oder wie sollen wir das verstehen?«, tönte es etwas krächzend aus dem Lautsprecher. »Dafür benötigten wir keinen Hinweis mit einer Maske. Jeder vorsätzliche Mord ist eine Art Hinrichtung.«

Alle lasen die E-Mail noch einmal durch, deren Inhalt etwa dem Informationsgehalt des Telefonates entsprach.

Schließlich war es Ariane, die sich zuerst äußerte. »Das stimmt nicht ganz, Théo. Nicht jeder vorsätzliche Mord ist auch als Hinrichtung zu bezeichnen. Nehmen wir einmal an, die Maske wurde dem Getöteten aufgesetzt, um uns auf etwas hinzuweisen.«

»Okay, und was meinst du, worauf?«, fragte Fabien.

»Die Maske wird nicht dem Verurteilten aufgesetzt. Es ist der Henker, der die Maske trägt. Wir sollten in

Erwägung ziehen, dass der Mörder darauf hinweisen wollte.«

Alle schauten verdutzt zunächst auf Ariane und dann auf Bosco, der den Disput seiner Mitarbeiter aufmerksam verfolgt hatte.

»Es gibt einfachere Wege, das mitzuteilen. Gut nehmen wir das als Arbeitshypothese an, dann war der Tote ein Verbrecher in den Augen des Mörders, und wir haben es möglicherweise mit einem Racheakt im Zusammenhang mit weiteren Verbrechen zu tun. Wenn das so ist, dann ist unser Fall noch komplizierter als ohnehin schon.«

»Das heißt, aber noch nicht, dass wir nun die Ermittlungen in eine andere Richtung lenken müssen«, bemerkte Alphonse.

»Richtig, und die Bedeutung der Maske können wir ohnehin noch nicht endgültig einordnen. Deshalb werden wir vorläufig weitermachen wie bisher. Lassen wir einmal die Möglichkeit eines Ritualmordes außer Acht. Solange sich dafür noch keine konkreten Anhaltspunkte ergeben, bleiben wir sowohl an der Coltan-Spur als auch bei der Bissspur auf Kurs. Gibt es da schon Fortschritte?«

»Leider nicht«, antwortete Fabien. »Wir haben in Ruanda einige Anlaufstellen für Vergewaltigungsopfer aufgesucht. Meist handelt es sich um Opfer im Zusammenhang mit dem Genozid. In Cyangugu gab es auch einen Jungen, der von einem weißen Päderasten missbraucht wurde. Dieser wurde aber identifiziert und sitzt im Gefängnis.«

»Was das Coltan betrifft, warten wir noch auf die Karte mit den Vorkommen«, ergänzte Alphonse.

»Gut. Ariane und Fabien, ich möchte, dass ihr euch nun in Bukavu umseht. Im Kongo ist das Thema noch etwas präsenter. Ich habe Joseph Likongo bereits darüber informiert, dass ihr dort ermitteln werdet.«

Er wandte sich an den jungen Constable.

»Jean-Baptiste, hast du die CF-Karten der Filmkamera und aus Piquards Kartenetui schon geprüft?«

»Ja, negativ, es gibt keine verwertbaren Informationen. Die beiden Karten aus den Kameras waren leer. Die Speicherkarten im Kartenetui enthalten gesichertes Rohmaterial, aber auch überarbeitete Videos aus Kenia, Tansania, Uganda und Ruanda. Durchaus professionell gemacht, aber nichts, was uns weiterbringt.«

»Ich möchte, dass du dich nun verstärkt um die Notebooks der Naturfilmer kümmerst. Versuche, die Passwörter der beiden Geräte von Darcy und Krauskopf zu entschlüsseln. Dann fertigst du bitte eine Liste der Daten mit kurzer Inhaltsangabe sowie der letzten aufgerufenen Internetseiten und der E-Mail-Kontakte an, sofern sie zu ermitteln sind.«

Bosco drehte sich zu Alphonse: »Alphonse, du lässt dir von Kommandant Likongo die Kopien der Visadaten der vier Naturfilmer schicken und informierst dich bei INTERPOL, ob etwas gegen sie vorliegt oder ob sie schon einmal im Fokus irgendwelcher Ermittlungen standen.«

Boscos Mitarbeiter erhoben sich und verließen diskutierend den Raum.

Schon wieder, wie zuletzt in immer kürzeren Abständen, trieb es den Mann in seinen schlaflosen Nächten verzweifelt an seine Bücher, um Ruhe zu finden. Es vergingen endlose Stunden, bis er wieder einschlafen konnte.

8

Ariane und Fabien waren schon früh aufgebrochen. Sie fuhren mit einem kleinen Suzuki-SUV des Fahrzeugpools der Polizei nach Cyangugu. Dort wollten sie über die Grenze in den Kongo nach Bukavu fahren. Fabien steuerte das Fahrzeug. Beide Städte waren durch eine Brücke über einen schmalen Ausläufer des Kivu-Sees verbunden. Das Wasser des Sees floss etwa drei Kilometer südlich über einen zur Stromerzeugung errichteten Damm in den Grenzfluss Ruzizi ab.

Die Abfertigung am Grenzposten verlief ohne Verzögerung. Ariane hatte bereits ein Visum und Fabien war im Besitz einer CEPGL-Autorisation.

Bukavu, bis 2004 noch von dem Rebellenführer Nkunda bedroht, war inzwischen wieder in der Hand der UN-Truppen, der MONUC. Die Unruhen hielten aber an und wurden hauptsächlich durch die *Mayi-Mayi*-Milizen geschürt. Die *Mayi-Mayi*, (Swahili für Wasser), waren nur durch jeweils lokale Anführer zusammengehaltene Freischärler. Ursprünglich waren sie eine gegen die Kolonialverwaltung von Deutsch-Ostafrika gerichtete Freiheitsbewegung, deren Mitglieder durch ein *Dawa, Das heilige Wasser*, verbunden waren. Dieser absurde Glaube versprach, im Kampf unverwundbar zu sein, vorausgesetzt, man hielt sich an bestimmte Regeln. Die *Mayi-Mayi* waren gefürchtet. Sie warfen sich, aufgeputscht, ohne Rücksicht auf ihre eigene Unversehrtheit in das Feuer ihrer Gegner. Wer durch eine Kugel niedergestreckt wurde, hatte sich eben nicht an die Regeln gehalten. Es war zum Beispiel verboten, vor dem Kampf mit einer Frau zu verkehren. Nicht auf der Verbotsliste standen Vergewaltigungen während der Überfälle. Als sich

Nkunda in den Nord-Kivu zurückzog, kamen die Milizen zurück. Trotz der zahlreichen Übergriffe der Nkunda-Soldateska waren diese im Vergleich zu den Milizen noch relativ diszipliniert. Entfesselt fielen nun die *Mayi-Mayi*, aber auch Hutu-Milizen über die Bevölkerung her. Das führte 2005 zu einer UN-Resolution mit einem robusten Mandat. Es erlaubte den Streitkräften der MONUC, mit Gewalt gegen die Milizen vorzugehen. Danach wurden zwölftausend Kämpfer entwaffnet.

Bukavu war die Hauptstadt der Provinz Süd-Kivu. Von Weitem präsentierte sich dem Besucher das Panorama der etwa siebenhunderttausend Einwohner zählenden Stadt mit ihren Villen wie ein Seebad für Wohlhabende. In kolonialen Zeiten war Bukavu ein bevorzugter Urlaubsort für Diplomaten. Die Stadt vor dem über zweitausend Meter aufragenden, südwestlich gelegenen Mbogwe hatte mit ihren lang gestreckten Halbinseln die Gestalt des Abdruckes einer linken Hand, deren Ring- und Mittelfinger abgetrennt waren. Die fünf Landzungen ragen nach Norden in den Kivu-See. Auf der westlichsten Halbinsel, wegen seiner Stiefelform *La botte* genannt, lagen der Palais Royal, das Cabinet du Gouverneur, der Palais de Justice und weitere Gebäude der Administration.

Fabien steuerte das Fahrzeug zielsicher über die Avenue Lumumba in Richtung der Halbinsel. Nachdem sie an der bildschönen, weithin sichtbaren Cathédrale Notre-Dame de la Paix de Bukavu vorbeigekommen waren, lenkte er das Fahrzeug auf die schmale Landzunge, die die Halbinsel mit dem Zentrum verband. Nach sechshundert Metern bogen sie nach Westen auf die Küstenstraße, den Boulevard Reine Elisabeth, ab. Dieser folgte nach etwa fünfhundert Metern dem Küstenverlauf und beschrieb einen Bogen nach Osten. Nach weiteren zweihundert Metern hielten sie vor einem hoch ummauerten Haus an. Ein Schild an der schlichten Eingangstür aus Stahl wies das Haus als Sitz der 1999 gegründeten NRO »*Mamas for Africa*« aus.

Die Organisation hatte sich zum Ziel gesetzt, die Lebensbedingungen alleinstehender Frauen und ihrer Familien zu verbessern und psychologische Hilfestellung für traumatisierte Opfer sexueller Gewalt zu geben.

Fabien bat Ariane, die Befragung alleine vorzunehmen, während er im Fahrzeug wartete. Er hatte ihr Kommen telefonisch angekündigt. Nach dem Telefonat hatte er, obwohl nicht ausdrücklich darauf hingewiesen, das Gefühl, als Mann nicht besonders willkommen zu sein.

Nachdem Ariane an die Tür geklopft hatte, öffnete eine Afrikanerin und bat sie herein. Die Leiterin des Hauses empfing sie mit freundlichem Interesse, und Ariane trug ihr Anliegen vor. Sie zeigte ihr das Foto von Darcy.

»Ich glaube nicht, dass wir Ihnen hier helfen können. Vergewaltigungen durch Weiße sind hier kein Thema. Wir können aber den Frauen, die hier sind, das Foto zeigen, und fragen, ob der Mann schon einmal gesehen wurde. Kommen Sie mit.«

Sie betraten einen Raum, in dem zehn Frauen vor Nähmaschinen saßen. Die Leiterin stellte Ariane vor, gab den Frauen das Foto Darcys und erklärte ihnen auf Lingála den Grund des Besuches. Die Frauen reichten stumm das Foto von Hand zu Hand und schüttelten den Kopf. Ariane stand bereits wieder im Foyer, wo sie mit der Leiterin noch einige Worte zum Abschied wechselte, als eine der Frauen zu ihnen kam und der Leiterin etwas mitteilte. An Ariane gewandt, übersetzte sie:

»Verzeihen Sie, daran hatte ich nicht gedacht. Es gibt eine Frau in Bukavu, die von einem weißen Vater abstammt.«

»Ist das so ungewöhnlich?«

Die Leiterin des Frauenhauses wand sich. Ariane spürte, dass sie etwas gesagt hatte, was sie eher für sich behalten wollte.

»Es ist nur so … nun ja, was manchmal so getratscht wird. Wir beteiligen uns an so etwas nicht. Aber da Sie so direkt danach fragen: Es wird gemunkelt, dass Ihre Mutter …«.

»… vergewaltigt wurde?«

»Ich schäme mich.«

Ariane legte besänftigend ihre Hand auf die Schulter der Frau. »Sie wird es nicht erfahren, dass Sie mit uns darüber gesprochen haben. Wie ist ihr Name?«

»Sie heißt Marie Kamanda und wohnt im Stadtteil Ibanda in der Nähe der Kathedrale Notre-Dame. Sie unterrichtet die Frauen einmal in der Woche in Französisch.«

»Wissen Sie genau, wo sie wohnt?«

»Sie hat ein Haus gleich unterhalb des Hügels, auf dem die Kathedrale steht, wo sie mit ihrem Sohn und einer älteren Tante wohnt. Ich war noch nie bei ihr, aber ich weiß, dass sie fast jeden Tag um die Mittagszeit zur Kathedrale geht.«

»Wie sieht sie aus?«

»Sie hat etwa Ihre Größe und eine deutlich helle Haut. Die Frauen lieben sie. Sie ist sehr schön.«

Ariane bedankte und verabschiedete sich. Die beiden Polizisten saßen fast eine Stunde auf den Stufen vor dem Hauptportal der Kathedrale, als sie Marie Kamanda kommen sahen. Ihre Informantin hatte nicht übertrieben. Sie war eine außergewöhnliche Erscheinung. Ihr Kopf war mit einem indigo-blau-weißen Tuch verhüllt, unter dem ihr locker hochgestecktes, glattes schwarzes Haar über den Nacken fiel. Ein traditioneller Wickelrock, ein *Pagne*, umschlang ihren Körper. Wie viele Afrikanerinnen hatte sie einen geschmeidigen Gang, stolz und aufrecht, ein Ergebnis jahrelangen Tragens von Lasten auf dem Kopf von Kind auf. Ariane beobachtete die Frau, als sie sich ohne Hast näherte.

Ich werde nie in der Lage sein, mich mit einer solchen Eleganz zu bewegen.

Sie schielte zu Fabien, der sich betont distanziert gab.

Aus dem hellbraunen Gesicht blickten ein paar freundliche blaue Augen auf die beiden Ermittler, die sich nun erhoben. Außer ihnen hielt sich niemand in der Nähe auf. Ariane ging auf die Frau zu.

»*Madame* Kamanda?«

Etwas verwundert, fragend, aber ohne ablehnende Haltung, entgegnete sie:

»Ja?«

Ihre Stimme hatte jene Sanftheit, die keine Vorstellung aufkommen ließ, dass sie sich jemals laut geäußert haben könnte.

»*Madame*, wir sind Polizisten aus Kigali und ermitteln in einem schwierigen Fall. Vielleicht können Sie uns behilflich sein.«

»Gern, aber ich wüsste nicht, wie.«

»Ich bitte Sie, uns zu sagen, ob Sie diesen Mann kennen.« Ariane gab ihr das Foto Darcys.

Aufmerksam betrachtete sie das Foto, sichtbar erregt, als wollte sie das Bild aufsaugen.

»Sie kennen ihn? Er heißt Tom Darcy.«

Die Kongolesin blickte zunächst misstrauisch auf die beiden Polizisten. Ariane und Fabien kannten diesen Blick. Das Vertrauen der Bevölkerung in staatliche Institutionen und besonders in die Polizei tendierte in ganz Afrika gegen null. Geduldig hielt Ariane einem prüfenden Blick in ihre Augen stand. Nach kurzem Zögern sagte die Kongolesin: »Kommen Sie mit mir, es ist nicht weit.«

Ariane wechselte einen raschen Blick mit Fabien. Sie waren erleichtert, dass die Frau nicht danach fragte, wer sie zu ihr geführt hatte. Schweigend verließen sie die Anhöhe, auf der die Kathedrale stand, und folgten der Frau. Nach einigen Minuten erreichten sie ein kleines Haus, dessen Ummauerung durch einige üppig wuchernde Bougainvilleen verziert wurde. Marie Kamanda führte sie um das Haus in den Garten. Eine ältere Frau saß auf der Terrasse. Ein etwa fünf Jahre alter Junge spielte auf dem gepflegten Rasen mit einem Ball.

»Entschuldigen Sie, meine Tante spricht nur Lingála.«

Die alte Dame hatte begriffen, dass die Bemerkung ihr galt, und lächelte etwas verlegen. Sie stand auf, ging in das Haus und kehrte mit zwei Gläsern und einer Flasche Wasser zurück. Marie Kamanda deutete auf die Stühle.

»Bitte warten Sie einen Moment.«

Sie blickten auf einen schönen Garten mit einer Bananenstaude, einigen Gemüse- und Blumenbeeten. Der spielende Junge schielte scheu zu der weißen Frau. Schließlich siegte die Neugier und er näherte sich etwas, während er Ariane musterte. Unsicher lächelnd schmiegte er sich danach zwischen die Knie der alten Dame. Nach wenigen Minuten kam Marie Kamanda zurück. Sie legte ein verknittertes, verblichenes Schwarz-Weiß-Foto mit gezacktem Rand auf den Tisch und deutete auf einen Mann.

»Mein Vater!«

Ariane hielt den Atem an. Auf dem Foto waren zwei Männer zu sehen, die mit fröhlichem Lachen und Waffen in der Hand an einem offenen Geländefahrzeug lehnten. Sie trugen gefleckte Tarnanzüge und Schnürstiefel. Der Mann, auf den Marie Kamanda deutete, war jung, aber es handelte sich ohne Zweifel um Tom Darcy. Er war damals fast kahl geschoren. Ariane gab Fabien das Foto, der es kurz ansah und seinen Blick auf die Kongolesin richtete.

»Woher haben Sie das Foto?«

»Von meiner Mutter. Sie hat es mir vor ihrem Tod gegeben. Sie sagte, er sei mein Vater.«

»Haben Sie ihn je persönlich getroffen?«

»Nicht, soweit ich mich erinnern kann.«

Fabien gab das Foto an Ariane zurück, die es noch einmal genau ansah und fragte:

»Gibt es sonst etwas, an das Sie sich erinnern können?«

»Als ich älter wurde und begonnen hatte, nach meinem Vater zu fragen, hat sie von ihm gesprochen. Wenn sie in die Stadt ging und zurückkam, hatten wir Geld. Das half uns, zu überleben. Sie hat nie darüber gesprochen, woher das Geld kam. Ich habe auch nie danach gefragt. Mein Vater war aber sicher nicht mehr im Kongo.«

»Verzeihen Sie die Frage, aber glauben Sie, dass Darcy Ihre Mutter … « Sie zögerte etwas, da sie die Frage, die sie interessierte, nicht direkt stellen wollte. »Ich meine, welches Verhältnis hatte Ihre Mutter zu Tom Darcy?«

Ein Schatten glitt über ihr Gesicht, als ob sie gegen düstere Erinnerungen ankämpfte. Für einen Moment wich der Glanz aus ihren Augen.

»Sie wollen wissen, ob ich das Kind einer Vergewaltigung bin.«

»Sind Sie es?«

»Ich … ich weiß es nicht. Meine Mutter hat nichts Schlechtes über ihn gesagt. Viele vergewaltigte Mütter haben ihre Kinder verleugnet oder sogar ausgesetzt. Eine vergewaltigte Frau hat hier normalerweise keine Zukunft. Meine Mutter hat mich geliebt. Ich bin halb weiß und war in unserem Dorf, in dem wir damals wohnten, immer etwas Besonderes. Sie hätte nie zugegeben, vergewaltigt worden zu sein. Ich glaube, sie hoffte, dass er eines Tages zurückkommt. Selbst wenn jemand glaubte, dass meine Mutter ein Vergewaltigungsopfer war, wurden wir aufgrund unseres finanziellen Status' nicht stigmatisiert. Ich konnte auch immer eine Schule besuchen. Nach ihrem Tod hatte ich genug Geld, um dieses Haus zu kaufen.«

Ariane war unsicher. Sollte sie das hinterfragen? Möglicherweise ließ Darcy ihr Geld zukommen, aber es konnte auch sein, dass ihre Mutter als Prostituierte gearbeitet hatte. Sie entschloss sich, die Frage vorläufig zurückzustellen, da für die Klärung des Sachverhaltes im Moment keine Notwendigkeit bestand.

»Wovon leben Sie?«

»Ich habe noch ein Grundstück in unserem Heimatdorf. Es wird von einem Verwandten bewirtschaftet. Er zahlt mir eine kleine Pacht. Außerdem gebe ich Unterricht in Französisch.«

Ariane nagte etwas an ihrer Unterlippe. Die Befragung war ihr unangenehm. Dieses Gefühl überkam sie immer, wenn sie in das Privatleben anderer eindrang, ohne überzeugt zu sein, einen wirklichen Grund zu haben. Eine der Pflichten, die sie an ihrem Beruf nicht mochte. Sie war aber professionell genug, um zu wissen, dass ohne konkrete Täterbeschreibung, der Ausschluss möglicher Beteiligter von der Verdachtsliste schneller zum Ziel führen konnte. Fabien fragte:

»Sind Sie verheiratet?«

»Ich war es. Mein Mann ist von Milizen getötet worden.«

Die Antwort klang endgültig. Ariane hätte sich am liebsten auf die Zunge gebissen.

Schon wieder eine kongolesische Tragödie. Gibt es hier keine Biografie, die nicht durch diese Verbrecher zerstört wurde?

Sie blickte kurz zu Fabien. In stummer Übereinkunft beschlossen sie, die Befragung in dieser Richtung einzustellen. Ariane schüttelte ihre Gedanken ab.

»Zurück zu Tom Darcy. Hat Ihnen Ihre Mutter erzählt, wer er war und welcher Beschäftigung er nachging?«

»Ja, er gehörte vor meiner Geburt zu den *Weißen Riesen*. Er war einer der jüngsten Söldner in der Söldnerrepublik Kongo. Wo er danach war und was er gemacht hat, weiß ich nicht.«

Ariane schwieg verblüfft. Es war ihr nicht bewusst, welche Antwort sie erwartet hatte, aber darauf, dass Darcy ein ehemaliger Söldner war, wäre sie nicht gekommen.

»Wann sind Sie geboren?«

»1968.«

Die Geschichte des Kongos war und ist noch heute voller kaum zu glaubender Ereignisse, die niemand so hätte erfinden können. Die Spitze der Absurditäten aber war die mehrere Wochen überdauernde

Söldnerrepublik Bukavu im Jahre 1967, die Zeit der *Weißen Riesen.*

Nach der Unabhängigkeit 1960 betrieb Moise Tsombé als Verbündeter der belgischen Minengesellschaft *»Union Minière du Haut Katanga«* die Sezession der rohstoffreichen Provinz Katanga gegen die Regierung Lumumbas. Zur Verteidigung hatte er zeitweise mehr als tausend Söldner im Dienst. Der unentschlossen lavierenden UN-Truppen überdrüssig, bat Lumumba die russische Regierung um Hilfe, die eine Gelegenheit sah, ihren Einflussbereich in Afrika auszudehnen. Die Belgier und im Hintergrund die Amerikaner sahen sich genötigt, einzugreifen. Sie unterstützten Mobutu, Stabschef der alten kongolesischen Armee Force Publique. Dieser putschte gegen Lumumba, der nach Katanga deportiert und von belgischen Agenten und Kongolesen ermordet wurde. Im Zuge der nachfolgenden politischen Auseinandersetzungen wandten sich aber auch die UN-Truppen gegen die Lumumba-Gefolgsleute und setzten auf Mobutu, den Stabschef der kongolesischen Armee. Am Ende der folgenden Machtkämpfe gewann Mobutu die Oberhand und zwang Tsombé, ins Exil zu gehen. Mobutu, der in der Folge auch den bereits gewählten Staatspräsidenten Kasavubu absetzte, war nur noch ein Problem geblieben: die Söldner Tsombés. Es war eine bunt gemischte Truppe aus Belgiern, Engländern, Deutschen, Südafrikanern, Franzosen und Iren. Ihr Anführer war der ehemalige englische Offizier Mike Hoare, genannt *Mad Mike.* Darunter war auch der Träger des Eisernen Kreuzes, der berühmt-berüchtigte Deutsche Siegfried Müller, bekannt als *Kongo-Müller.* Mit äußerster Brutalität hatten sie den Aufstand der Simba, Gefolgsleute Lumumbas, niedergerungen. Danach konnten sie mit dem Nimbus der Unbezwingbarkeit ungehemmt ihrer Mordlust nachgehen. Die Bevölkerung nannte sie *Die weißen Riesen* oder *Les affreux, Die Schrecklichen*. Niemand wagte es, sich ihnen in den Weg zu stellen.

Nachdem ihr Dienstherr Tsombé ins Exil gegangen war, fürchteten sie um ihre Pfründe, da Mobutu sich ihrer entledigen wollte. Einige, wie *Kongo-Müller*, verließen das Land, andere besetzten 1967 unter dem Kommando des Söldnerführers Jean Schramme das Gebiet um die Stadt Bukavu und erklärten dieses zur unabhängigen Söldnerrepublik Kongo. Sie stellten der Regierung Mobutus ein Ultimatum mit dem Ziel, Tsombé zurückzuholen und wieder als Präsident zu installieren.

Der deutsche Journalist Randolph Braumann, von Kollegen *Kongo-Randy* genannt, stellte sich zur Verfügung, die Regierungserklärung zu verfassen. Die damaligen Presseberichte überschlugen sich vor abgründigen Schilderungen der Ereignisse. Mitunter war die Realität noch schlimmer. Nach einem Treffen mit Mobutu am Kongoufer, wo im Wasser treibende Leichen vorbeizogen, verkündete Braumann die Erkenntnis:

»Es gibt keinerlei Gewissheit außer jener, dass der Strom breit und mächtig aus dem Herzen der Finsternis in den Atlantik fließt.«

Und er sah:

»… tote Schwarze in der Hitze ganz weiß werden.«

Mobutu rückte mit einer zehnfachen Übermacht seiner Streitkräfte an und belagerte die Besatzer von Bukavu. Die Kämpfe forderten zahlreiche Todesopfer, auch unter der Zivilbevölkerung. Ein anderer Söldnerführer, der Franzose Bob Denard, geboren in Bordeaux als Gilbert Bourgeaux, versuchte noch von Angola aus, den Eingeschlossenen zu Hilfe zu kommen, scheiterte aber ebenfalls an Mobutus Truppen. Schließlich flohen die letzten Überlebenden nach Ruanda. Obwohl Mobutu ihre Auslieferung forderte, ließ sie der damalige ruandische Präsident Grégoire Kayibanda, mit einer Maschine der »Sabena« ausreisen.

Ariane wollte die Frau nicht länger im Ungewissen lassen.
»Tom Darcy ist tot. Er wurde ermordet.«
Ohne sichtbare Regung blickte Marie Kamanda der weißen Frau in die Augen. Ihr melancholischer Blick stand in einem irritierenden Kontrast zu dem strahlenden Blau ihrer Augen.
»Viele wurden ermordet, Weiße und Schwarze. Auch er wird sich schuldig gemacht haben. Gott vergib ihm!«
Nach den näheren Umständes des Todes ihres Vaters fragte sie nicht, daher verzichtete Ariane auf die Einzelheiten. Die Frau erregte ihr Mitgefühl. Wie ein Fremdkörper, weder weiß noch schwarz, lebte sie in einer Welt, die jeder Europäer als traumatisierend empfinden würde, die für sie aber tagtäglich brutale Wirklichkeit war. War es möglich, dass sie eine Mörderin oder die Auftraggeberin des Mordes an ihrem Vater war? War Darcy der Vergewaltiger ihrer

Mutter? Schwer vorstellbar, aber Ariane wollte und konnte sich noch kein Urteil bilden. Sie beschloss, zunächst die Identität der Frau zweifelsfrei zu ermitteln.

»Sind Sie einverstanden, dass wir eine Probe Ihrer Mundschleimhaut entnehmen und ein Foto von Ihnen machen?«

»Was wollen Sie damit?«

»Wir benötigen einen Nachweis, dass Sie tatsächlich Darcys Tochter sind. Es gibt analytische Methoden, das festzustellen.«

»Ist das noch wichtig?«

»Möglicherweise für uns, aber auch für Sie.«

Marie Kamanda nickte.

»Wann haben Sie zuletzt gegessen?«

»Heute Morgen, etwa um acht Uhr.«

Es war zwölf Uhr, die letzte Mahlzeit vor der Probenahme für eine DNS-Analyse sollte eine Stunde zurückliegen. Ariane blickte zu Fabien, der aus einer Plastikhülle zwei Wattestäbchen hervor nestelte. Ariane entfernte die sterilisierende Hülle und entnahm aus dem Mund zwei Proben, die ihr Kollege sofort sicherte. Sie verabschiedeten sich und traten die Rückfahrt an.

»Was hältst du von der Geschichte, Fabien?«

»Ich bin nicht sicher, ob sie uns alles gesagt hat.«

»Was meinst du damit?«

»Unabhängig von der Frage, ob Darcy der Vergewaltiger ihrer Mutter war, müssen wir auch in Betracht ziehen, dass sie selbst von Darcy vergewaltigt wurde. Es wäre nicht das erste Mal, dass ein Vater sich an seiner Tochter vergeht, besonders, wenn sie so aussieht wie Marie Kamanda.«

Ariane verstummte einen Moment. An diese Möglichkeit hatte sie noch nicht gedacht.

»Warum hast du sie nicht gefragt?«

»So eine Frage wird hier nicht beantwortet, und vermutlich hätte sie sich ganz verschlossen.«

»Du hast recht, aber ich hätte schon gerne mehr als Hypothesen mit nach Hause genommen. Wenn sie selbst vergewaltigt wurde, ist sie in der Tat hochverdächtig. Dass ihre Mutter von Darcy vergewaltigt wurde, halte ich aber nicht für sehr wahrscheinlich. Die Söldner damals waren üble Typen, aber sie hatten eine Art Ehrenkodex, der allerdings einen eher pragmatischen Grund hatte. In der Regel vergewaltigten sie nicht wahllos Frauen. Sie gingen in Bordelle. Aber natürlich wurden auch dort Frauen geschwängert und, ja, ihre Mutter könnte sich ebenfalls prostituiert haben.«

»Darcy war damals jung und unerfahren. Diese Kerle zogen voller Adrenalin und in der Überzeugung ihrer Überlegenheit durch den Busch. Da wird schon einer auch einmal zugelangt haben.«

»Möglich. Wenn sie aber nicht selbst Darcys Opfer war, ist es unerheblich, wie es wirklich war. Entscheidend ist, was sie glaubt und ob sie Darcy für einen Täter hielt.«

»Und wie sollte sie die Ermordung Darcys organisiert und ihn auch noch nach Gisenyi transportiert haben?«

»Für Geld kann man hier alles bekommen. Ich würde schon jemanden finden, den ich beauftragen könnte.«

»Denkst du an Mayeye und die ›SÉCOMA‹-Typen?«

»Nein, in diesem Fall eher nicht. Mit ihm machte er ja Geschäfte.«

»Sie scheint über einige Mittel zu verfügen. Ein Auftragsmord, möglicherweise mit dem Geld des

Ermordeten? Ich kann mir nicht helfen, es ist verrückt. Aber hier ist ja wohl alles möglich.«

Fabien schwieg. Sie ließen die Grenzanlage hinter sich und überquerten die Brücke nach Ruanda. Vorsichtig steuerte er das Fahrzeug die kurvenreiche Strecke in das Zentrum von Cyangugu. Kurz darauf waren sie auf der Fernstraße nach Butare.

»Nun sind wir aber mit der Bissnarbe noch nicht weitergekommen«, nahm Fabien das Gespräch wieder auf.

»Vergiss es. Warten wir erst einmal ab, was INTERPOL zu sagen hat.«

Das Gespräch verebbte. Beide hingen ihren Gedanken nach. Fabien stellte das Radio etwas lauter. Thema war das mittlere Bevölkerungswachstum. Es wurde für Ruanda mit 2,7 Prozent angegeben. In Kigali hatte es bereits acht Prozent erreicht. Die damit verbundene Siedlungspolitik, mit dem Begriff *slum-upgrading* verbunden, wurde gelobt, diskutiert, aber auch – besonders im Ausland – kritisiert. Ganze Stadtteile wurden eingeebnet. Der Sprecher sprach Kinyarwanda. Fabien erzählte Ariane kurz, worum es ging, enthielt sich aber eines Kommentars.

Ariane schloss die Augen. Vom Bevölkerungswachstum zur Mutterschaft, einem ihrer Reizthemen, war es nicht weit. Sie hatte zwar nie Mangel an Bewerbern, konnte sich aber keinen davon als Ehemann vorstellen und war schon gar nicht bereit, in eine Abhängigkeit zu geraten. Vor diesem Hintergrund ließ sie die biologische Uhr ungehört ticken und achtete darauf, dass sich dieser Zustand nicht änderte.

Was das Bevölkerungswachstum in gering entwickelten Ländern betraf, ging ihr der etwas platte Ausspruch eines deutschen Konsularbeamten in einem dieser Länder durch den Kopf. Dieser wurde nach der Aussage »Das Problem hier ist, dass die Männer immer können und die Frauen immer wollen«, wegen rassistischer Äußerungen abgelöst. So einfach war es nicht. Es traf aber den Kern des Problems, wonach eine, wie immer gestaltete, Geburtenkontrolle nicht existierte. Eher war es so, dass die Männer keinen Gedanken an das Problem verschwendeten und die Frauen sich nicht trauten, »Nein« zu ungeschütztem Verkehr zu sagen. Ein Grund auch für die grassierende HIV-Epidemie. Diese wurde noch dadurch verschärft, dass selbst afrikanische Staatsoberhäupter das Problem verharmlosten oder sogar leugneten. Das reichte bis zu der Behauptung, dass das HI-Virus absichtlich von Weißen verbreitet werde. Traurige Berühmtheit hatte in diesem Zusammenhang Präsident Jammeh aus Gambia erlangt. Er kreierte persönlich einen Kräutermix mit Bananen zur Heilung von HIV-Erkrankten und wies sein Gesundheitsministerium an, seine Therapie anzuwenden. Afrika im Jahre 2005!

Nur durch einen Tankstopp in Nyanza unterbrochen, kamen sie nach sechs Stunden in Kigali an, wo Fabien Ariane an ihrer Wohnung in der Avenue des Grands Lacs absetzte. Der *gardien* öffnete die Schranke zu der Apartmentanlage und winkte ihr wie immer freundlich zu.

9

Das CID hatte für die Arbeit an den beschlagnahmten Computern einen leeren Raum zur Verfügung gestellt, in dem Jean-Baptiste seine Arbeit aufnahm.

Der Constable hatte eine Ausbildung als IT-Spezialist hinter sich und sich auf eine neu eingerichtete Stelle beim CID beworben. Er hatte bisher lediglich eine kriminalistische Grundausbildung abgeschlossen, war aber bereits ein gefragter Ansprechpartner im CID, da die Kollegen mit der immer weiter fortschreitenden digitalen Technik allmählich technisch, aber auch zeitlich überfordert waren.

Seit drei Tagen nahm er sich, immer wieder durch andere Aufgaben unterbrochen, die beschlagnahmten Computer vor. Das Ergebnis der Prüfung des Festplatteninhaltes der Computer von Dallaway und Piquard, für die er die Passwörter hatte, war enttäuschend. Weder konnten aufschlussreiche Dateien gefunden werden, noch gab es weiterführende Internetverbindungen. Das Suchprotokoll beider Computer war nicht gelöscht. Beide waren Freunde von Webseiten mit pornografischem Inhalt. Neben einigen Links zu verschiedenen Internetkaufhäusern hatten sie noch die Adresse ihrer Firma gespeichert. Nach Aufruf startete ein musikuntermalter Werbeclip mit einem wahren Rausch an Tier- und Naturfotos sowie kurzen Videosequenzen. Unter einem Schalter mit der Bezeichnung »Contact« war die E-Mail-Adresse NFP@gxmail.com angegeben.

Ein Mail-Client für weitere E-Mail-Adressen war nicht installiert. Die privaten Adressen von Darcy und seinen Mitarbeitern hatte ihnen Dallaway schon genannt. Das Ergebnis war wieder wenig aufschlussreich. Dallaway und Piquard hatten bereits abgelaufene Reservierungen für Hotels in Brüssel, Dallaway zusätzlich in London. Immerhin hatten sie für diese Zeit ein Alibi, falls dieses einmal notwendig sein sollte. Bei Krauskopf gab es keinen Hinweis auf eine Reisetätigkeit.

Es war, als ob sie, wie Legionäre, sämtliche privaten Kontakte in ihre Heimatländer abgebrochen hätten. Beide nutzten außerdem ein Programm zum Bearbeiten von Videos. Außer einem anscheinend fertiggestellten Video über Gorillas waren keine weiteren Videos zu finden. Für die Computer von Darcy und Krauskopf musste zunächst das Passwort ermittelt werden. Die meisten User, das wusste Jean-Baptiste, nutzten Passwörter, die leicht zu merken waren. Je höher der Bildungsgrad, desto größer war der Wortschatz und entsprechend mehr Passwörter kamen infrage. Aber natürlich gab es immer noch unendlich viele Möglichkeiten. Bei Darcy erwartete er ein weniger profanes Passwort als bei Krauskopf, der nach der Beschreibung eher ein schlichtes Gemüt war. Jean-Baptiste nahm sich Darcys Computer vor. Wenn etwas zu finden war, so war es in diesem Gerät verborgen.

In der Regel nutzte er einen Passwort-Zurücksetzer, was meistens funktionierte. Interessant in diesem Zusammenhang war aber auch die Telefonliste mit bedeutungslosen Buchstabenkombinationen vor den Telefonnummern in Darcys Mobiltelefon. Die Verschlüsselungstechnik würde ihn zu dem Passwort des Computers führen.

Die Art der Verschlüsselung war schnell ermittelt. Für den Anwender war die Methode zwar unkompliziert, aber die Entschlüsselung war nicht ganz einfach. Das System basierte darauf, dass man unter der Buchstabenreihe des Alphabets am Ende ein

Passwort einfügte und die darüberliegenden Buchstaben des Alphabets gegen die Buchstaben des Passwortes austauschte. Alle weiteren Buchstaben wurden entsprechend der Reihenfolge des Alphabets, beginnend mit »A«, unter Auslassen der Buchstaben des Passwortes, angereiht. Einzige Bedingung war, dass das Passwort keinen Buchstaben zweimal enthalten durfte. Für längere verschlüsselte Nachrichten musste man das codierte Alphabet benutzen. Verschlüsselte Namen konnte man sich merken.

Nicht besonders professionell. So machen es auch Pfadfinder.

Nun nahm er sich die Liste der Telefonnummern vor. Die Nummer von Thomas Mayeye war von Likongo bereits identifiziert worden. Vor der Telefonnummer standen die Buchstaben Z_CNYWDS. Jean-Baptiste hatte als Informatiker einen ausgesprochenen Sinn für Zahlen- und Buchstabenkombinationen. So fiel ihm nach kurzer Zeit auf, dass der Code mit der Anzahl von Buchstaben von Mayeyes Vornamen Thomas übereinstimmte. Das vorangestellte Z diente nur der Einordnung im Telefonregister. Er setzte nun den Schlüssel unter Mayeyes Vornamen. Das C stand also für das T, für das H stand N und so weiter.

```
A B C D E F G H I J K L M N O P Q R S T U V W X Y Z
D           N       W   Y       S C
```

Es dauerte zwei Stunden, bis er ein kleines Programm geschrieben hatte. Unter Eingabe der vorgegebenen Kriterien wurde das Passwort ermittelt.

Der Bildschirm zeigte blinkend das Wort,

BISCLAVRET

und das entschlüsselte Alphabet.

```
A B C D E F G H I J K L M N O P Q R S T U V W X Y Z
D F G H J K M N O P Q U W X Y Z B I S C L A V R E T
```

Was soll das nun bedeuten? Ist das ein Kunstwort?

Eine Recherche im Internet offenbarte ihm, dass es die Geschichte eines britischen Adligen um 1170 war, der sich durch den Verrat seiner Frau in einen Werwolf verwandelte.

Der Rest war einfach und mit der Erkenntnis verbunden, dass die Inhaber der Telefonanschlüsse mit den Vornamen registriert waren. So gab es zum Beispiel einen *Hugo*, der nach der Verschlüsselungstabelle als NLMY bezeichnet wurde. Trotzdem, die Anschlüsse waren nicht erreichbar und daher noch zusätzlich codiert, was aber bei einigen Nummern, wie der von Mayeye, nicht für notwendig erachtet worden war.

Jean-Baptiste prüfte, ob das Passwort auch für den Zugang zum Computer Gültigkeit hatte.

»Bingo«, murmelte er, als er nach dem Hochfahren des Notebooks das Wort BISCLAVRET eingegeben hatte und das Betriebssystem startete.

Das Ergebnis der systemeigenen Suchfunktion mit dem Filter nach Word-, Excel- und pdf-Dateien führte zu einer Ablage unter dem Verzeichnis TD, in der sich einige Schriftstücke mit den gesuchten Dateiendungen befanden.

Die Durchsicht ergab, dass der Inhalt der pdf- und Word-Dateien aus dem Internet heruntergeladene Schriftstücke waren, die sich im Wesentlichen mit Fotografie und Filmtechnik beschäftigten.

Interessanter war eine Exceltabelle. Unter der Überschrift »Tagegeld« waren ausgezahlte Beträge des letzten Jahres aufgeführt. Die Beträge bezifferten sich auf einen Tagessatz von 50 US-Dollar für Piquard und Dallaway und 100 US-Dollar für Krauskopf.

Eine zweite Tabelle enthielt unter der Überschrift »Miete« Beträge von je 1000 US-Dollar mit der Bemerkung »bar« am Anfang jeden Monates der letzten zwei Jahre.

Ordentliche Mieter, die vier Herren.

Die dritte Tabelle enthielt unter der Überschrift »KBS-Konto« fünf mit Datum verbundene Beträge ebenfalls in US-Dollar: 5.000.000, 1.000.000, 2.700.000, 1.600.000 und 8.000.000. Das letzte Datum lag zwei Wochen vor dem mutmaßlichen Tod Darcys. Zusammen ergab sich daraus eine Summe von 18.300.000 US-Dollar. Darunter stand neben der Buchstabenkombination CNYWDS, die er bereits als Mayeyes Code identifiziert hatte, ein Betrag von 1.464.000 US-Dollar, ohne Datumsangabe. Es handelte sich anscheinend um Geldüberweisungen. Jean-Baptiste pfiff leise durch die Zähne.

Mayeye, du hast ein verdammt üppiges Honorar.

Sein Gehirn arbeitete jetzt hochkonzentriert.

Die Zahlen zeigten, dass Darcy ein reicher Mann war, aber wofür stand KBS? Waren die Zuwendungen für Mayeye das Entgelt für den Sicherheitsdienst der »SÉCOMA«?

Immer das Einfachste und Naheliegende zuerst, hatte er gelernt. Schulungsempfehlungen halfen auch nicht immer weiter. Inzwischen sammelten sich ein paar Schweißperlen auf seiner Stirn. Es war heiß und der Ventilator kam nicht gegen die schwüle Hitze am Beginn der Regenzeit an. Jean-Baptiste verspürte Durst. Nachdem er einen Schluck Wasser aus einer Flasche *Source de Nil* genommen hatte, legte er die Füße auf die Fensterbank und schloss, in seinem Bürostuhl leicht wippend, kurz die Augen.

Nach zwei Minuten wendete er sich kurz entschlossen wieder seinem Schreibtisch zu und durchsuchte das überraschenderweise nicht extra abgesicherte E-Mail-Konto. Darcy hatte einige Online-Tickets nach Brüssel, aber auch nach Kinshasa in der Ablage.

Danach nahm Jean-Baptiste sich zunächst das Notebook von Krauskopf vor. Etwas lustlos gab er einige deutsche Wörter ein, die er aus dem Menü des *La Galette* kannte, wie Sauerkraut, Schnitzel, Currywurst, was aber, wenig überraschend, nicht zum Erfolg führte.

So einfach ist es nicht.

Hier konnte ein Passwort-Zurücksetzer schneller zum Erfolg zu führen, da es hier keinen eindeutigen Hinweis wie bei Darcy gab. Nach einigen Versuchen mit verschiedenen Programmen war auch dieses Problem gelöst und er konnte das Betriebssystem ohne Eingabe eines Passwortes starten.

Wie bei Dallaway und Piquard war die Durchsuchung des Computers von Krauskopf wenig aufschlussreich. Auch hier offenbarten sich keine sozialen Bindungen. Das Gerät wurde anscheinend selten genutzt, was auch mit Krauskopfs seltener Anwesenheit im Büro in Goma zu erklären war. Er hatte aber auch keine Software installiert, die wie bei Piquard und Dallaway auf eine einschlägige Tätigkeit in der Videoproduktion hinwies. Es gab lediglich einige Tieraufnahmen, deren Qualität stark gegenüber den Aufnahmen seiner beiden Kollegen abfiel. Das Internetprotokoll enthielt ebenfalls einen Hinweis auf die »*TD Nature Film Production*« und, wie bei Dallaway und Piquard, Links zu pornografischen Seiten. Jean-Baptiste verzichtete darauf, sich das anzusehen, und fuhr das Gerät in den Bereitschaftsmodus.

Die Entschlüsselung der Telefonnummern aus Darcys Mobiltelefon erwies sich als schwieriger. Er vermutete, dass eine oder mehrere Ziffern der gespeicherten Nummern mit einer Zahl codiert waren. Die Anschlüsse wären dann mit einer einfachen Zahl zu entschlüsseln. Er müsste nur zu einer oder auch zwei Ziffern, zum Beispiel den ersten oder den letzten beiden, eine Zahl addieren oder subtrahieren, sollte es komplizierter sein, auch multiplizieren oder dividieren, und man hatte die gesuchte Nummer. Konkret ergab das fast unendlich viele Möglichkeiten und war fast aussichtslos. Zumindest aber würde er viel Zeit benötigen.

»Ich muss mir etwas anderes überlegen«, murmelte er etwas enttäuscht. Er beschloss, seinen Kollegen zunächst die bisherigen Ergebnisse vorzustellen. Mit einer fünffach auf je zwei DIN-A4-Blättern ausgedruckten Zusammenfassung und der angehefteten Tabelle aus Darcys Computer verließ er den Raum, um die Kollegen aufzusuchen.

Diese saßen in einem Besprechungsraum, wo sie vor einer großen Magnettafel die Notizen der bisher bekannten Tatbestände dargestellt und Fotos der Akteure aufgehängt hatten. Hinter vielen Hinweisen waren mit Filzschreiber Fragezeichen vermerkt – eine ständige Provokation für die Mitglieder des Ermittlungsteams.

Nachdem Jean-Baptiste den Ausdruck verteilt hatte, vertiefte sich die Runde schweigend für ein paar Minuten in seinen Bericht.

»Ok, Jean-Baptiste, im Moment führt uns das nicht weiter, aber das wird es sicher noch«, beendete Bosco das Schweigen. »Falls es sich bei den Beträgen in der Liste mit der Bezeichnung »KBS-Konto« um Einnahmen aus dem Verkauf der Filmaufnahmen handelt, muss ich meine Vorstellung über die Produktion von Naturfilmen korrigieren. Auch die Überweisungsbeträge an Mayeye wären völlig absurd, wenn es sich um die Zuwendungen für seinen Sicherheitsservice handelte. Aber das ist es nicht. Er hat uns ja bereits selbst mitgeteilt, dass er das Honorar für die Leistungen der ›SÉCOMA‹ in bar kassiert.«

»Bei der Höhe der Tagegelder möchte ich wissen, was die für ein Gehalt haben. Diese Beträge sind hier nicht aufgeführt. Die Produktion von Naturfilmen scheint sich zu rechnen«, fügte Ariane hinzu, nachdem sie erstaunt die Summen in Darcys Liste registriert hatte.

»Mich würde interessieren, welche Funktion Krauskopf eigentlich hatte, wenn es nicht einmal Hinweise darauf gibt, dass er irgendwie an Videos gearbeitet hat. Er ist für mich ein Phantom«, meldete sich Fabien zu Wort.

Alle nickten zustimmend.

»Also, ich kann mir nicht helfen, irgendetwas an dieser Truppe ist faul«, kommentierte nun Alphonse die bisherigen Ergebnisse.

»Du hast recht, Alphonse. Wenn man bedenkt, dass Krauskopf einen doppelt so hohen Tagessatz wie die beiden anderen hatte, möchte ich wirklich wissen, was der so treibt«, mischte sich Bosco wieder in die Diskussion ein. »Wir werden die Herren weiter im Auge behalten. Hoffentlich macht Joseph dabei mit. Halten wir fest: Erstens, es gibt keine Hinweise auf kriminelle Aktivitäten der Filmproduzenten. Zweitens, alle vier hatten so gut wie keinen E-Mail-Verkehr in ihre Heimatländer. Drittens, welche Funktion hatte Krauskopf? Viertens, was verbirgt sich hinter den Buchstaben KBS? Fünftens, welche Telefonnummern waren so wichtig, dass sie verschlüsselt werden mussten? Und ich möchte noch hinzufügen: Beschränkte sich der Kontakt mit Mayeye ausschließlich auf den Sicherheitsservice und ist ein Betrag von 1.464.000 Dollar dafür angemessen?«

»Es wäre sicher auch interessant zu wissen, wie die Videos vertrieben werden und an wen«, sagte Ariane.

Fabien blickte zu Jean-Baptiste: »Könnten sie nicht online auf einen Server übertragen und danach von einer Agentur angeboten werden?«

»Unwahrscheinlich bei diesem Datenvolumen. Auch in komprimierter Form schaffen das die Netze in Ostafrika nicht.«

»Es hilft nichts«, fuhr Bosco fort, »wir müssen versuchen, die Telefonnummern und deren Inhaber und die Bedeutung der Nummern unter »Z« in Darcys Telefon zu ermitteln. Wenn die Liste Kundendaten enthält, warum sollten diese verschlüsselt sein?«

Alle schauten auf den Constable.

»Ich vermute, dass sich unter »Z« noch etwas anderes als Telefonanschlüsse verbirgt.«

»Und das wäre?«, fragte Bosco.

»Zum Beispiel Passwörter für Webspeicher, sogenannte *clouds*, oder auch Kontonummern. Ich bleibe dran, aber wie schon gesagt, es wäre besser, uns würde dazu noch etwas anderes einfallen. Es kann lange dauern.«

Bosco entnahm den fragenden Gesichtern der Kollegen, dass die Stimmung auf dem Tiefpunkt war. Er war sich darüber im Klaren, dass bald ein Erfolg erzielt werden musste. Auch seine Berichte zum Stand der Ermittlungen an den *General* sollten irgendwann einmal Fortschritte signalisieren. Er konnte zwar dokumentieren, wie viel Arbeit schon hinter ihnen lag, aber Mugambage war kein Freund von Details. Es widerstrebte ihm, mehr als eine Seite Zusammenfassung der wichtigsten Fakten zu lesen.

»Gut, wenn es nun keine Kommentare mehr gibt, gehen wir zurück an die Arbeit. Ich denke, wir geben die Computer mit Ausnahme Darcys, die Kameras und die CF-Karten zurück. Das wird sie in Sicherheit wiegen, falls es etwas zu verbergen gibt. Ich will auch Likongo signalisieren, dass wir uns an die Vereinbarungen halten.«

Jean-Baptiste hatte die Besprechung protokolliert und sagte:

»Ich werde noch einmal eine Zusammenfassung machen und an alle verteilen. Soll ich das auch an Likongo schicken?«

Bosco überlegte kurz und nickte dann.

»Ich habe da noch etwas«, sagte Alphonse. »Die angeforderte Karte der Coltan- und Kassiterit-Lagerstätten ist heute gekommen. Ich wusste nicht, dass es so viele gibt.«

Alphonse faltete die Karte auf. Es war eine normale topografische Karte im Maßstab 1:200.000. Mit roten Kreisen waren die Fundorte der seltenen Rohstoffe eingetragen. Die meisten Markierungen lagen in den kongolesischen Kivu-Provinzen. Alle beugten sich über die Karte, bis sich Ariane zu Wort meldete.

»Ich kenne hier einen deutschen Geologen, der sich im Auftrag der BGR, der Deutschen Bundesanstalt für Geowissenschaften und Rohstoffe, mit sogenannten mineralogischen *Fingerprints* beschäftigt. Er hat sein

Büro beim Museum für Geologie in der Avenue de la Justice. Er könnte uns eventuell weiterhelfen.«

»Was sind denn mineralogische *Fingerprints*?«

Bosco hatte die Frage gestellt, aber an den Blicken der Kollegen erkannte Ariane, dass niemand etwas damit anfangen konnte.

»Das habe ich ihn auch gefragt. Wie er mir erklärte, beschäftigen sich die Wissenschaftler schon einige Zeit mit der Frage nach der Herkunft von Mineralien. Man will so verhindern, dass wertvolle Rohstoffe aus Lagerstätten, die von kriminellen Gruppen kontrolliert werden, wie zum Beispiel Blutdiamanten und auch Coltan, in den Handel kommen. Wir wissen ja alle, dass sie damit ihre Bewaffnung finanzieren.«

»Gut, nimm Kontakt mit ihm auf. Nimm die Karte und die Proben mit, wir werden sehen«, entgegnete Bosco mit etwas zweifelndem Blick.

Die Runde löste sich ohne große Begeisterung auf. Alle waren etwas frustriert und sehnten sich nach einem Durchbruch in ihren Ermittlungen.

»Warte, Fabien«, rief Ariane ihrem Kollegen hinterher, der gerade an ihr vorbeigegangen war. Sie nahm ihr Mobiltelefon und suchte nach der Telefonnummer. Robert Marx, BGR Hannover. Sie hatten sich im *La Galette* kennengelernt. Seither waren sie sich immer wieder in der übersichtlichen Szene Kigalis begegnet.

Der Angerufene meldete sich sofort.

»Ariane, *long time no hear*«, ulkte er auf Pidgin-English in sein Mobiltelefon.

»Was macht das Böse in Ruanda?«

»Hallo, Robert. Nun ja, bisher war es insgesamt eher ruhig, aber wenn mal was passiert, dann gleich richtig. Hast du von dem Toten in Gisenyi gehört?«

»Habe ich. Gibt es schon etwas Neues?«

»Deswegen rufe ich an. Kann ich vorbeikommen? Du kannst uns eventuell helfen.«

»Ich bin im Büro.«

»Gut, ich komme gleich.«

Fabien hatte zugehört. »Ich besorge ein Fahrzeug.«

Kurz darauf waren sie auf dem Weg in die Avenue de la Justice. Das Büro war im ersten Stock eines älteren Gebäudes in der Nähe des Richard-Kandt-Hauses untergebracht. Kandt, der Gründer Kigalis, wurde 1908 Resident des deutschen Gouvernements Ruanda.

Robert Marx war bereits seit einem Jahr in Kigali. Von hier aus unternahm er ausgedehnte Exkursionen in die Minen der Region, um vorwiegend *Seltene Erden* zu beproben. Mehrmals hatte er schon Begegnungen mit bewaffneten Freischärlern gehabt, konnte sich aber immer wieder freikaufen, ohne den wahren Zweck seiner Reise zu offenbaren. Das hätte sein Todesurteil bedeutet. Seine Probensammlung hatte inzwischen einen beachtlichen Umfang angenommen, und er galt inzwischen als Experte, besonders für das begehrte Coltan.

Unter dem Begriff ›Seltene Erden‹ verbirgt sich eine Reihe von Elementen, deren chemische Eigenschaften sie besonders für die Elektronikindustrie wertvoll machen. Es handelt sich um metallische Elemente, daher werden sie auch korrekt als ›Seltenerdmetalle‹ bezeichnet. Insgesamt sind sie in der Erdkruste nicht sonderlich selten, wie der Begriff suggeriert. Selten sind lediglich ausgedehnte Lagerstätten mit hohen Konzentrationen, die einen Abbau einfach und kostengünstig machen. Lagerstätten für Coltan gibt es im Osten des Kongos und auch in geringerem Umfang in Ruanda. Coltan besteht aus einer Mischung der Metalloxide Columbit und Tantalit. Aus Tantalit wird Tantal gewonnen, ein Metall aus der Gruppe Seltene Erden. Das Metall wird besonders für die Produktion von Kondensatoren in Mobiltelefonen und Notebooks benötigt. Durch das Fehlen staatlicher Institutionen im Ostkongo werden die Minen von den jeweils lokalen Milizen kontrolliert und ausgebeutet. Die meisten Minen sind vom *Rassemblement Congolais pour la Démocratie* des Laurent Nkunda besetzt, der damit seine Bewaffnung finanziert und seine Soldaten bezahlt. Dabei kommt es nicht nur zu massiven Umweltzerstörungen, sondern auch zur sklavischen Unterdrückung der lokalen Bevölkerung. Der Handel und der Transport, meist über Kigali zum tansanischen Daressalam, werden von Mittelsmännern an der Grenze nach Ruanda organisiert. Das Umgehen von Embargos der Vereinten Nationen ist dabei das geringste Problem.

Ariane und Fabien fanden die Tür mit dem Türschild Dr. R. Marx, M.Sc., Geologist. Auf ein kurzes Klopfen öffnete der Wissenschaftler. Ariane stellte Fabien vor, und Marx deutete auf einen Besuchertisch, wo bereits eine Kanne Kaffee und Tassen standen. Sie setzten sich.

»Nun, wie kann ich euch helfen?«

»Im Zusammenhang mit den Ermittlungen zum Mordopfer in Gisenyi interessiert uns die Herkunft einer Coltan-Probe«, erläuterte Ariane, mit Rücksicht auf Fabien auf Englisch. Dabei legte sie ein zylindrisches Glasröhrchen auf den Tisch, welches mit einem Etikett des ruandischen Labors versehen war. Marx studierte die Aufschrift: Coltan, probably Ferrotantalite. Dahinter stand handschriftlich die

Bemerkung: »Murder Victim T. Darcy, location Gisenyi, Grande Barrière, 20050813«. Prüfend hielt er das Glasröhrchen nach oben und ging an seinen Schreibtisch zu einem Binokular.

Ein kurzer Blick in das Instrument genügte dem Experten für eine erste Aussage: »Die Probe stammt aus einer *Seife,* nicht aus einer Primärlagerstätte«.

Ariane und Fabien sahen ihn fragend an. »Was bedeutet das?«

»Betrachtet das einmal in der Vergrößerung. Die Körner sind eindeutig gerundet, das heißt, sie waren einem Transport im Wasser ausgesetzt. Stammten sie aus einer Primärlagerstätte, also vom Ort ihres Entstehens, hätten sie eine kristalline Form. Aus dem Flusssand, in dem sich diese Rohstoffe aufgrund ihres höheren spezifischen Gewichtes an bestimmten Stellen zu sogenannten *Seifen* anreichern, wird das Erz dann entweder mit Pfannen ausgewaschen oder industriell mithilfe von Förderanlagen gewonnen.«

Die beiden CID-Kollegen sahen sich die mattschwarzen Körner in achtfacher Vergrößerung an und nickten.

»Und wie bestimmen Sie nun die Herkunft?«, fragte Fabien. »Das ist nicht so einfach. Hierzu sind einige Analysen notwendig, die nur in Hannover mit einem Massenspektrometer gemacht werden können. Rechnet mit etwa einer Woche. Ich werde die Probe heute noch mit DHL versenden. Wenn wir die Lagerstätte der Probe bereits zertifiziert haben, werden wir nach einem Abgleich mit unserer Datenbank auch bald wissen, woher sie stammt.«

10

Die beiden Männer der Firma »SÉCOMA« gehörten zu Mayeyes Kommando für Spezialaufgaben. Sie kamen mit einem schnellen Motorboot mitten in der Nacht und legten unweit des alten Lagerhauses an. Ihre Ausrüstung bestand aus Maglite Taschenlampen und der üblichen Bewaffnung mit der AK-47.

Die AK-47 oder, mit Hinweis auf ihren russischen Konstrukteur, kurz Kalaschnikow ist die meistproduzierte Waffe der Welt. Die mit der militärischen Bezeichnung »Awtomat Kalaschnikowa, obrasza 47« gehandelte Waffe wird seit 1947 in verschiedenen Versionen hergestellt. Sie ist besonders leicht zu handhaben und wird in Konfliktgebieten Afrikas daher gerne auch an Kindersoldaten, die *Kadoko*, ausgegeben. Nicht selten entwickeln sich diese auf perfide Weise missbrauchten Kinder im Laufe der Kriegshandlungen zu seelenlosen Killern mit schwer reparablen psychischen Schäden.

Zusätzlich führten sie je eine Pistole der Marke HK USP Elite neun Millimeter in einer Gürteltasche mit sich. Im Gegensatz zu vielen anderen Aufträgen war aber bei diesem nicht damit zu rechnen, dass die Waffen benötigt wurden. Jeder schleppte noch einen Zehn-Liter-Kanister Benzin, den sie die kurze Strecke vom Ufer bis auf die Lichtung mit dem Lagerhaus und den Nebengebäuden schleppten. Nach der Ankunft inspizierten sie kurz die verlassenen Gebäude und vergossen danach das Benzin. Innerhalb weniger Sekunden züngelten lodernde Flammen aus dem trockenen Gebälk. Die Brandstifter waren sich des Erfolges ihres kurzen Einsatzes sicher und warteten daher das Ende ihrer Mission nicht ab. Als ihr Boot bereits wieder mit hoher Geschwindigkeit das Wasser des Sees in Richtung Goma durchpflügte, brachen die Holzgerüste der alten Gebäude bereits zusammen und verwandelten die Lichtung in einen riesigen Scheiterhaufen.

Alphonse war der Beauftragte des CID für die Pflege der INTERPOL-Datenbank und besaß als Einziger das Zugriffsrecht. 1949 wurde der Behörde von den Vereinten Nationen der konsultative Status einer NRO verliehen. Ruanda ist seit 1974 Mitglied. Der internetbasierte Zugriff auf die Datenbanken von INTERPOL war bereits seit 2002 möglich, aber das ruandische Netz war noch im Aufbau. Zwar funktionierte der E-Mail-Verkehr, aber die Übertragung von größeren Datenmengen war immer noch schwierig.

Es war schon wieder Montag, als Alphonse sehr früh im Büro zum wiederholten Mal versuchte, eine Internetverbindung zu Interpol in Lyon aufzubauen. Der Zugriff auf die Webseite gelang und auf seinem Bildschirm öffnete sich die Startseite von Interpol mit dem Logo und der Mission »*Connecting Police For A Safer World*«. Gleich rechts oben betätigte er zunächst die öffentlich zugängliche Seite »*Wanted Persons*«.

Nacheinander gab er die Namen von Darcy und seinen Mitarbeitern ein, aber ohne Ergebnis. Aktuell wurde keiner der vier gesucht und somit nicht in der Rubrik *Red Notices* geführt. Ein Zugriff auf die *Nominal Database* war erfolgreicher. Alle vier Mitarbeiter der »*TD Nature Film Production*« waren bereits einmal auf Interesse der Ermittlungsbehörden gestoßen. Für jeden war ein Dossier angelegt, in dem die

Erkenntnisse der lokalen Behörden aus Deutschland, Belgien und Großbritannien tabellarisch zusammengefasst waren.

Zunächst nahm er sich das Dossier von Darcy vor. Das Foto zeigte einen knienden jungen Mann, der einen jungen Hund am Halsband festhielt.

DARCY, TOM
PERSÖNLICHE DATEN:

Name	: DARCY
Vorname	: TOM
Geschlecht	: männlich
Geburtstag	: 15/09/1945
Geburtsort	: Namour, BEL
Sprachen	: französisch, englisch, wallonisch, kiswahili
Nationalität	: belgisch
Größe	: 1,85 m
Augenfarbe	: blau
Haarfarbe	: hellblond
Fam. Status	: ledig, keine bekannte Beziehung
Vater	: Bruno Darcy, gestorben 1960
Mutter	:Emilie, geborene Drost, bei der Geburt von TD gestorben
Geschwister	: keine
Erlernter Beruf	: Hundezüchter

BESONDERE KENNZEICHEN:
Tattoo, roter Hahn am linken Arm (Coq Hardi der wallonischen Flagge).
Haarlose Furche an der linken Schläfe, vermutlich natürlich und nicht auf Verletzung zurückzuführen.
SONSTIGES:
Wallonischer Nationalist. Wahrscheinlich gewaltbereit, aber ohne einschlägige Vorstrafen.
Gute körperliche Verfassung, äußerst kräftiger Körperbau.

ANSCHULDIGUNGEN:
Aktuell keine Anschuldigungen, Verdacht auf kriminelle
Aktivitäten.

VORSTRAFEN:
Geldstrafe in minderschwerem Fall, siehe Kurzbiografie.

KURZBIOGRAFIE:
Bis 1963
Waisenhaus, Gymnasium abgebrochen trotz guter
Leistungen, kleine Erbschaft.
1964
Züchter von Hirtenhunden der Rasse *Bouvier des Ardennes*
auf einem Dorf in der Nähe von Brüssel. Versuche die
Tiere, zu Kampfhunden abzurichten.
Nach einem Zwischenfall, bei dem einer der Hunde einen
Besucher schwer verletzt hatte, zog er es nach einer
Geldstrafe vor, sein Geschäft aufzugeben. Kontakte zu
wallonischen Nationalisten. Wechselnde Wohnorte bei
Gesinnungsgenossen. Aufnahme in die Interpol-
Datenbank.
1964–1975
Aufenthaltsort unbekannt.
1975–1985
Wohnort Madrid. Mit Reisen verbundene, unbekannte
Tätigkeit, zum Teil vermutlich in Ostafrika.
1985 - dato
Letzter Aufenthaltsort unbekannt.

Alphonse trug nach:

2003 - 2005
Aufenthaltsort Goma / Do Kongo. Inhaber und
Geschäftsführer T.D. Nature Film Production.

13/08/2005
Als Opfer eines Gewaltverbrechens in Ruanda tot
aufgefunden. Die Ermittlungen dauern an.

Piquards Dossier enthielt kein Foto.

PIQUARD, ANDRÉ
PERSÖNLICHE DATEN:

Name	: PIQUARD
Vorname	: ANDRÉ
Geschlecht	: männlich
Geburtstag	: 24/08/1950
Geburtsort	: Liège, BEL
Sprachen	: französisch, englisch, wallonisch, deutsch
Nationalität	: belgisch
Größe	: 1,65 m
Augenfarbe	: blau-grau
Haarfarbe	: dunkelblond, ins Graue übergehend
Fam. Status	: ledig, keine bekannte Beziehung
Vater	: Pierre Piquard, gestorben 1974
Mutter	: Clara, geborene Lachet, gestorben 1976
Geschwister	: keine
Erlernter Beruf	: Fotograf

BESONDERE KENNZEICHEN:
Keine

SONSTIGES:
Hagerer Körperbau, aber in guter Verfassung.

ANSCHULDIGUNGEN:
Aktuell keine Anschuldigungen.

VORSTRAFEN:
Keine in Europa, siehe Kurzbiografie.

KURZBIOGRAPHIE:
Bis 1966
Schulausbildung bis zur Sekundarstufe, mittlerer
Abschluss.
1966 - 1968
Ausbildung zum Fotografen.
Ab 1968
Kameramann in einem kleinen Studio in Liège. Kleinere
Aufträge bei Feiern, Passfotos und Ähnliches.
1968 - 1989
Reisetätigkeit vor allem in Asien und Afrika, Vorträge in
Belgien und Deutschland.
1989
Anklage in Kambodscha wegen Päderastie. Er konnte aber
Zeugen aufbieten und nachweisen, dass er nur an der
Herstellung von einschlägigen Fotos beteiligt war.
Ausweisung nach hoher Geldstrafe. Im Zusammenhang
mit pornografischen Inhalten von Videos und Fotos
Kontakt zu Festus Dallaway (siehe Dossier Dallaway).
Aufnahme in die INTERPOL-Datenbank.
1989 - dato
Keine Informationen, letzter Aufenthaltsort unbekannt.

Alphonse ergänzte:

2003 - 2005
Aufenthaltsort Goma / Do Kongo; Kameramann und
Filmcutter im Auftrag der TD Nature Film Production
(siehe Dossier Tom Darcy).

Nach Darcys und Piquards illustren Karrieren barg Dallaways Dossier keine Überraschung mehr. Das Porträtfoto zeigte einen jungen Mann in Krawatte und einer Jacke mit sorgsam gescheiteltem Haar, das die bereits sichtbaren kahlen Stellen überdeckte.

DALLAWAY, FESTUS WOODROW
PERSÖNLICHE DATEN:

Name	: DALLAWAY
Vorname	: FESTUS WOODROW
Geschlecht	: männlich
Geburtstag	: 30/01/1954
Geburtsort	: Manchester, GB
Sprachen	: englisch
Nationalität	: britisch
Größe	: 1,70 m
Augenfarbe	: grau
Haarfarbe	: rötlich-blond
Fam. Status	: ledig, keine bekannte Beziehung
Vater	: unbekannt
Mutter	: Janet Dallaway, gestorben 1980
Geschwister	: keine
Erlernter Beruf	: Filmcutter, Fotograf

BESONDERE KENNZEICHEN:
Keine

SONSTIGES:
Korpulent-adipös, Bluthochdruck, vermutlich Alkoholiker.

Anschuldigungen:
Aktuell keine Anschuldigungen.

VORSTRAFEN:
Gefängnisstrafe, siehe Kurzbiografie.

KURZBIOGRAPHIE:
Bis 1970
Schulausbildung bis zur Sekundarstufe.
1970–1972
Ausbildung zum Fotografen und Filmcutter in Manchester.

Ab 1972
Vertrieb selbst produzierter pornografischer Fotos und
Filme.
1989
Reise nach Südostasien; vermutlich erster Kontakt mit
André Piquard (siehe Dossier Piquard). Anklage wegen
Geldwäsche; Gefängnisstrafe.
Aufnahme in die INTERPOL-Datenbank.
1995 - dato
Vermutlich Zusammenarbeit mit Piquard im
Pornogeschäft.
Letzter Aufenthaltsort unbekannt.

Alphonse ergänzte abermals:

2003 - 2005
Aufenthaltsort Goma / Do Kongo.
Fotograf und Filmcutter im Auftrag der TD Nature Film
Production (siehe Dossier Tom Darcy).

Das übelste Subjekt war Krauskopf. Sein Dossier
enthielt zwei Fotos, die offensichtlich aus einer anderen
Polizeiakte stammten. Ein Porträtfoto zeigte eine
düstere Erscheinung mit stechendem Blick. Er hatte,
wie auch auf dem Foto in seinem Visum, einen
haarlosen Schädel und einen Oberlippenbart, der in
einer Verlängerung bis zum Kinn ausrasiert war.
Bereits auf Höhe der Ohren waren deutliche
Muskelansätze erkennbar, die zu seinen mächtigen
Schultern führten. Das zweite Foto zeigte ihn von der

Seite, mit einem Ohrring. Sein Stiernacken warf zwei deutliche Falten.

KRAUSKOPF, ERNST
PERSÖNLICHE DATEN:

Name	:	KRAUSKOPF
Vorname	:	ERNST ,Spitzname der ›Hunne‹
Geschlecht	:	männlich
Geburtstag	:	22/06/1946
Geburtsort	:	Aachen, Bundesrepublik Deutschland
Sprachen	:	Deutsch, etwas Englisch
Nationalität	:	Deutsch
Größe	:	2,05 m
Augenfarbe	:	braun
Haarfarbe	:	blond, androgenetischer Haarausfall, frühzeitig Glatze.
Fam. Status	:	ledig, keine bekannte Beziehung
Vater	:	unbekannt
Mutter	:	Karin Krauskopf, gestorben 1979
Geschwister	:	keine
Erlernter Beruf	:	kein erlernter Beruf

BESONDERE KENNZEICHEN:
Doppel-S am rechten Oberarm (Nazi-Rune) und weitere Tätowierungen.

SONSTIGES:
Äußerst gewaltbereit, gefährlich.

ANSCHULDIGUNGEN:
Aktuell keine Anschuldigungen.

VORSTRAFEN:
Gefängnisstrafe, siehe Kurzbiografie.

KURZBIOGRAPHIE:
Schulausbildung abgebrochen. Nach gewalttätigen
Übergriffen Überweisung in Heim für schwer erziehbare
Jugendliche.
1964–1975
Entlassung, Gelegenheitsarbeit, Türsteher, Zuhälter.
Training im Kickboxen; immer wieder in Schlägereien
verwickelt.
1976 – 1982
Aufnahme in die INTERPOL-Datenbank.
Gefängnisstrafe wegen Totschlages in einem
minderschweren Fall im Zuhältermilieu.
1983
Vermutlich erster Kontakt zu wallonischen Nationalisten
in Liège (siehe Dossier Tom Darcy).
1983 – dato
Keine Informationen über derzeitigen Aufenthaltsort.

Auch hier aktualisierte Alphonse den Eintrag:

2003 - 08/2005
Aufenthaltsort Goma / Kongo; Mitarbeiter bei der TD
Nature Film Production (siehe Dossier Tom Darcy).
Zuletzt vermisst (Stand: 13/08/2005).

Alphonse blickte voller Verachtung auf die Fotos der
Profile und griff zum Telefon.

Jeder Mitarbeiter des CID hatte das Recht, aus
wichtigem Anlass außerhalb des *Jour fixe* am Montag
eine Besprechung einzuberufen. Alphonse sah diesen
Moment als gekommen an und rief die Kollegen der
Reihe nach an. Im Besprechungsraum verteilte er die
Kopien der vier Dossiers. Aufmerksam studierten sie
den Inhalt.

Bosco räusperte sich: »Diese Typen sind der Alptraum jeder Gesellschaft. Als würden hier nicht genug Verrückte herumlaufen, jetzt haben wir es auch noch mit dem Abschaum europäischer Staaten zu tun. Wie ist eure Meinung?«

»Das alles führt uns nicht weiter. Wir können lediglich sagen, dass diese Herren einem Milieu zuzuordnen sind, welches sie nicht nur als Naturfreunde ausweist«, war Fabiens Kommentar.

Ariane kicherte etwas albern. Alle sahen zu ihr hin. »Entschuldigt, aber ich muss wegen Krauskopfs Spitznamen lachen. Die Engländer können es nicht lassen, uns Deutsche als *Hunnen* zu bezeichnen, um uns als Barbaren zu brandmarken. Meine Eltern hatten mich einmal ein Jahr in ein englisches Internat geschickt, wo meine Mitschüler hinter meinem Rücken *the hun* tuschelten.«

»Und, was hast du dazu gesagt?«, fragte Bosco.

»Ich habe das Thema einmal im Geschichtsunterricht angesprochen und den Engländern ihre Herkunft erklärt. Die bedauernswerten Briten haben etwas Probleme damit, dass ihr Königshaus von Deutschen abstammt. Deswegen haben sie sich nach dem Ersten Weltkrieg von »Sachsen-Coburg und Gotha« in »Windsor« umbenannt. Zudem sind sie auch noch durch die Raubzüge der Wikinger genetisch vorbelastet.«

»Und wie haben sich deine englischen Mitschüler dazu geäußert?«, wollte nun der Constable wissen.

»Nun ja, sie führen das natürlich auf die berühmte Hunnenrede unseres Kaisers Wilhelm II. zurück. Er hat anlässlich des Boxeraufstandes im Jahre 1900 in Bejing in einer Drohung die deutschen Soldaten mit den Horden des Hunnenkönigs Etzel verglichen. Es war meinen Mitschülern aber schon ein wenig peinlich. Als *hun* hat mich niemand mehr bezeichnet.«

Die Runde war amüsiert.

»Also seid vorsichtig, ihr wisst nun, mit wem ihr es bei mir zu tun habt. Aber um beim Thema zu bleiben«, lenkte sie wieder ein, »was Krauskopf betrifft, ist der Vergleich sicher nicht so ganz verkehrt. In diesem Milieu pflegt man nicht nur Freundschaften. Das heißt, diese Subjekte dürften sich im Lauf ihrer beeindruckenden Karrieren eine Menge Feinde eingehandelt haben.«

»Zumindest in ihren Heimatländern. Aber nicht alle infrage kommenden Gegner werden sich in den Kongo bemühen, um alte Rechnungen zu begleichen«, fügte Fabien hinzu.

Ariane meldete sich noch einmal zu Wort: »In Darcys Dossier wird die Narbe am Arm nicht erwähnt. Entweder man hat das übersehen oder sie ist tatsächlich erst später entstanden. Aber wir wissen nun, dass sie auch hier nicht nur Freunde haben. Zwar scheint es, mit Ausnahme von Krauskopf, zumindest so, dass sie inzwischen einer seriösen Tätigkeit nachgehen, aber gewisse Zweifel sind angebracht.«

Bosco nickte. »Daher werden wir uns näher mit ihrer Tätigkeit hier beschäftigen müssen. Ich habe immer mehr den Verdacht, dass die Herren noch auf ganz anderem Gebiet tätig waren. Jean-Baptiste, kommst du mit den Telefonnummern weiter?«

Der Constable schüttelte den Kopf. Es zehrte an seinem Selbstbewusstsein, der Lösung des Problems nicht näher zu kommen.

»Nein, aber ich habe mir Gedanken zu der Geldsumme gemacht, die anscheinend an Mayeye alias CNYWDS angewiesen worden ist.«

»Ja, was ist damit?«

»Der Betrag von 1.464.000 US-Dollar entspricht genau acht Prozent des von Darcy unter KBS aufgeführten Betrages von 18.300.000 US-Dollar. Das sieht ganz nach einem Beteiligungsgeschäft aus.«

Alle schauten entgeistert auf den jungen Constable.

Bosco kratzte sich etwas verlegen am Kopf. »Ich glaube, unser Blick für Zahlen beschränkt sich auf unsere Gehaltsabrechnungen.«

Dem introvertierten Constable entschlüpfte eine für seine Verhältnisse dreiste Bemerkung: »Nun, die Zahlen auf meiner Gehaltsabrechnung sind so überschaubar, dass ich immer wieder nach anderen Herausforderungen Ausschau halte.«

Bosco zog etwas die Augenbrauen hoch, stimmte aber milde in das verständnisvolle Lachen der Kollegen mit ein.

Seit der Unterhaltung mit Mayeye hatte Bosco einen Favoriten für weitere Ermittlungen. Die gewonnenen Erkenntnisse bestärkten nicht nur ihn in der Ansicht, dass der Kongolese weiterhin im Zentrum ihrer Ermittlungen zu stehen hatte.

»Es hat den Anschein, als hätte Mayeye auf Provisionsbasis gearbeitet. Für was? Für seinen Sicherungsservice bei den Filmaufnahmen? Das wäre etwas ungewöhnlich, und dafür sind diese Beträge auch zu hoch. Ich denke, wir sollten uns diesen Herrn noch einmal vornehmen.«

Niemand widersprach.

11

Abgesehen von der Tatsache, dass Tote im Osten des Kongos oft namenlos in Massengräbern verscharrt wurden, war an der Bestattungszeremonie auf dem Friedhof von Burhiba, nördlich von Bukavu, auf den ersten Blick nichts außergewöhnlich. Einem aufmerksamen Beobachter wäre aber aufgefallen, dass alle Trauernden eine sehr geringe Körpergröße hatten, während die Größe der Holzkiste, die ins Grab hinabgelassen wurde, die der Anwesenden deutlich überragte. Aber in diesem Land kümmerte man sich schon lange nicht mehr um fremde Angelegenheiten und schon gar nicht um eine Beisetzung.

Ariane und Bosco fuhren nach Gisenyi. Théo und Prince erwarteten sie bereits. Sie hatten schon zuvor verabredet, dass Théo wieder in Gisenyi bleiben sollte.

»Ich habe jetzt gerade erfahren, dass Joseph in einer dringenden Angelegenheit unterwegs ist. Ich konnte ihn noch nicht erreichen«, empfing sie Théo.

»Dann müssen wir eben ohne ihn zurechtkommen. Prince, können Sie uns zu Mayeye bringen?«

»Sollen wir uns nicht lieber ankündigen?«

Der zweifelnde Blick von Prince entging ihnen nicht. Bosco zögerte einen Moment, entschloss sich aber, ein mögliches Risiko zu ignorieren.

»Ich denke, wir statten ihm einen Überraschungsbesuch ab.«

Prince nickte, enthielt sich aber eines weiteren Kommentars. Théo konnte seine Bedenken nicht verbergen.

»Bosco, der Typ ist gefährlich.«

»Ich weiß, aber er wird es nicht riskieren, sowohl von der kongolesischen Regierung als auch von Ruanda gejagt zu werden.«

»Hoffentlich hast du recht. Ich bleibe hier im Büro erreichbar. Bitte ruf mich sofort an, wenn es Probleme gibt. Ich kann notfalls über Josephs Stellvertreter in Goma Hilfe anfordern.«

»Gut, aber bitte versuche trotzdem, Likongo noch zu erreichen, und gib ihm Bescheid, wo wir sind.«

»Okay. Haltet euch aber zurück und provoziert Mayeye nicht unnötig.«

Bosco stieg in das Fahrzeug und setzte sich vorne auf den Beifahrersitz. Ariane nahm auf der hinteren Sitzbank Platz. Prince steuerte das Fahrzeug auf dem kürzesten Weg durch Goma. Ein heftiger Regen setzte ein. Der Gipfel des Nyiragongo verbarg sich hinter bedrohlich wirkenden, grauschwarzen Wolkentürmen. Man konnte den Eindruck haben, dass nach der vulkanischen Lava nun auch eine Wasser-Schlamm-Sturzflut aus dem Krater überschwappte. Die unbefestigte Piste konnte die Niederschläge nicht abzuleiten und war schutzlos den erodierten Massen ausgeliefert. Die Wassermenge, die gegen die Frontscheibe des Fahrzeugs prallte, konnte durch die Scheibenwischer nur unzulänglich beherrscht werden. Der Blick in die Fahrtrichtung war stark reduziert. Mit eingeschränkter Sicht war Prince gezwungen, immer langsamer zu fahren. Trotzdem beeindruckte ihn die Situation wenig. Konzentriert bewegte er das Fahrzeug durch die tiefe Fahrspur, die sich durch kleine Mäander aus schwarzem Sand, Ton und Geröll immer wieder füllte. Das Grollen und die Blitze über dem Kivu-See erzeugten eine gespenstische Atmosphäre. Zahlreiche Fußgänger, meistens Jugendliche, aber auch Frauen, ältere Männer und Kinder mit Lasten auf dem Kopf, wanderten, immer die Fahrzeuge im Blick, die Piste entlang. Mit Gummistiefeln oder Flip-Flops an den Füßen und nasser, am Körper klebender Bekleidung strebten sie einem unbekannten Ziel entgegen. Einige Männer schoben ihre Fahrräder mit riesigen Holzbündeln über der Stange, Jugendliche versuchten ihr *Tshukudu*, die hölzerne, afrikanische Version des Scooters, mit einem Sack auf der Trittfläche mühsam, meist in Richtung Goma, zu bewegen.

Ariane war in Gedanken versunken. *Was transportieren sie denn in ihren Säcken und wohin?*

»Prince, was transportieren die Leute in den Säcken, sind das Schmuggler?«

»Es ist *Makala*, Holzkohle, *Madame*. Zum Teil transportieren sie es in die Camps oder zum Verkauf in Goma. Von dort wird die *Makala* auch nach Ruanda geschmuggelt. Hier haben Hunderttausende Flüchtlinge nichts anderes zum Kochen. Es werden aber auch gute Geschäfte damit gemacht. Besonders begehrt ist Hartholz. Es hat einen höheren Heizwert, ist aber auch teuer.«

»Was muss man dafür bezahlen?«

»Etwa 30 Dollar für den Sack.«

»Hartholz, das ist Holz tropischer Bäume aus dem Regenwald.«

»Ja, Sie bauen Meiler vor Ort und produzieren die *Makala*.«

»Und das ist erlaubt?«

»Nein, es ist verboten, aber was heißt das hier schon.«

Ariane atmete hörbar aus.

»Wer sind die, die das Holz aus dem Regenwald holen?«

»Das sind auch die Flüchtlinge. Meistens arbeiten sie für Rebellen. Diese betreiben das Geschäft in größerem Stil und verteilen Konzessionen in ihren jeweiligen Einflussgebieten.«

»Das heißt, der Regenwald wird verheizt.«

»Ja, *Madame*.« Prince' Stimme klang emotionslos. Flüchtig streifte sein Blick den Rückspiegel. Er teilte ihre Empörung nicht.

Ariane ahnte, dass auch er, die in Afrika weit verbreitete Einstellung vertrat, dass die Probleme von morgen eher abstrakter Natur waren. Wichtig war die Lösung aktueller Fragen, die sich zu oft auf das bloße Überleben reduzierten.

Deprimiert richtete sie ihren Blick wieder nach vorne. Obwohl sich Prince als zurückhaltender Fahrer erwies, wichen die Fußgänger mit ängstlichem Blick sofort aus. Hier rechnete niemand damit, dass Rücksicht genommen wurde. Immer wieder waren sie gezwungen, hinter einer beladenen Pritsche noch langsamer zu fahren, ohne dass eine Möglichkeit bestand, zu überholen.

Fast eine halbe Stunde fuhren sie im Schritttempo hinter der zweiachsigen Version eines Magirus-Deutz Jupiter Transporters her. Das Fahrzeug quälte sich mühsam mit immer wieder durchdrehender, nahezu profilloser Zwillingsbereifung der Hinterachse die leicht ansteigende Straße hinauf. Der Fahrer des Transporters war mit der Technik des alten Fahrzeugs deutlich überfordert. Trotz der durch die Witterung verursachten Geräuschkulisse vernahmen sie in kurzen Abständen das deutlich knarrende Geräusch des unsynchronisierten Getriebes. Auf der Ladefläche saßen junge Kämpfer in zerlumpten Tarnanzügen unter einer stark zerfetzten Plane, dem Wetter fast schutzlos ausgeliefert. Es war nicht möglich, zu erkennen, ob es Soldaten der regulären Armee des Kongos waren oder ob es sich um irgendwelche Freischärler handelte. Fast alle hatten einen Fetischbeutel oder die haarige Pfote eines Tieres um den Hals hängen. Verkrampft umklammerten sie ihre Gewehre und blickten missmutig auf das Geländefahrzeug mit Allradantrieb hinter ihnen, das dem Terrain deutlich besser gewachsen war.

Ariane hatte sich eine Regenjacke übergeworfen. Um nicht aufzufallen, stülpte sie die Kapuze über den Kopf. Wenn man als Ausländer erkannt wurde, musste man damit rechnen, entweder von Freischärlern oder auch von der regulären Polizei angehalten zu werden. Das einzige Ziel war das Kassieren einer Gebühr, vorzugsweise in Dollar. Wer Bescheid wusste, legte sich vorher schon ein paar Dollarnoten zurecht. Andere mussten eine lange Überprüfung über sich ergehen lassen, um am Ende trotzdem zu bezahlen. Nicht jeder von Likongos Leuten war über ihren Einsatz informiert.

Nach einer Abbiegung waren sie plötzlich alleine auf ihrem Weg, der nun wieder abwärts führte. Durch den vorhergehenden Besuch wussten sie, dass das Haus Mayeyes am See lag. Kurz darauf war die gekräuselte Wasseroberfläche durch die wie im Wind tanzenden Perlschnurfäden der Regenwand zu erkennen.

Plötzlich, als würde über den Wolken eine riesige Gardinenstange betätigt, drang aus dem Hintergrund die Sonne durch und präsentierte kurz darauf die Landschaft wieder in ihrer ganzen Schönheit. Lediglich ein winziges Wölkchen verharrte über der Spitze des Nyiragongo. Der Kivu-See breitete sich friedlich glitzernd in der nachmittäglichen Sonne vor ihnen aus, als sie das Eingangstor zu Mayeyes Anwesen erreichten. Als der Posten sich näherte, betätigte Prince Boscos Seitenfenster.

»Sind Sie angemeldet?«

»Wir müssen Ihren Boss sprechen«, antwortete Bosco, ohne auf die Frage einzugehen.

Der Mann überlegte kurz. Der vorige Besuch war ihm noch in Erinnerung, so entschied er sich, Mayeye anzurufen.

»Er möchte Sie selbst sprechen.« Der Posten reichte ihm sein Sprechfunkgerät.

»Kabeera!«

»Was wollen Sie?«, ertönte es barsch aus dem Hörer.

»Mit Ihnen sprechen.«

»Wo ist Joseph?«

»Er kommt nach, er hat noch zu tun.«

»Sie haben hier keine Befugnisse.«

»Wir sind von Ihrer Regierung zu Ermittlungen autorisiert. Sie sollten uns noch ein paar Fragen beantworten.«

Der Angerufene machte eine lange Pause.

»Geben Sie mir den Wachposten.«

Der Mann nahm das Sprechfunkgerät und sprach leise und gestikulierend in das Gerät, immer wieder zum Fahrzeug blickend.

»Er erwartet Sie. Sie kennen den Weg«, erklärte er mit mürrischem Blick und wies auf das Gebäude.

Prince fuhr auf den Vorhof und hielt vor der Eingangstür an. Es war kein weiterer Posten anwesend, und so liefen sie den kurzen Flur bis zu Mayeyes Wohnzimmer. Die Tür stand offen und sie traten ein. Bosco witterte Gefahr. Auch Ariane beschlich ein ungutes Gefühl. Plötzlich standen hinter ihnen drei bewaffnete Männer. Einer der drei war der Wachmann, mit dem Ariane bereits unangenehme Bekanntschaft gemacht hatte. Die drei grinsten hämisch und richteten ihre Pistolen auf sie.

»Los, Hände hinter den Kopf.«

Bosco und Ariane folgten der Aufforderung. Aus der Tür im Durchgangszimmer kam Mayeye herein. Dieses Mal war er mit einer Cargo-Hose, einem Khaki-Hemd und schwarzen Schnürstiefeln bekleidet.

»Sie hätten nicht hierherkommen sollen, Kabeera.«

»Wir sind unbewaffnet und wollen nur ein paar Fragen stellen.«

»Sie haben hier keine Fragen zu stellen«, antwortete Mayeye nun mit offener Feindseligkeit. »Und was die Bewaffnung betrifft, das lässt sich ändern. Wir wollen nicht, dass Joseph denkt, wir hätten euch wehrlos erschossen.«

Während Bosco noch verbal versuchte, beruhigend auf Mayeye einzuwirken, überlegte Ariane fieberhaft, wie die Situation unter Kontrolle zu bringen war. Sie hatten Mayeye unbewusst unter Zugzwang gesetzt, und er reagierte nun in Panik. Der Gangster scherzte nicht.

Mayeye winkte seinen Schergen und ging voraus zu der Tür im zweiten Raum. Bosco und Ariane spürten die Mündungen der Pistolen im Rücken. Ariane spannte ihren Körper an. Der Zeitpunkt war nicht günstig für eine Gegenwehr. Mühsam unterdrückte sie die in ihr aufkommende Furcht. War die Flucht aus ihrer bürgerlichen Existenz es Wert, hier zu enden?

Die große Entfernung nach Hamburg hatte sie nie belastet, aber plötzlich war ihre Heimatstadt unendlich weit. Sie hatte sich aus freien Stücken für diesen Einsatz zur Verfügung gestellt. Jetzt hatte ein zu allem entschlossener Verbrecher die Regie über ihr Leben übernommen. Wie in einem Zeitraffer tauchten überblendende Bilder von Schiffen auf der Elbe, Nordseewellen und den Gesichtern ihrer Familie und ihrer Freunde auf. Würden sie jemals ihr Grab besuchen können?

Verdammt, Bruce Willis ist nie da, wenn man ihn braucht.

Nacheinander gingen sie in den Wirtschaftstrakt und stiegen die Treppe zum Untergeschoss hinunter. Bosco war dicht hinter Mayeye. Ariane tippte ihn leicht an und deutete unmerklich mit dem Kinn zu Mayeye, während er zu ihr schielte. Bosco hatte die Situation ebenfalls richtig eingeschätzt. Hochkonzentriert war er ebenfalls zur Gegenwehr bereit. Er hatte verstanden und nickte unauffällig. *Jetzt!* Der Mann hinter Ariane versperrte den beiden folgenden Männern den Weg.

Krav Maga gun defense from behind.

Blitzschnell drehte sie ihren ganzen Körper. Der Arm des Gangsters geriet sofort in ihre Armbeuge. Mit dem Ellenbogen drückte sie sein Schultergelenk nach unten, während sie ihm mit der anderen Hand die Pistole entwand und ohne Zögern sofort auf den zweiten Mann schoss. Tödlich getroffen, sackte er in sich zusammen. Während es dem dritten Mann gelang, hinter dem Treppenabgang in Deckung zu gehen, rammte sie dem Entwaffneten die Knie in den Unterkörper und schlug ihm die Pistole über den Kopf. Er sackte in sich zusammen. Im schummrigen Licht erkannte sie ihren besonderen Freund, der nun mit einer stark blutenden Platzwunde auf dem Kopf auf der Treppe lag.

Mayeye hatte sich ganz auf seine drei Paladine verlassen und seine Pistole im Gürtelholster belassen. Noch bevor er sich ganz umgedreht hatte, warf sich Bosco mit seinem ganzen Gewicht auf ihn. Obwohl der Kongolese deutlich größer war, hatte er Boscos massiver Körperfülle nichts entgegenzusetzen. Nach kurzem Gerangel gelang es ihm, dem Banyamulenge die Pistole zu entwinden. Ariane war gerade dabei, auch dem Getöteten die Pistole abzunehmen, als der dritte Mann von oben in das dunkle Treppenhaus schoss. Der Schuss ging über Ariane hinweg und streifte Bosco am Oberarm. Durch den beißenden Schmerz zuckte er zusammen und duckte sich reflexartig. Dabei gelang es Mayeye, sich zu befreien. Noch bevor Bosco die Waffe anlegen konnte, war Mayeye in der Dunkelheit des Ganges entschwunden. Seine Schritte hallten schwach von den Wänden und entfernten sich.

Ariane sah, dass Bosco verwundet war. Ohne darauf zu achten, überprüfte er die Schussbereitschaft von Mayeyes Waffe. Bevor sie ihm ihre Hilfe anbieten konnte, sagte er: »Ich kümmere mich um Mayeye, erledige du den Typ da oben.«

Ohne eine Antwort abzuwarten, drehte sich Bosco um und entschwand in den Tunnel. Mit der Pistole im Anschlag tastete er sich vorsichtig den dunklen Gang voran, der sich zunehmend erhellte. Feucht-modriger Geruch strömte ihm entgegen und signalisierte die Nähe des Sees.

Ariane überlegte unterdessen, wie sie den Mann am Treppenabgang unschädlich machen konnte. Oben hatte jemand die Stromversorgung abgeschaltet, und es war fast dunkel. Sie wandte sich der Treppe zu, als sie plötzlich ein Geräusch wahrnahm und sich eine riesige Gestalt vor ihr aufbaute. Der zuvor Niedergeschlagene war schneller aus der Bewusstlosigkeit erwacht, als sie angenommen hatte. Bevor sie reagieren konnte, schlug ihr der Angreifer die Pistole aus der Hand. Zwei Pranken legten sich um ihren Hals und schnürten ihr die Luftzufuhr ab. Heißer Atem, nach Alkohol und Tabak riechend, strömte ihr entgegen.

»Nun werden wir uns einmal in Ruhe mit dir beschäftigen.«

Das halte ich nicht lange aus. Krav Maga choke defense.

Mit aller Kraft ergriff sie die Daumen des Mannes, drehte diese samt den Unterarmen nach außen und versetzte ihm kurz hintereinander zwei kräftige Tritte zwischen die Beine. Stöhnend beugte sich der Angreifer nach vorne. Während sie ihm den Kopf noch weiter nach unten drückte, folgte ein Stoß mit dem Knie auf das Gesicht. Der Mann brüllte vor Schmerz. Ariane ging zwei Schritte zurück und fingerte nach der Pistole, die sie auch wiederfand. Ihre Augen hatten sich inzwischen an die Dunkelheit gewöhnt. Mit einem Schrei ging der Mann wutentbrannt wieder zum Angriff über. Ariane drückte zweimal kurz hintereinander ab. Einer der Schüsse traf den Mann ins Herz. Für einen Moment stand er wie erstarrt vor der untersten Treppenstufe. Ariane trat zur Seite. Stumm kippte der Angreifer nach vorne und prallte mit einem dumpfen Geräusch auf den kühlen Betonboden.

Von dem dritten Mann war nichts mehr zu hören. Er hatte sich zur Flucht entschlossen. Für einen kurzen Moment legte sich eine unheimliche Stille über das Geschehen. Plötzlich brach draußen auf dem Gelände das unverkennbare Inferno hämmernder Maschinengewehrsalven aus. Dazwischen war der dumpfe Knall einzelner Schüsse zu hören. Ariane entschied sich, Bosco zu folgen. Vorsichtig tastete sie sich den Gang hinab, in dem er verschwunden war.

Bosco hatte sich nach dem Verschwinden Mayeyes weiter zu dem immer heller werdenden Licht im Tunnel bewegt. Anfänglich kam der Stromausfall eher dem ortskundigen Mayeye zugute, aber die Dunkelheit schützte auch den Verfolger. Der Ausgang des Tunnels war nun deutlich zu sehen. Als er noch etwa fünfundzwanzig Meter von seinem Ziel entfernt war, hörte Bosco das typische Fehlstartbullern eines Außenbordmotors, der nach dem zweiten Versuch ansprang und das Boot sogleich aufheulend in Bewegung setzte.

Er darf nicht entkommen.

Bosco rannte auf den Ausgang zu und erreichte ein zum See hin offenes Gewölbe mit einer Slipanlage, über die man ein Boot ins Trockene ziehen konnte. In kurzer Entfernung sah er das offene Motorboot, wie es sich entfernte. Neben Mayeye war noch ein weiterer Mann an Bord, der das Wasserfahrzeug steuerte. Das Boot war noch nicht weit gekommen, als sich der Banyamulenge umdrehte und Bosco erkannte. Sofort richtete er eine AK-47 auf Bosco, der seinerseits die Waffe bereits im Anschlag hatte und gezielt mehrere Schüsse abgab. An der linken Schulter getroffen, sank der Gangster auf den Sitz. Schwankend richtete er sich wieder auf und kämpfte mühsam mit dem Gleichgewicht. Noch einmal versuchte er mit seinem rechten Arm auf Bosco zu zielen.

Ein sich schnell näherndes Geräusch signalisierte die Annäherung eines weiteren Motorbootes. Mayeyes Bootsführer erkannte die Gefahr. Der starke Außenbordmotor drehte hochtourig auf und drückte das Boot mit dem Heck tief in die Welle. Mayeye musste sich abstützen. Das zweite Boot kam näher, und Bosco sah Joseph Likongo am Steuer, mit drei weiteren Männern, das deutsche Schnellfeuergewehr G3 der Firma »Heckler & Koch« im Anschlag. Als sie in zielsicherer Distanz zu Mayeyes Motorboot waren, schossen sie im Dauerfeuer auf das Wasserfahrzeug. Die Geschosse schlugen mehrfach im Boot ein und trafen auch den Motor. Sofort breitete sich eine schillernde Treibstoffspur aus, die sich kurz darauf entzündete. Weitere Schüsse einer Salve trafen einen zweiten Tank. Der auslaufende Treibstoff bildete sofort eine Feuerwand. Der See stand in Flammen. Die Gangster versuchten, noch einmal zur Waffe zu greifen. Beide wurden von mehreren Geschossen getroffen. Mit schmerzverzerrtem Gesicht entglitt Mayeye die Waffe und er fasste sich mit beiden Händen an den Brustkorb. Der Mann am Steuer sank in sich zusammen und rührte sich nicht mehr. Das Motorboot schlingerte etwas und machte eine unkontrollierte Drehung. Dabei kippte Mayeye vorwärts seitlich über Bord und verschwand im dunklen Seewasser. Mit dem tödlich getroffenen Mann auf dem Steuersitz, dessen Kopf leblos auf dem Steuerradlag, raste das Motorboot führerlos auf das Land zu. Mit hoher Geschwindigkeit prallte das Wasserfahrzeug auf einen in den See ragenden Felsen. In einer gewaltigen Explosion zerschellte das Fahrzeug und verwandelte sich in eine brennende Fackel. Bosco, Ariane sowie Likongo und seine Mannschaft und auch die überwältigte Mannschaft Mayeyes, sofern sie noch am Leben war, starrten wie gebannt auf Mayeyes Boot. Während die Flammen langsam erstickten und eine schwarze Rauchfahne emporstieg, versank es langsam in einem Strudel.

Ariane hatte den Ausgang des Tunnels erreicht und sich das Gefecht mit angesehen.

»Das war's wohl.«

»Gehen wir nach oben«, sagte Bosco.

Prince saß in seinem Wagen, als hätte er die ganze Zeit dort gewartet. Ariane winkte ihm zu.

»Konnten Sie sich in Sicherheit bringen?«

»Die Mannschaft hat mich kurz festgehalten, aber als Likongo mit seiner Truppe anrückte, verloren sie das Interesse an mir.«

Der Kommandant kam auf sie zu.

»Das hätte ins Auge gehen können, Kollegen. Ihr hättet auf mich warten sollen.«

Bosco hatte kein reines Gewissen.

»Ich hatte nicht angenommen, dass er so tief in dem Fall steckt. Er hätte sich durch Ihre Anwesenheit kaum davon abhalten lassen, uns vor seiner Flucht zu beseitigen. Ich bin jetzt ganz froh, dass Sie nicht dabei waren. Wo waren Sie denn?«

Joseph lachte kurz auf. »Schon möglich. Ich war auf dem Weg nach Idjwi. Ich hatte mein Mobiltelefon schon abgeschaltet, da ich auf Idjwi keinen Empfang habe, habe es aber noch einmal eingeschaltet, bevor ich außerhalb der Reichweite meines Mobilfunkanbieters geriet. Théo hat mich dann gerade noch vorher erreicht und mich informiert. Dann hat mich auch Prince angerufen, und ich wusste, dass ich gebraucht werde. Ich bin dann sofort umgekehrt und habe meine Männer alarmiert.«

»Was war denn auf Idjwi?«

»Eine Minengesellschaft hatte einen Brand gemeldet. Ein paar meiner Leute sind nun dort und untersuchen das Gelände. Es scheint Brandstiftung zu sein. Ich weiß noch nicht, was da los ist. Da das Gebiet vom Mobilfunk nicht abgedeckt wird, kann ich sie nicht erreichen.«

»Warum hat Mayeye nicht seine ›SÉCOMA‹ zu Hilfe gerufen?«

»Er hat es vermutlich versucht. Ich habe das Haus sofort umstellen lassen. Meine Leute achten darauf, dass sie nur Tee trinken. Sieht so aus, als hätte Mayeye die Nerven verloren. Ich musste hier ohnehin einmal aufräumen.«

Ariane und Bosco ließen sich von einer Polizistin behandeln. Boscos Wunde war harmlos, aber seine Jacke war zerfetzt. Ariane hatte sich beim Kampf auf der engen Treppe eine Schürfwunde an der Hand zugezogen.

»Danke, Joseph«, sagte Ariane. »Zur Hölle mit dir, Bruce Willis«, setzte sie murmelnd halblaut auf Deutsch hinzu.

»Wie bitte?«

»Nichts, war nur so ein Gedanke.«

Joseph lächelte etwas verständnislos, aber er spürte Arianes Nähe. Sie schickte ihm einen warmen Blick.

Mal was Neues, ein Schwarzer als weißer Ritter.

Bosco bemerkte das Knistern und war einen Moment etwas irritiert, lächelte dann aber diskret.

»Joseph … « Sogleich stellte er fest, dass er wie selbstverständlich den Kommandanten vertraulich mit Vornamen angeredet hatte, was er bisher vermieden hatte. »Ich würde mir gerne das Anwesen genauer ansehen.«

»Okay, Bosco, schaut euch ruhig um. Auf der Dachterrasse sind zwei meiner Männer zur Beobachtung der Umgebung.«

Während Josephs Männer die Leichen der erschossenen Wachmannschaft auf einen Pick-up luden, sahen sie, wie aus einem Boot ein Toter ausgeladen wurde. Sie hatten Mayeye gefunden und an Land gebracht. Joseph ging hin und kam mit einer Brieftasche zurück.

»Hier, vierhundert US-Dollar, noch fast trocken, und eine Kreditkarte. Sonst war nichts mehr zu finden.«

Bosco und Ariane sahen sich die Karte an. Sie hatte die Aufschrift Kanton Bank, Stein AG, Schweiz und ein Logo mit den Buchstaben KBS. Ariane schnalzte leise.

»Nun wissen wir, was die Abkürzung KBS in der Liste von Darcys mutmaßlichen Geldtransfers bedeutet. Die beiden waren wohl Kunden derselben Bank.«

Bosco nahm die Geldkarte prüfend in die Hand und sagte: »Die Schweiz scheint sich nicht sonderlich für die Herkunft des Geldes ihrer Kunden zu interessieren. Schon Mobutu war ein ausgesprochener Freund der Schweiz. Wie es scheint, ließen auch Darcy und Mayeye dort ihr Rentenkonto betreuen. Möchte wirklich wissen, was die jetzt mit dem ganzen Geld machen.«

»Das wird die Schweizer Bankiers nicht überfordern«, erwiderte Ariane. »Mobutu war nicht der einzige Autokrat, der die Staatskasse in der Schweiz verwalten ließ. Auf diese Weise bleibt uns die Schweiz auch als größter Empfänger von Entwicklungshilfe in Erinnerung.«

Aus Josephs Mobiltelefon drangen die Klänge des *Indépendance cha-cha-cha*. Bosco und Ariane konnten beobachten, wie sein Gesicht während des auf Lingála geführten Gesprächs zunehmend versteinerte.

»Einer meiner Männer ist aus Idjwi zurück. Ich kann nicht hierbleiben. Am Brandort wurden einige Tote gefunden. Meine Leute hier werden sich um Mayeyes Hinterlassenschaft kümmern. Sie haben Anweisung, euch zu unterstützen. Ich muss ins Büro und dann gleich auf die Insel. Behaltet die Brieftasche, aber dokumentiert den Fund in eurem Bericht.«

Nachdem Joseph ihnen noch den leitenden Offizier vorgestellt hatte, stieg er in sein Fahrzeug und fuhr

Richtung Goma. Ariane und Bosco gingen in Mayeyes Wohngebäude. In der Küche saßen ein verschüchtertes älteres Paar und die junge Frau, die sie während ihres vorherigen Besuches bedient hatte. Die beiden Alten sprachen nur Lingála. Das achtzehnjährige Mädchen war ihre Enkelin. Sie beherrschte gut Französisch. Bosco überließ es Ariane, mit ihr zu sprechen.

»Wie lange sind Sie schon in Mayeyes Diensten?«

»Drei Jahre.«

»Hatten Sie mit ihm eine – persönliche Beziehung?«

Die junge Frau sah ihr abgeklärt in die Augen.

»Sie meinen, ob ich mit ihm ins Bett gestiegen bin? Nein! Meine Großeltern und ich, wir kommen aus demselben Dorf wie Thomas. Er war mit meinen Eltern befreundet.«

»Warum war? Wo sind Ihre Eltern?«

»Ermordet, von *Mayi-Mayi*-Milizen.«

Ariane hätte sich am liebsten auf ihre Zunge gebissen. Sie hatte sich schon oft vorgenommen, solche Fragen hier nur noch zu stellen, wenn sie unvermeidbar waren. Im Kongo hatte inzwischen fast jeder Angehörige, die Opfer der zahlreichen Kriegshandlungen oder Überfälle geworden waren. Erstaunt war sie über die Nüchternheit, mit der die junge Frau darüber sprach.

Als wie normal wird hier der gewaltsame Tod empfunden?

Etwas hilflos drückte sie ihr Bedauern aus.

»Hatte er oft Besuch?«

»Nicht oft, aber schon regelmäßig.«

»Weiße?«

»Weiße und Afrikaner. Auch Nkunda kam manchmal vorbei.«

Ariane zog Darcys Foto aus der Tasche.

»Kennen Sie diesen Mann?«

Sie sah sich das Foto an und nickte. »Das ist *Mister* Darcy.«

»Wie oft war er hier?«

»Ich weiß nicht, aber mehrmals.«

»Wissen Sie, was sie besprochen haben?«

»Es ging meistens um Geld und um Geschäfte. Ich habe nur Gesprächsfetzen aufgeschnappt.«

»Wissen Sie, welche Geschäfte?«

»Darcy war Produzent von Videos. Das wissen hier alle.«

»War? Sie wissen also, dass er tot ist.«

»Ja, das hat sich herumgesprochen.«

»Versuchen Sie, sich noch einmal zu erinnern, was er hier wollte und worüber gesprochen wurde.«

Die junge Frau überlegte. »Er hat oft eines von Thomas' Motorbooten benutzt und ist auf den See hinausgefahren. Meist kam er dann erst am nächsten Vormittag zurück.«

»Hatte Mayeye mehrere Motorboote?«

»Ja, zwei.«

»Wo ist das zweite Boot jetzt?«

»Ich weiß es nicht. Ich glaube, *Mister* Darcy hatte es zuletzt.«

»Und Sie wissen nicht, wohin er mit dem Boot gefahren ist?«

Sie überlegte abermals. »Sie haben immer wieder die Insel Idjwi erwähnt. Die ›SÉCOMA‹ hatte dort einige Probleme mit der Bevölkerung.«

Ariane wandte sich an Bosco, der schweigend zugehört hatte. »Hast du was dagegen, den dreien die vierhundert Dollar zu überlassen?«

Bosco überlegte kurz und nickte.

Ariane gab ihr die vierhundert Dollar und ihre Karte.

»Sie können gehen. Wenn Ihnen noch etwas einfällt, kontaktieren Sie bitte mich oder Kommandant Likongo.«

Sie gingen beide zur Tür, wo die junge Frau sich noch einmal zu ihr drehte. »*Madame*, er war nicht so schlecht. Er hat für uns gesorgt.«

Ariane nickte ihr freundlich zu.

Was soll man dazu sagen. Es ist immer eine Frage der Perspektive.

Sie gingen in das obere Stockwerk. Es hatte drei Räume: ein Schlafzimmer, eine Art Arbeitszimmer und ein weiteres Zimmer, in dem ein Bett und ein Schrank standen. Das Bett war unbenutzt. Im Schlafzimmer standen ein riesiges Bett, ein Schrank und eine Kommode. Der Fußboden war mit einem schweren Teppich ausgelegt. Durch das Fenster konnte man das Tor sehen. Die Möbel enthielten Kleider, Schuhe und Wäsche. Auf dem Fußboden lagen einige Kleidungsstücke und ein offener Koffer, der bereits zum Teil gefüllt war.

Im Arbeitszimmer lagen verschiedene Ausgaben der *The New Times* auf dem Boden. Auch die Ausgabe mit der Pressemitteilung zum Fund des Toten in Gisenyi war dabei. Auf dem Schreibtisch, vor dem nur ein alter Stuhl stand, befand sich ein Computer, dessen Gehäuse geöffnet war. Die Festplatte war entfernt worden.

Ariane sah Bosco an und sagte: »Der Boden hier ist ihm wohl zu heiß geworden.«

»Ja«, entgegnete Bosco, »Mayeye hatte seine Flucht schon vorbereitet.«

12

»Friede ist nicht die Abwesenheit von Krieg.
Friede ist eine Tugend, eine Geisteshaltung,
eine Neigung zu Güte, Vertrauen,
Gerechtigkeit.«
(Benedictus de Spinoza, niederländischer
Philosoph, 1632–1677)

Ein Dorf im Osten des Kongos 1992.

Nirgendwo hatte eine zeitweilige Abwesenheit von Krieg weniger mit Frieden zu tun als im Kongo. Trotzdem betrachteten die Menschen in dem Dorf diesen Zustand nicht nur als Erholungspause, sondern gingen ihrer Arbeit nach, als ginge es um Wohlstand und nicht um ihr Überleben.

»Papa, ich versuche, uns etwas für unser Abendessen zu schießen«, raunte der junge Mann in das Ohr seines schwerhörigen Vaters. Der nickte ihm zu. Der alte Karabiner des Vaters war nicht mehr besonders treffsicher, aber er war damit vertraut. »Geh, mein Junge, nimm mein Fernglas und das Gewehr. Sieh dich aber vor«, ermahnte der alte Mann ihn noch. »Wir werden das Essen vorbereiten.« Als der Sohn das Gewehr schulterte, winkten ihm seine Mutter und seine jüngere Schwester noch zu und machten sich an die Arbeit, die Cassava zuzubereiten.

Der Wald grenzte direkt an das Dorf. Der Junge hatte die Männer des Dorfes schon oft bei der Jagd begleitet. Seit ein paar Jahren wurde die Jagd immer schwieriger. Soldaten und Freischärler durchkämmten die Wälder und schossen auf alles, was sich bewegte. Zusätzlich führten die ständigen Auseinandersetzungen im Osten des Kongos zu einer massiven Migration des Wildbestandes in ruhigere Gebiete der Nachbarländer.

Nach zwei Stunden war es ihm noch nicht gelungen, ein Tier zu erlegen. Er überlegte, ob er noch weiter in den Dschungel vordringen sollte, als er auf einer kleinen Lichtung eine Gazelle erspähte. Vorsichtig schlich er sich näher, um in eine günstige Schussposition zu kommen. Plötzlich ertönten Schüsse aus der Richtung des Dorfes und gleich darauf das apokalyptische Hämmern von Maschinengewehren. Augenblicklich verschwand der Bock im Gebüsch. Der junge Mann rannte voller Angst zum Waldrand, von wo sich ihm der Blick auf eine Szene eröffnete, die ihn erstarren ließ.

Die marodierende Meute hatte den Menschen keine Fluchtmöglichkeit gelassen. Viele Dorfbewohner lagen bereits leblos auf dem Boden, und während sämtliche Hütten brannten, waren ihre Mörder dabei, die Vorräte und Haustiere auf ein paar Pick-ups zu laden. Hilflos und unfähig, etwas zu unternehmen, versuchte er mit dem Fernglas vergeblich, seine Familie zu finden. Danach fokussierte er das Glas auf einen Mann, der auf einem offenen Jeep stand und die Meute dirigierte. Seine Tränen verschleierten ihm den Blick. Plötzlich packten ihn von hinten zwei Männer. Seine heftige Gegenwehr war zwecklos. Sie schleppten ihn zu einem Pick-up, auf dem bereits mehrere gefesselte junge Männer saßen, und banden ihn ebenfalls fest. Fünf davon waren aus seinem Dorf und deutlich älter als er. Mit ihnen hatte er wenig Kontakt gehabt. Sie hatten alle bereits ihre Initiation erhalten. Die anderen kannte er nicht, woraus er folgerte, dass sein Dorf nicht das erste war, welches man überfallen hatte.

Kurze Zeit später schloss sich ihr Fahrzeug einer wilden Kolonne an, die sich rücksichtslos lärmend den Weg durch den Busch bahnte. Bei einem kurzen Blick zurück, konnte der Junge erkennen, dass sein Dorf nicht mehr existierte.

Niemand stellte sich ihnen in den Weg. Auf allen Fahrzeugen saßen bewaffnete Männer, die rauchend, trinkend und grölend, begleitet von lauter Musik aus portablen Radiogeräten, den Busch beschallten. Die zehn Gefangenen konnten sich nur wenig bewegen. Nach fünf Stunden erreichten sie den zentralen Platz eines Camps aus Zelten und einigen Gebäuden aus Bambus. Zwei Männer forderten sie barsch auf, abzusteigen und sich in einer Reihe aufzustellen.

Der Anführer der Gruppe stellte sich breitbeinig, die Arme in der Hüfte abgestützt, vor ihnen auf. Auf seiner Stirn standen Schweißperlen. Er versuchte, seine Lippen zu einem Lächeln zu bewegen, dem aber sein kalter Blick nicht folgen konnte.

»Männer!«, begann er auf Lingála, und sein Blick wanderte die Reihe entlang. »Mobutu hat uns im Stich gelassen, und wir müssen uns nun selbst helfen. Ab sofort seid ihr Mitglieder unserer Befreiungsbewegung. Ich bin Kommandant *Predator*. Meinen Befehlen ist widerspruchslos Folge zu leisten. Wir sorgen für euch, aber Befehlsverweigerung wird mit dem Tode bestraft. Wir werden euch einem militärischen Training unterziehen. Wer sich bewährt, darf mit uns gegen unsere Feinde kämpfen. Andere werden in unseren Minen arbeiten, ebenfalls eine ehrenvolle Aufgabe. Ihr alle kämpft für eure Zukunft!«

Er erläuterte nicht, wer die Feinde waren, gegen die gekämpft werden sollte, und welche Zukunft gemeint war, aber niemand fragte danach.

»Du da, vortreten!« Er deutete auf den Ersten von rechts aus der Gruppe der Gefangenen. Der

Angesprochene, ein großer, kräftiger Junge, sah sich kurz scheu um und folgte dem Befehl.

»Du wirst ab sofort als Sergeant deinen Dienst antreten. Dein Name ist *Evil Spirit*. Wiederhole deinen Titel und deinen Namen!« Der Angesprochene wiederholte mit zitternder Stimme: »Ich bin Sergeant *Evil Spirit*.«

Nacheinander mussten so alle vortreten und erhielten ihren Kampfnamen. Der Junge war der Jüngste von allen. Als er an die Reihe kam, trat der Kommandant auf ihn zu und tätschelte ihm die Wange.

»Du bist noch sehr jung. Wir machen einen guten Soldaten aus dir. Welchen Namen möchtest du haben?«

Trotzig senkte er den Kopf.

»Mein Name ist Prince.«

Der Kommandant lachte laut und blickte amüsiert in die Runde seiner Männer, wobei er nun seinen Mund zu einem breiten Grinsen verzog. »Habt ihr das gehört? Er heißt Prince.« Die Gefolgsleute des Verbrechers lachten pflichtschuldig mit. Der Kommandant wandte sich wieder dem Jungen zu.

»Wie du willst. Wir werden dich *Prince of the Killing Bunch* kurz PKB nennen, okay?«

Prince hatte für einen Moment Mühe, sein inneres Aufbäumen zu unterdrücken, nickte aber schließlich resigniert.

Kommandant *Predator* trat wieder zurück und verkündete:

»Wir werden euch nun euer Quartier zeigen. Das Camp darf ohne Erlaubnis nicht verlassen werden. Ist das klar?«

Ein zaghaftes Raunen aus der Reihe der jungen Männer signalisierte Zustimmung. Ein Mann befahl ihnen zu folgen und führte sie zu einem offenen Unterstand aus grob behauenen Bäumen und einem

Wellblechdach. Der Boden war mit Strohmatten ausgelegt.

»Das ist euer Schlafplatz. Da draußen … «, er deutete mit dem Arm auf das umgebende Buschwerk, » … erwartet euch Simbas Gesetz, das Recht des Stärkeren. Manch einer, der hierher kam, hat schon versucht zu fliehen und ist gescheitert. Versucht es erst gar nicht. Nur bei uns seid ihr sicher.«

Auf einen Hinweis konnten sie sich an einer gefüllten Regentonne erfrischen. Alle bekamen noch eine Plastikflasche mit schalem Wasser zu trinken. Danach suchte sich jeder einen Platz zum Schlafen.

Nach Eintritt der Dämmerung bot die feuchte Hitze der Nacht nur wenig Abkühlung. Trotz des aufdringlichen Lärms der nach wie vor betrunken grölenden Bande waren die Mitgefangenen des jungen Prince bald eingeschlafen. Auch der zu ihrer Bewachung abgestellte Mann war seinem Rausch erlegen und dämmerte sitzend an einen Baum gelehnt dahin.

Der junge Prince war von Anfang an fest entschlossen. Er würde sich nicht zum *Prince of the Killing Bunch* machen lassen. Davon würde ihn auch Simbas Gesetz nicht abhalten. Nach einer Stunde hatte sich die plötzlich einfallende Nacht über das Camp gelegt und die lärmende Meute war verstummt. Nur das laute, knarrende Quaken der mit einer riesigen Schallblase ausgestatteten, nachtaktiven Pantherkröten tönte durch die Dunkelheit und signalisierte die Nähe eines Gewässers. Leise stand Prince auf, nahm seine Flasche mit dem Restinhalt an Wasser und schlich sich zu dem schlafenden Bewacher. Ohne Probleme entwendete er ihm ein langes Messer, das in einer Scheide steckend neben ihm lag, und eine kleine Taschenlampe. Nachdem er sich noch einmal kurz umgesehen hatte und sicher war, dass sein Aufbruch nicht entdeckt worden war, entfernte er sich rasch aus dem Lager und verschwand im Busch.

13

Der vermisste Berater der belgischen NRO hieß Isaam Kabija und führte im Kivu-Gebiet landwirtschaftliche Beratungen durch. Er entstammte einer Tutsi-Familie aus dem Nord-Kivu und arbeitete in mehreren Projekten, sowohl in Ruanda als auch im Kongo. Als seine regelmäßigen Besuche zur Berichterstattung in der Zentrale in Kigali ausblieben, wandte sich der Leiter des Büros an die Polizei, die eine Vermisstenakte anlegte und diese an sämtliche Polizeidienststellen verteilte.

Einige Wochen zuvor fand in der Zentrale der Organisation das alljährliche Treffen der Mitarbeiter statt. Es begann wie üblich abends mit einem gemeinschaftlichen Essen und ging, mit bis in die Nacht andauernden Diskussionen, zu Ende. Dabei konnten Mitarbeiter auch Freunde einladen. Dieses Mal brachte Isaam einen Belgier mit, der sich als Filmproduzent für Naturfilme vorstellte. Er hatte ihn auf der Insel Idjwi kennengelernt und sie hatten sich angefreundet. Der Abend verlief wie üblich, einige machten Erinnerungsfotos und alle gingen gut gelaunt und ohne übermäßig den alkoholischen Getränken zugesprochen zu haben nach Hause.

Ariane kam gerade in das Hauptquartier und warf wie üblich einen Blick auf den Aushang im Eingangsbereich, wo auch das Foto des Vermissten befestigt war. Mehr als andere Mitarbeiter in diesem Gebäude war sie als Ausländerin interessiert an den Nachrichten, da diese auch oft Veranstaltungen ankündigten, die den lokalen Mitarbeitern längst bekannt waren. Ihr Blick streifte die Vermisstenanzeige nur kurz. Gutaussehender Typ, dachte sie noch und ging in ihr Büro, um am Fall des Toten aus Gisenyi zu arbeiten. Als sie die Akte aufschlug, in der das Porträt des Toten oben lag, lief ihr ein Schauer über den Rücken. Auf dem Foto des Vermissten hatten sie bisher etwas übersehen.

Sie rannte die Treppe hinunter, riss die Vermisstenanzeige von der Wand und hetzte wieder hinauf. Es war nichts an dem Vermissten, was sie so stutzen ließ, es war eine halbverdeckte Person im Hintergrund. Obwohl das Foto, wie oft bei Porträtaufnahmen, mit geringer Schärfentiefe aufgenommen worden war, konnte sie den Mann mit der haarlosen Furche am Kopf wiedererkennen.

»Bosco, unser Toter in Gisenyi muss den Vermissten gekannt haben«, platzte sie in das Büro ihres Chefs, der gerade am Telefon mit Théo diskutierte.

Bosco blickte kurz auf und unterbrach das Gespräch.

»Ein Moment, Théo, bitte bleib am Apparat, ich schalte den Lautsprecher ein.«

Er betrachtete das Foto.

»Wir haben anscheinend eine Spur. Wir müssen das überprüfen. Ich rufe dich später zurück.«

»In Ordnung, du kannst mich auch zu Hause erreichen, wenn es länger dauert.«

Bosco legte auf und sah kurz zu Ariane auf, die vor seinem Schreibtisch stand.

»Wir müssen herausfinden, wer das Foto aufgenommen hat und wo. Ruf bitte einmal bei seinem Arbeitgeber an.«

Ariane ging in ihr Büro und wählte die Telefonnummer der belgischen Organisation aus dem Auskunftssystem der Polizei.

Der Leiter der NRO meldete sich kurz angebunden mit »Marchal! Mit wem spreche ich?«.

»Ariane Manstein, CID Kigali. *Monsieur* Marchal, wir würden Sie gerne kurz sprechen. Es geht um Ihre Vermisstenanzeige.«

»Oh, ich hoffe, Sie haben eine gute Nachricht.«

»Es könnte sein, dass wir der Sache etwas näher gekommen sind. Wir möchten gerne kurz bei Ihnen vorbeikommen.«

»Gut, ich erwarte Sie.«

»Danke, wir werden in dreißig Minuten bei Ihnen sein.«

Kurze Zeit später waren sie auf dem Weg in die Innenstadt. Das Büro der belgischen NRO lag in einer kleinen Seitenstraße der Avenue Paul VI. Antoine Marchal empfing sie sofort in seinem Büro. Er wirkte vital, obwohl er, wie sie aus ihrer Datenbank wussten, die sechzig bereits deutlich überschritten hatte. Bosco stellte sich und Ariane vor. Marchal warf nur einen kurzen Blick auf die Dienstausweise der beiden Polizisten. Die Einrichtung seines Büros bestand aus edlen Tropenhölzern und die Wände waren mit Familienfotos und Fotos von Safaris bedeckt. Auf den Regalen standen zwischen Büchern hölzerne Skulpturen afrikanischer Künstler. An einer Wand hing eine hölzerne Maske, deren düsterer Gesichtsausdruck sofort die Aufmerksamkeit der Besucher erregte. Interessiert betrachteten sie das Kunstwerk.

»Kennen Sie sich in der Kunst afrikanischer Masken aus, *Monsieur* Marchal?«

Marchal warf einen kurzen Blick auf die Maske und sah etwas verwundert auf die beiden Polizisten. »Nein, ich bin in diesem Thema nicht sonderlich bewandert. Ich habe diese Maske bei einem Händler in Angola erstanden. Er hat mir die Bedeutung erklärt. Düster, nicht? Wenn er mich nicht angelogen hat, handelt es sich um eine Maske der Chokwe und stellt *Kalunga*, die höchste Macht, dar.« Mit auf dem Rücken verschränkten Armen blickte er gefällig auf die Maske und setzte lächelnd mit einem Seitenblick zu Bosco hinzu: »Sie war nicht ganz billig. Wenn ich im Ruhestand bin, werde ich mich etwas näher mit afrikanischer Kunst beschäftigen.« Ohne das Thema zu vertiefen, drehte er sich um und lenkte das Gespräch auf den Zweck des Besuches.

»Sie haben Nachrichten über den Verbleib unseres Mitarbeiters?« Er deutete auf zwei freie Stühle an einem Nebentisch. Ariane und Bosco setzten sich.

Bosco antwortete: »Nein, *Monsieur* Marchal, ich muss Sie leider enttäuschen, aber wir sind ihm eventuell auf der Spur. Auf dem uns zur Fahndung überlassenen Foto, ist ein Mann zu sehen, über den wir gerne etwas mehr wissen möchten. Uns interessiert, in welcher Beziehung er zu Ihrer Organisation stand.«

Bosco nahm das Foto aus seiner Akte und deutete auf den Mann im Hintergrund, ohne zu verraten, dass er bereits als Tom Darcy identifiziert worden war.

Marchal nahm das Foto, sah es kurz an, räusperte sich etwas und rückte sich unruhig in seinem etwas überdimensionierten Sessel zurecht.

Die beiden Polizisten hatten plötzlich das Gefühl, dass ihm etwas im Zusammenhang mit dem Foto unangenehm war.

»Ich hatte eine Mitarbeiterin gebeten, ein für eine Anzeige geeignetes Foto zur Verfügung zu stellen und es bei Ihnen abzugeben. In meiner eigenen Sammlung konnte ich kein brauchbares Foto finden, und das Foto aus seiner Personalakte war nicht aktuell. Ich wusste nicht, dass noch eine weitere Person darauf war.«

»Wo wurde das Foto aufgenommen?«

»Bei unserem jährlichen Betriebsfest, hinter dem Haus im Garten. Er ist kein Mitarbeiter unserer Organisation. Isaam hatte ihn als seinen Freund Tom vorgestellt. Er gab sich als Naturfilmproduzent aus und sprach Französisch. Seinem Dialekt nach nehme ich an, dass er Belgier ist, aber ich habe ihn nicht danach gefragt. Sein voller Name hat uns nicht interessiert.«

»Hat er sonst mit jemandem gesprochen?«

»Ich habe ihn im Lauf der Feier nicht weiter beobachtet. Zu Beginn hat Isaam ihn mir und einigen Mitarbeitern mit seinem Vornamen vorgestellt, danach … « Er überlegte einen Moment. »Ich kann mich nicht erinnern. Ach ja, Isaam erwähnte noch, dass er ihn auf der Insel Idjwi kennengelernt hat, wo wir landwirtschaftliche Beratungen durchführen.«

»Aber mit irgendjemandem außer Isaam muss er sich unterhalten haben«, mischte sich nun Ariane ein.

»Schon möglich. Wenn Sie wünschen, werde ich eine Anfrage in die Projektbüros versenden. Die meisten sind mit Isaam gut bekannt oder sogar befreundet.«

»Sehr freundlich«, erwiderte Bosco. »Sie würden uns damit sehr helfen. Gibt es nichts, was Ihnen an dem Mann sonst aufgefallen wäre? Haben Sie noch weitere Fotos?«

»Nein, es war eigentlich nichts auffällig an ihm. Seine Kleidung hob sich etwas von dem Äußeren unserer Mitarbeiter ab, die einen eher lässigen Stil bevorzugen. Aber natürlich wurden viele Fotos gemacht und meine Kollegen haben sie mir überlassen. Wir machen davon immer ein Album – meine Aufgabe«, fügte er mit einem verlegenen Lächeln hinzu, als wollte er sich dafür entschuldigen, sich in seiner Position mit solchen trivialen Dingen zu beschäftigen.

Ariane und Bosco erwiderten das Lächeln verständnisvoll.

»Ich habe sie bisher selbst nur kurz durchgesehen. Wenn Sie wünschen, kann ich Ihnen die Fotos zeigen. Sie sind auf meinem Laptop gespeichert.«

»Sehr gerne, *Monsieur* Marchal«, erwiderte Bosco.

Der Belgier bat die beiden an einen Tisch in der Ecke des Raumes, wo sie sich um seinen Laptop platzierten, an den ein externer Bildschirm angeschlossen war. Er startete das Gerät und rückte den Bildschirm für alle sichtbar in die Mitte.

»Ich hoffe, Sie haben Zeit, es sind etwa fünfhundert Fotos«, merkte er an.

Ohne auf eine Antwort zu warten, begann er eine Diashow auf dem PC vorzuführen. Zwischendurch setzten sie den Bildwechsel aus, um einzelne Bilder näher zu betrachten oder zu vergrößern. Es dauerte neunzig Minuten. Das Ergebnis war verblüffend. Während alle Teilnehmer mehrmals abgelichtet waren, oft in freundschaftlichen Umarmungen, mit Gläsern in den Händen, war der Mann, der sich Tom nannte, auf keinem weiteren Foto abgelichtet.

»Ich gebe zu, bei der ersten Durchsicht der Fotos ist mir das nicht aufgefallen«, kommentierte Marchal zögerlich seine Vorführung, während er sich zurücklehnte.

»Nun, ich denke, es gibt Menschen, die haben Gründe, sich nicht ablichten zu lassen, und sind auch auf der Hut, dass das nicht passiert. Sehen Sie, das Foto zeigt ihn eher zufällig, anscheinend ohne dass er es bemerkt hat«, antwortete Bosco.

»Merkwürdig, dass Sie auf ihrem PC kein Foto von ihm haben, auch nicht das Ihrer Mitarbeiterin. Wie ist das zu erklären?«

»Ich persönlich habe nur wenige Fotos gemacht. Meine Mitarbeiter haben mir nur eine Auswahl für das Album zugeschickt. Möglich, dass dieser Tom auf einigen Fotos abgebildet ist. Da er nicht zu unserer Organisation gehört und die meisten ihn nicht kannten, haben die Kollegen Fotos mit ihm vermutlich aussortiert. Darf ich fragen, warum das CID so ein Interesse an diesem Mann hat? Hat er etwas verbrochen?«

»Nein, nicht dass wir wüssten. Aber er wurde tot aufgefunden«, erwiderte Bosco trocken, ohne näher auf die Umstände einzugehen.

Marchal war sichtbar bestürzt. »Oh, wie ist das passiert? Ein Unfall?« Fragend sah er Bosco an.

»Bei einem Unfall würden wir uns nicht mit ihm beschäftigen, *Monsieur* Marchal.«

»Ja, natürlich. Die Ruhe in Ruanda lässt einen leicht vergessen, in welch einer gefährlichen Region wir leben. Glauben Sie, der Tod des Mannes hat etwas mit Isaams Verschwinden zu tun?«

»Schon möglich, wir sind noch dabei, dem nachzugehen«, entgegnete Bosco. Er blickte zu Ariane, die aber ebenfalls keine weiteren Fragen hatte, und wandte sich wieder an Marchal: »Wir danken Ihnen, *Monsieur* Marchal. Bitte geben Sie uns Nachricht, wenn uns von Ihren Mitarbeitern jemand weiterhelfen kann. Außerdem bitten wir noch um eine Kopie von Isaams Personalakte«, sagte Ariane.

»Ich habe die Akte digital auf meinem PC. Wenn Sie einen Stick haben, kann ich sie Ihnen sofort kopieren«, erwiderte er. Ariane nestelte ihren Stick von einem Schlüsselbund und gab ihn Marchal. Nachdem dieser die Dateien kopiert hatte, begleitete er Ariane und

Bosco zur Tür. Mit etwas verlegenem Blick sah er beide an und sagte mit stockender Stimme:

»Da ist noch eine Sache, die möglicherweise von Interesse sein könnte und von der innerhalb der NRO nur wenige wissen.« Ohne eine Antwort abzuwarten, fuhr er fort: »Isaam ist homosexuell. Das ist in unserer Organisation kein Thema, sofern es nicht die Arbeit beeinträchtigt. Trotzdem behalten wir das Wissen so gut wie möglich unter uns, da Homosexualität in Afrika immer noch stark stigmatisiert wird. Es steht auch nicht in der Personalakte. Wir hatten niemals Anlass zur Vermutung, dass er seine Tätigkeit in irgendeiner Weise dazu genutzt hat, einschlägige Kontakte zu knüpfen.«

Bosco und Ariane blickten sich kurz an und Bosco entgegnete mit mühsam unterdrücktem Ärger: »Schön, dass Sie sich noch entschlossen haben, eine wichtige Information preiszugeben. Ich hoffe, da gibt es nicht noch mehr, was wir wissen sollten. Das ändert die Sichtweise auf unseren Fall entscheidend, und auch das Verschwinden Ihres Mitarbeiters erscheint nun möglicherweise in anderem Licht.«

»Bitte entschuldigen Sie, ich stehe hier in einem Konflikt zwischen der Verletzung der Privatsphäre meiner Mitarbeiter und Ihrem Informationsbedarf. Ich versichere Sie aber meiner vollen Unterstützung.«

»Gibt es Hinweise, dass auch dieser Tom homosexuell war?«

»Nein, ich weiß das wirklich nicht. Wir haben ihn flüchtig kennengelernt. Isaam hatte eine völlig unverkrampfte Art, mit Menschen umzugehen. Wie sollten wir das wissen?«

»Aber Sie und möglicherweise andere Mitarbeiter wussten, dass er homosexuell ist. Da kommt einem automatisch der Gedanke an eine besondere Beziehung.«

»Möglich, dass mir der Gedanke kurz kam, aber ich war an diesem Tag zu beschäftigt. Mich jedenfalls hat es nicht interessiert. Von anderen weiß ich es natürlich nicht.«

»Gut, *Monsieur* Marchal, lassen wir es vorläufig dabei bewenden. Es ist möglich, dass wir in dieser Sache noch einmal auf Sie zukommen müssen«, beendete Bosco das Gespräch.

»Selbstverständlich Chief Inspector, ich stehe Ihnen jederzeit zur Verfügung.«

Sie waren bereits auf der Rückfahrt ins Büro und hingen zunächst ihren Gedanken nach. Ariane blickte seitlich zu Bosco, der das Fahrzeug lenkte.

»Ich denke, Marchals Aussage, verkompliziert die Sache etwas. Es sind jetzt noch andere Szenarien denkbar.«

Bosco schwieg einen Moment. »Ja, leider, auf jeden Fall müssen wir uns nun verstärkt auch um den Vermissten kümmern. Das Verschwinden von Isaam hängt irgendwie mit Darcys Ermordung zusammen.«

14

Zurück im Büro setzte sich Bosco zunächst einmal an den Schreibtisch, lehnte den Kopf zurück und starrte zur Decke. Aufgrund einer Dienstanweisung war der Deckenventilator auf die niedrigste Geschwindigkeit eingestellt und hielt die stehende Warmluft etwas in Bewegung, ohne die stickige Atmosphäre merklich zu beeinflussen. Der Einbau von Klimaanlagen wurde zwar diskutiert, aber aufgrund der andauernden Energiekrise, die gerade jetzt ihren Höhepunkt hatte, immer wieder verschoben. Der staatliche Energie- und Wasserversorger »ELECTROGAZ« hatte seit geraumer Zeit mit einer anhaltenden Trockenheit zu kämpfen. Das führte dazu, dass die Wasserstände in den Stauseen im Norden sanken und das Wasser die Turbinen nicht mehr antreiben konnte.

Boscos Gedanken kreisten immer wieder um die Insel Idjwi. Das Mädchen in Mayeyes Haus hatte die Insel im Zusammenhang mit Darcy erwähnt. Er blätterte in der Akte und nahm sich Théos Bericht noch einmal vor. Der Fischer, der Darcy gefunden hatte, kam auch von der Insel. Er hatte seinen Namen mit Ota Benga angegeben. Das Vernehmungsprotokoll gab ansonsten keine weiteren Hinweise. Angeblich hatte dieser Ota Benga den Toten von seinem Boot aus gesehen und dies danach an der Zollstation gemeldet, welche die Polizei informierte. Irgendwie hatte Bosco das Gefühl, dass in dem offiziellen Protokoll, welches von den Mitarbeitern im Büro des Staatsanwaltes gefertigt worden war, etwas fehlte. Er konnte sich an den genauen Wortlaut von Théos Protokoll nicht mehr erinnern.

Ariane kam herein. Sie wollte mit ihm noch einmal anhand der Fotos über den Fundort diskutieren.

»Einen Moment, Ariane, ich muss Théo noch etwas fragen.«

Er griff zum Telefon und schaltete für Ariane den Lautsprecher ein. Théo war sofort am Apparat. Nachdem er ihn über die neuen Erkenntnisse informiert hatte, trug er seine Frage vor.

»Théo, hast du von deinem Protokoll noch eine Kopie?«

»Ja, natürlich, das mache ich immer. Es kommt vor, dass selbst wichtige Schriftstücke verschwinden.«

»Gut, mich interessiert noch einmal der Abschnitt, in dem du die Aussagen des Fischers protokolliert hast. Könntest du mir das bitte vorlesen?«

»Einen Moment, ich habe das gleich zur Hand.« Nach einer Pause, in der Bosco das Rascheln umgeschlagener Papierseiten vernahm, meldete sich Théo zurück.

»Okay, hör zu. Ein Fischer mit Namen Ota Benga, ein kongolesischer Batwa, sah von seinem Boot aus am Ufer einen leblosen Körper liegen …«

Bosco unterbrach ihn. »Was sagst du da, ein Twa? Das steht nicht in dem offiziellen Protokoll aus Mugambages Büro. Ich fasse es nicht. Verdammte politische Korrektheit! Die Jungs im Büro des Staatsanwaltes haben die ethnische Herkunft des Fischers verschwiegen.«

Théo verstummte einen Moment und gab sich dann zerknirscht.

»Sorry, Bosco, das hätte mir zuerst auffallen sollen. Ich hatte wohl diesem Umstand auch nicht so viel Bedeutung beigemessen.«

»Na, wenigstens hast du dich nicht davor gedrückt, den Twa als solchen zu bezeichnen. Gibt es keinen Identitätsnachweis von ihm?«

»Nein, die Zöllner haben ihn zwar befragt, aber so etwas haben die Fischer nie bei sich. Es war ein Junge, höchstens sechzehn Jahre alt, maximal 1,40 Meter groß und schmächtig. Mit einem solchen Mord war er wohl nicht in Verbindung zu bringen.«

»Das festzustellen, wäre eigentlich unsere Sache gewesen.«

Nun mischte sich Ariane ein. »Bei der Durchsicht der Fotos vom Fundort ist mir etwas aufgefallen. Ich habe den Verdacht, dass die Fundstelle vom See aus überhaupt nicht einsehbar ist. Der Baum mit den tiefhängenden Ästen, unter dem er lag, versperrt möglicherweise die Sicht, wenn der Junge nicht schon direkt am Ufer war.«

Bosco runzelte die Stirn. »Ich gebe zu, diesen Aspekt hatte ich auch noch nicht in Betracht gezogen.«

»Hm, einen Moment«, tönte es aus der Sprechanlage. Bosco und Ariane vernahmen wieder das Rascheln von Papier, bevor Théo sich zurückmeldete: »Es steht nichts im Bericht, aus welcher Entfernung er den Toten sah, und auch nicht, ob der Fischer dort an Land gegangen ist. Das Steilufer ist schwierig zu begehen. Niemand würde dort freiwillig zur Straße hochklettern«.

Bosco hatte den Abstieg zur Fundstelle des Mordopfers noch in Erinnerung. Ariane führte den Gedanken weiter.

»Und wenn er dort war, was hatte er da zu suchen? Wir sollten die Zöllner noch einmal fragen, wo er das Boot festgemacht hat, um sie zu informieren.«

»Du könntest recht haben«, sagte Bosco. Er ertappte sich dabei, wie er Ariane ehrfurchtsvoll von der Seite musterte. Sie schaute ganz in Gedanken versunken aus dem Fenster und bemerkte es nicht. Auch wenn sie sich irren sollte, bewies sie ihren scharfen Blick für Details.

Théo war am anderen Ende verstummt.

»Théo, könnte es sein, dass wir etwas übersehen haben?«

»Es könnte sein! Verdammt, Bosco, werden wir schon alt? Wir nehmen sofort unser Boot und prüfen das. Ihr hört von mir.«

Ariane drehte sich zu Bosco. »Mach nicht so ein Gesicht, es muss ja nicht so sein.«

»Richtig, aber prüfen müssen wir es«, entgegnete er, schon wieder mit Entschlossenheit in der Stimme. Bosco ärgerte sich etwas über sich selbst. Fehler passierten, aber auch ihm hätte das auffallen können.

Arianes Mobiltelefon meldete sich. Sie sah, dass Richard sie sprechen wollte.

»Richard, hallo, hast du Nachrichten aus Hannover?«

»Ja, der Bericht ist schon unterwegs. Wir haben Glück. Die Lagerstätte ist bereits zertifiziert. Es ist eine Mine auf Idjwi.«

»Ich bin beeindruckt. Das passt in die Richtung unserer Ermittlungen. Ich danke dir, du hast was gut bei uns!«

Bosco hatte zugehört und fuchtelte mit den Armen.

»Chief Inspector Kabeera möchte sich ebenfalls bedanken.«

»Na, da fällt mir schon was ein. Wie wäre es mit einem gemeinsamen Essen?«

»Geht klar, aber lass uns erst den Fall abschließen.«

»Also, bis dann.«

Bosco hatte die Karte mit den Coltan-Fundstellen der Rwanda Natural Resources Authority herausgeholt und faltete sie auseinander. Unter den rot markierten Vorkommen von Coltan und Kassiterit waren auch Lagerstätten auf der Insel Idjwi markiert.

Kaum war Bosco am nächsten Morgen in seinem Büro angekommen, rief Théo an. »Es ist so, wie Ariane vermutet hat. Die Fundstelle kann überhaupt nicht eingesehen werden. Ich habe auch einen der Zöllner noch einmal befragt. Er gibt an, dass der Twa sein Boot auf der kongolesischen Seite festgemacht hatte, um die Anzeige abzugeben.«

»Gut, anscheinend gibt es einige Gründe, uns auf der Insel umzusehen.«

Hatte der Brand, von dem Joseph sprach, etwa auch etwas mit dem Fall zu tun? Bosco überkam ein Gefühl der Ungeduld. In solchen Situationen steckte er sich immer einen Kaugummi in den Mund. Für seine Kollegen und auch seine Frau war es ein eindeutiges Signal. Sie bezeichneten es als Jagdfieber.

»Théo, frag Joseph, ob er uns eine Bootsfahrt spendiert. Wir müssen uns auf Idjwi umsehen.«

15

Der bewaffnete Wachposten am Eingangstor winkte ihn gleichgültig durch. Er war angekündigt. Der junge Mann trat in das alte Lagerhaus unweit des Sees. Das Haus, zwei kleinere Nebengebäude und das große Grundstück waren von einer Minengesellschaft gemietet und großräumig umzäunt worden. Angeblich waren wertvolle Geräte im Haus, die es zu schützen galt. Der Raum war dunkel, als er eintrat. Durch einen plötzlich auf sein Gesicht gerichteten Scheinwerfer wurde der Besucher einen Moment geblendet. Schützend hielt er einen Arm vor die Augen.

»Tom, bist du hier?«, rief er in die Dunkelheit.

Er konnte gerade noch die Umrisse einer Art Bühne mit nicht eindeutig identifizierbaren Gerätschaften erkennen, da umfasste ihn ein kräftiger Arm um den Hals und brachte ihn zu Fall. Vergeblich versuchte er, sich noch aus der Umklammerung zu befreien, als er den leichten Stich einer Injektion in den Oberarm spürte. Seine letzte Wahrnehmung war sein am Boden liegender Körper, von dem er sich immer weiter entfernte und schließlich in ein dunkles Nichts überging.

In der südlichen Hälfte des Kivu-Sees liegt die Insel Idjwi, die von Journalisten oft als »die vergessene Insel« bezeichnet wird. Das mag, wie auch bei anderen Gebieten in Ostafrika, vor der Jahrhundertwende zutreffend gewesen sein, aber seitdem die Jagd der Industrienationen nach *Seltenen Erden* eröffnet worden war, ist auch Idjwi Teil der bekannten Welt. Auf der Insel liegen Abbaugebiete für die begehrten Rohstoffe, deren Preise an den Börsen immer neue Rekorde erzielen.

Die Insel Idjwi gehört zu der Demokratischen Republik Kongo und liegt etwa zehn bis fünfzehn Kilometer sowohl von der östlichen Uferlinie Ruandas als auch von dem westlichen Ufer der Provinzen Nord- und Süd-Kivu des Kongos entfernt. Dabei ist die Südspitze von Idjwi nur durch eine schmale Passage mit einer Breite von etwa einem Kilometer vom ruandischen Festland getrennt. Bewohner der Insel, die landwirtschaftliche Produkte erzeugen, bieten diese auf den Märkten der kongolesischen Küstenstädte Bukavu, Goma und Kalehe an.

Der gesamte Osten des Kongos war und ist reich an Erzlagerstätten, um die während der gesamten Geschichte des riesigen Landes gerungen wurde. Auf Idjwi betrieb ein südafrikanischer Konzern die Minen unter Einsatz technischer Hilfsmittel. In unzähligen Minen im Kongo werden Seltene Erden wie Coltan, aber auch das Zinnerz Kassiterit, Gold und Diamanten unkontrolliert im artisanalen Abbau, das heißt, ohne große technische Hilfsmittel, geschürft. Wie in allen diesen unkontrollierten Erzminen des Kontinentes waren die Arbeitsbedingungen der Goldschürfer oder der *creuseurs*, wie sie im frankofonen Afrika genannt wurden, erbärmlich. Die Lebensbedingungen der übrigen Bevölkerung in der Umgebung der Minen waren es auch. Die Schürfer lebten in primitivsten Ansiedlungen auf niedrigstem hygienischem Niveau. Die Versorgung mit Holz zur Gewinnung der Holzkohle und für den Bau der Behausungen hinterließ große Brachflächen im Regenwald. Frauen boten ungeschützten Sex an, ideale Voraussetzung für die Ausbreitung von Infektionen und Aids. Die Gewässer, aus denen das Trinkwasser gewonnen wurde, entwickelten sich nach und nach zu chemischen Zeitbomben.

Besonders Quecksilber wird zur Absonderung von Gold aus dem Erdreich gebraucht und ist hoch toxisch. Bei dieser sogenannten Amalgammethode wird Quecksilber einer Pfanne mit Sediment zugefügt und umschließt die Goldkörner. Die wertvollen Klumpen können dann durch Schweretrennung entnommen werden. Die übrigen Sedimentkörner werden mitsamt dem restlichen Quecksilber in die Gewässer abgeleitet. Um reines Gold zu gewinnen, wird im nächsten Arbeitsgang beim Brennen das Quecksilber verdampft und dabei eingeatmet.

Die Bevölkerung auf Idjwi besteht zum Teil aus dem Pygmäenvolk der Batwa, die in der Region der großen Seen, zu der auch der Kivu-See gehört, als Twa bezeichnet werden. Die Twa stellten in Ruanda vermutlich die Urbevölkerung, bevor die Hutu und die Tutsi sich ausbreiteten. Obwohl die Twa gesellschaftlich immer an unterster Stelle rangierten, war das Zusammenleben der drei Ethnien zunächst problemlos und sie machten sich die Gebräuche und Riten der jeweils Herrschenden zu Eigen. Zur Zeit der Tutsi-Monarchien verdingten sich die Twa auch als Unterhalter am Hof der Könige.

Mit Ausnahme der leitenden Angestellten des südafrikanischen Minenkonzernes »Shaka Resources Inc.«, den Soldaten der regulären kongolesischen Armee DRC sowie einigen Mitarbeitern von NROs hatten viele Bewohner der Insel kaum Kontakt zur Bevölkerung auf dem Festland. Sie sahen sich daher eher auf der »Insel der Vergessenen« beheimatet.

Auf der Insel gab es keine Automobile. Wer nicht über ein eigenes Zweirad verfügte, war auf die zahlreichen

Motorradtaxis angewiesen. Die Verbindung zum Festland wurde durch die Nyamizi, einem Frachtkahn, von der kleinen Ortschaft Kashovu aus aufrechterhalten. Die kleine Ansiedlung im Süden der Insel war nur mit einem primitiven Anlegesteg ausgestattet, wodurch sich das Anlegemanöver für den Kapitän der Fähre immer wieder abenteuerlich gestaltete. Von hier aus verkehrte die *Nyamizi* regelmäßig von der Insel zu den beiden Hauptstädten des Kivu, Bukavu im Süden und Goma im Norden.

Erstaunlicherweise hatte sich bis in das 21. Jahrhundert das Herrschersystem der *Mwami* quasi autonom erhalten. Sie schafften es, die Insel aus den Konflikten des Festlandes herauszuhalten. Flüchtlinge der Exzesse in Ruanda, zunächst Tutsi, danach auch wieder Hutu, fanden dort Zuflucht, ohne dass sich dort die Auseinandersetzungen fortsetzten. Es gab zwei Stammesstrukturen im Norden und im Süden, sogenannte *collectivités-chefferies*, denen je ein *Mwami* vorstand. Die Twa ihrerseits hatten einen *président*, der ihre Belange vertrat.

Großen Einfluss auf die Lebensbedingungen in der Region hatte die immer stärker fortschreitende Entwaldung. Dadurch wurde auch der Lebensraum der Twa stark eingeschränkt. Bald waren sie gezwungen, sich aus ihrem ursprünglichen Lebensraum, dem Wald, zurückzuziehen. Die Aufgabe ihrer Lebensgrundlage, der Jagd, machte es notwendig, sich anderen Erwerbsmöglichkeiten zuzuwenden. So entstanden auf der Insel Idjwi und auch gegenüber auf dem kongolesischen Festland Twa-Kommunen, die sich der Fischerei oder der Landwirtschaft widmeten. Aber auch hier wurde ihr Lebensraum stark reduziert, da kommerzielle und auch private Interessen Land für sich beanspruchten und sie gezwungen wurden, sich immer mehr einzuschränken.

Die Situation verschärfte sich, als vor einiger Zeit mehrere *Wazungu* mit bewaffneten Kongolesen in ihrem Gefolge auf die Insel kamen und sich auf dem brachliegenden Grundstück einer Minengesellschaft einrichteten. Rücksichtslos begannen sie, die Twa zu terrorisieren und die verbleibenden Wildbestände zu dezimieren. Schließlich geriet einer der kongolesischen Helfer der *Wazungu* in eine Falle, mit der die Twa ihr Gebiet schützten, und wurde dabei getötet. Daraufhin erschossen sie ihrerseits einen Twa bei der Feldarbeit.

Der fragile Friede, unter dem die Twa-Gemeinschaft ihren Lebensunterhalt bestritt, war jäh unterbrochen. Zwar wagten die Fremden es nicht, die wehrhaften Pygmäen in ihrem Dorf anzugreifen, denn ihre Fallen und Giftpfeile waren gefürchtet, aber auch der Freiraum der Twa war stark eingeschränkt. Daher beschlossen sie, dem Treiben ein Ende zu machen, und hinterlegten im Büro der *Wazungu* in Goma eine eindeutige Warnung, ein *Sumu*.

> *Wie kann ich so weiterleben? Es muss zu Ende gehen.*
> Wie schon oft in seinen schlaflosen Nächten nahm er eines seiner Bücher zur Hand und begann, in einem Sessel zurückgelehnt, zu lesen bis er ihm die Augenlider zu schwer wurden. Das Buch löste sich aus seiner erschlafften Hand und fiel auf den Fußboden.

16

Goma, Ost-Kongo. Es war viel Betrieb am Abend im *Coco-Jambo-Club*. Viele Ausländer und Afrikaner saßen an der Bar, an den Tischen oder tanzten mit den zahlreich anwesenden Mädchen zu afrikanischen Rhythmen.

Die beiden Männer kamen getrennt. Der weiße Ausländer war mit einem Taxi gekommen, schaute sich kurz um und wählte einen Tisch in einer Ecke, der vom Eingang aus gut zu sehen war. Der Nachtclub war schwach beleuchtet. Der Mann, mit dem er verabredet war, sollte ihn sofort finden können. Eine von mehreren weiblichen Bedienungen entdeckte ihn und trat zu ihm an den Tisch. Er bestellte gleich zwei »Mützig« und musterte kurz gleichgültig ihre betont provozierende Aufmachung. Sie brachte das Bier und er legte einen Schein auf den Tisch. Mit einem kurzen Wink signalisierte er den Verzicht auf das Wechselgeld. Kurz darauf kam ein Afrikaner, der ihn sofort entdeckte und zielstrebig auf seinen Tisch zusteuerte. Lässig schob dieser ihm mit dem Fuß einen der um den Tisch gruppierten Stühle zu und deutete auf das bestellte Bier.

»Bonsoir, Capitaine, setz dich.«

»Nenn mich hier nicht Capitaine. Was willst du, warum so konspirativ?«

»Ich ziehe es vor, nicht mit dir gesehen zu werden.«

Der Afrikaner sah sich kurz um. »Gut, komm' zur Sache.«

»Ich habe einen kleinen Auftrag für euch.« Der Mann erläuterte sein Anliegen.

Während sich die beiden Männer unterhielten, bemerkten sie nicht, dass sie mit gespannter Aufmerksamkeit beobachtet wurden. Der junge Mann hatte, während er mit einem Mädchen tanzte, zunächst den Weißen bemerkt, den er kannte, ohne eine Veranlassung zu haben, ihn zu begrüßen. Auch den Kongolesen erkannte er sofort, als dieser zu dem Tisch mit dem Ausländer ging. Nahezu überwältigt von seiner Erinnerung, die ihn seit dreizehn Jahren verfolgte, presste er das Mädchen ungewollt fest an sich, die es gleichmütig hinnahm, aber verwundert registrierte, dass die Aufmerksamkeit ihres Tanzpartners nicht ihr galt. Mit Mühe hielt der junge Mann die Tränen zurück und vergrub sein Gesicht in das lockige Haar des Mädchens. Als er sich wieder gefasst hatte, wusste er, dass sein künftiges Leben nur noch ein Ziel hatte. Diesen Mann würde er nicht mehr aus den Augen verlieren.

Der mit »Capitaine« Angesprochene nahm einen Schluck aus seiner Flasche. Nachdem er einen Moment das Angebot seines Gesprächspartners überdacht hatte, blickte er auf den Ausländer. »Das nennst du einen kleinen Auftrag? Das wird nicht billig.«

»Wie wäre es mit zehn Prozent?«

»Zehn Prozent von was?«

»Etwa eine Million US-Dollar«, log der Weiße.

»Wie wäre es mit zwanzig Prozent?«

»Fünfzehn Prozent, zusätzlich eine Anzahlung von zehntausend«, lenkte der *Mzungu* sofort ein.

Der Afrikaner nahm einen weiteren Schluck aus der Flasche und willigte nach kurzer Pause ein. Er zog eine Visitenkarte aus seiner Brieftasche, notierte etwas auf der Rückseite und reichte sie seinem Gegenüber. »Nachdem Mayeye tot ist, muss ich mich ja nun um die Aufträge kümmern. Hier ist meine Kontoverbindung, ich warte auf den Eingang der Anzahlung.« Ohne sich noch einmal umzublicken, verließ er den Nachtclub und bestieg sein Auto. Unbemerkt folgte ihm ein Fahrzeug bis zu seinem Haus. Unterdessen trank der Ausländer zufrieden sein Bier aus und verließ das Lokal nach einigen Minuten ebenfalls.

Es war noch früh am Morgen, als Joseph im Norden der Insel Idjwi sein Boot langsam, mit ausgeschaltetem und hochgeklapptem Außenbordmotor, auf dem flachen Strand knirschend zum Stillstand brachte. Eine beängstigende Vorahnung beschlich ihn. Der Eigner des Grundstückes und Direktor der Mine kam ihm entgegen.

»Gut, dass Sie kommen. Wir sind alle schockiert.«

Zusammen gingen sie zu der Brandstelle. Verkohlte Holzbalken türmten sich übereinander. In der Mitte des Platzes, auf dem zuvor ein Lagerhaus und zwei weitere Gebäude gestanden hatten, ragten wie ein Fanal zwei Stahlträger empor, die aufgrund ihrer Stärke das Inferno teilweise überstanden hatten. Das ursprünglich mit Gras bewachsene Gelände war jetzt mit weißer Asche bedeckt. Von den umgebenden Büschen und Sträuchern ragten nur noch schwarze Überreste skelettierter Äste aus dem Boden. Ein unförmig zusammengeschmolzenes Knäuel aus Stahldraht kennzeichnete die Grenze des vormals umzäunten Areals.

Der Direktor wies auf eine Gruppe diskutierender Männer außerhalb des Geländes. Dort standen Josephs Mitarbeiter, die den Blick auf einige am Boden liegende Körper verdeckten. Als Joseph und der Direktor sich näherten, salutierten die Polizisten und wichen zur Seite. Aneinandergereiht lagen zehn menschliche Körper und ein Paar abgetrennte Beine eines Weißen ohne zugehörigen Torso. Neben den neun toten Afrikanern lag ein weiterer Weißer, dessen Beine ebenfalls abgetrennt worden waren und neben ihm lagen. Einer der Männer trat an Joseph heran.

»Wir haben sie hinter den Büschen ausgegraben. Ein Kollege hat beim Pinkeln die Grabspuren entdeckt.«

Joseph erkannte den toten *Mzungu*. Es gehörte nicht viel Fantasie dazu, auch die abgetrennten Beine dem fehlenden Torso zuzuordnen. Einen der Toten in der Uniform der »SÉCOMA« glaubte er, auch schon einmal in Goma gesehen zu haben. Der Zustand der Leichen war auch für Hartgesottene schwer zu ertragen.

Joseph wandte sich an den Direktor und zeigte ihm das Foto Darcys.

»Kennen Sie den Mann?«

»Ja, er ist der Mieter des Geländes.«

»Haben Sie Kontakt zum Festland?«

»Ich nutze hier ein Satellitentelefon.«

Er griff in die Tasche und reichte Joseph das Gerät. Die Anschlussnummer von Bosco kannte er inzwischen auswendig.

»Bosco, hier ist Joseph.«

»Hallo, Joseph. Gut, dass du anrufst. Wir haben versucht, dich zu erreichen. Was gibt es?«

»Ihr müsst sofort nach Idjwi kommen. Wir haben einige Tote gefunden, darunter Krauskopf und zwei weitere Beine eines Weißen ohne Torso. Ich denke, es handelt sich um Darcys Überreste. Hier hat eine Gewaltorgie stattgefunden. Ich schlage vor, ihr kommt nach Kibuye. Das ist der schnellste Weg. Ich werde euch dort mit meinem Boot abholen.«

Bosco hatte genug gehört und stellte keine weiteren Fragen.

»Bosco, dieser Brand hat zweifellos mit eurem Fall zu tun. Ich muss aber nun die Rechtsmediziner der MONUC einschalten. Diese Geschichte wächst uns über den Kopf und überfordert unsere Möglichkeiten.«

»Ist Kinshasa einverstanden?«

»Ich werde nicht um Erlaubnis bitten, und es ist mir auch egal. Ich richte es aber so ein, dass ihr hier die Ersten seid.«

»Danke, Joseph. Wir machen uns auf den Weg. Ich schätze, in etwa zweieinhalb bis drei Stunden können wir in Kibuye sein. Wir werden Natalia Baranyanca, unsere Rechtsmedizinerin, mitbringen. Sie kann sich dann mit den MONUC-Leuten austauschen.«

Joseph übergab dem Direktor das Telefon. »Ich muss nach Kibuye, um einige Kollegen abzuholen. Ich bin in etwa fünf Stunden zurück. Wir müssen die Toten abdecken. Haben Sie eine Idee?«

»Hm«, der Direktor überlegte einen Moment. »Wir haben einige größere Zelte. Ich denke, wir haben welche, die groß genug sind.«

Joseph gab seinen Männern noch ein paar Anweisungen und startete sein Boot. Nach zweistündiger Fahrt erreichte er Kibuye und machte Boot an dem kleinen Steg des Gästehauses Bethanie fest. Das Gästehaus lag am äußersten Zipfel der Bucht, in Sichtweite der Insel Idjwi. Bosco und seine Mitarbeiter würden noch etwas Zeit benötigen. Er bestellte im Restaurant einen Kaffee und rief Bosco an, um ihm seinen Liegeplatz zu nennen. Kurze Zeit später erreichten die Ruander das Gästehaus. Bevor sie losfuhren, informierte Joseph den Kommandeur der MONUC mit der Bitte, Experten für die gerichtsmedizinische Untersuchung zu schicken. Die

MONUC hatte bereits Informationen zu dem Toten in Gisenyi erhalten und auch darüber, dass Ermittlungen im Kongo liefen. Für die Order aus Kinshasa, sich nicht einzumischen, hatte man aber wenig Verständnis und vermutete ein Vertuschungsmanöver. Daher gab sich der Kommandeur der Truppen auch zunächst etwas zugeknöpft und ließ sich bitten. Nach einer kurzen Diskussion willigte er aber schließlich ein.

Gegen Mittag legte Josephs Boot mit Bosco, Ariane, Natalia und Fabien wieder auf Idjwi an.

Über den Toten hatte man inzwischen ein Zelt errichtet. Der Minendirektor hatte zusätzlich ein Dieselaggregat aufgestellt, an das ein mobiles Klimagerät angeschlossen war.

Ein Mann aus Josephs Mannschaft kam auf sie zu.

»Wir haben alles durchsucht, aber wir werden nicht recht schlau aus der Geschichte. In der abgebrannten Halle lagen viele Gegenstände aus Stahl. Bis auf einige Kettenglieder konnten wir nichts identifizieren.«

Natalia deutete fragend auf das Zelt.

»Ja, es sind zehn.«

Bosco nickte ihr zu. »Wir sehen uns später.«

Stumm schritten sie die von Josephs Mitarbeitern markierten Stellen ab.

»Hier muss Darcy ermordet worden sein«, murmelte Bosco, als sie mit Beklemmung das Trümmerfeld auf sich einwirken ließen.

Fabien stand ratlos vor dem aufragenden Stahlträger, der den Flammen getrotzt hatte. Ein Klumpen geschmolzenen Metalls am Fuß, hatte sich tief in den kiesigen Untergrund ergossen. Mit einiger Kraftanstrengung gelang es ihm, das schwere Stück mit den umgossenen Kieskörnern vom Boden zu lösen. Jetzt war zu erkennen, dass es sich um zwei verschieden

Metalle handelte. Ein Metall des Klumpens umrahmte den anderen Teil und war weniger geschmolzen. Er hatte auch ein anderes Aussehen. Mit einem Taschenmesser ritzte Fabien die Oberfläche an. Das Material war weich.

Bosco war bereits interessiert hinzugekommen.

»Das ist Blei! Hatte Darcy nicht Bleispuren am Körper?« Fabien sah fragend zu Bosco auf.

»Ja, richtig. Nimm eine Probe. Wir werden sie im Labor vergleichen.«

Joseph trat hinzu. »Gehen wir zu dem Zelt«.

Die Leichen lagen aufgereiht nebeneinander. Der Verwesungsgeruch war fast unerträglich. Alle hielten sich Tücher vor das Gesicht.

Natalia hatte sich schon weitgehend durchgearbeitet. »Ich habe keine Zweifel, dass die Beine Darcy zuzuordnen sind«, empfing sie die Ermittler. »Die Trennflächen der Beine passen zu Darcys Torso. Hier, seht euch das an.« Sie zeigte eine Aufnahme auf dem Display ihrer Kamera und ein mitgebrachtes Foto aus ihrem Institut. »Der als Krauskopf Identifizierte hat erstaunlicherweise neben den abgetrennten Beinen nur eine relativ kleine Wunde unterhalb des rechten Schlüsselbeines. Alle anderen Toten sind Afrikaner, darunter zwei Frauen. Zwei Männer haben Uniformen der Firma ›SÉCOMA‹. Einem hat man die Kehle durchgeschnitten, der andere hat eine Wunde in der Herzgegend. Zwei von den übrigen Männern hat man die Köpfe abgetrennt.«

Natalia deutete auf zwei stark verweste Tote mit abgetrennten Köpfen.

»Ein Mann hat eine riesige Wunde im Brustbereich. Alle außer Krauskopf und die beiden Uniformierten sind nackt und tragen Spuren gröbster Folter. Den

Männern hat man die Geschlechtsteile, beiden Frauen die Brüste abgeschnitten. Einer der Frauen wurde zusätzlich der Oberkörper aufgeschlitzt. Die Verwesungsspuren sind unterschiedlichen Grades. Da steht uns noch eine Menge Arbeit bevor. Ich hoffe, die MONUC kommt bald.«

Fabien gesellte sich zu Bosco.

»Was denkst du, sind das die Geister der Vergangenheit?« Bosco verstand, was Fabien meinte. Er dachte an die Mörderbanden der *Interahamwe*, die sich bis heute hinter einer sogenannten Freiheitsbewegung der *Forces démocratiques de liberation du Rwanda* tarnten.

Bosco schüttelte den Kopf.

»Die DLR mordet zwar, aber sie machen sich nicht die Mühe, ihre Spuren zu verwischen und die Opfer zu begraben.«

Ariane hatte wie üblich ihre Kamera dabei und fotografierte jedes Detail. Natalia nahm Proben zur Sicherung der DNS.

Kurz darauf legte ein Boot mit den MONUC-Experten an. Joseph stellte Natalia kurz vor. Die Experten machten sich sofort an die Untersuchung. Aufgrund der provisorischen Bedingungen war Eile geboten, da die Temperatur eine schnelle Bestattung notwendig machte. Zur Vorbereitung hatte der Minendirektor bereits den *Mwami* informiert, der auch seine Hilfe bei der Identifizierung der Opfer und deren Beisetzung anbot. Das CID-Team wiederholte unterdessen die Untersuchung des Geländes.

»Die Flammen haben wenig übrig gelassen«, sagte Fabien.

»Ja, leider, aber das war sicher auch beabsichtigt. Das Inventar der Halle ist rätselhaft«, entgegnete Bosco. »Was meinst du, Ariane?«

»In dieser Werkstatt war jedenfalls kein Feinmechaniker tätig. Es ist kaum vorstellbar, aber hier wurden Menschen zu Tode gefoltert.«

»Und wie passen Darcy und der *Hunne* dazu?«

Natalia kam hinzu. »Das werden wir bald wissen. Interessant ist die Wunde unterhalb des rechten Schlüsselbeines von Krauskopf und seine merkwürdig verrenkte Haltung. So wurde auch einer der ›SÉCOMA‹-Männer gefunden. Zumindest die Wunde des *Hunnen* kann nicht tödlich gewesen sein.«

»Wie ist er dann umgekommen, doch nicht etwa … ?«

»Sieht so aus. Im Gegensatz zu den Schnitträndern bei Darcy sind sie bei dem *Hunnen* deutlich unterblutet.«

Ariane stöhnte auf. »Meine Güte, hier hat aber jemand ganze Arbeit geleistet.«

»Das passt alles nicht zusammen«, sagte Bosco. »Die Ausländer und die Uniformierten einerseits, die anderen übel Zugerichteten andererseits.«

Joseph hatte wortlos zugehört. »Bosco, wir sollten das weitere Vorgehen abstimmen.«

»Ja, Joseph. Bitte kümmere dich um diesen Ota Benga. Wir müssen mit ihm sprechen.«

»Gut, ich werde den *Mwami* einschalten.«

»Übrigens, was hältst du von dem Minendirektor? Könntest du uns zusammenstellen, was von ihm bekannt ist?«

»Er ist uns noch nicht aufgefallen. Seine Firma verfügt über alle notwendigen Lizenzen und genießt in Kinshasa eine gewisse Vorzugsbehandlung.« Mit bedeutungsvollem Blick fügte er hinzu: »Warum auch immer. Sie sind jedenfalls sehr bemüht, ihre Verträge korrekt einzuhalten.«

»Wo wohnt er denn?«

»In Kashovu. Seine Inspektionsgänge unternimmt er mit einem eigenen Motorrad. Gelegentlich ist er auch in Goma.«

»Na gut, er zeigt sich jedenfalls kooperativ. Wer immer dieses apokalyptische Gemetzel angerichtet hat, wusste, was er tat und hat über Ortskenntnisse verfügt. Ich glaube inzwischen nicht an nur einen Täter.«

Fragend blickten Joseph und die Kollegen auf Bosco.

Ariane fragte: »Denkst du noch an Mayeye?«

»Es ist denkbar, aber es gibt auch andere Möglichkeiten.«

»Ich kann mir das gut vorstellen«, sagte Fabien. »Darcy und der *Hunne* haben hier eine Schweinerei abgezogen.«

»Und dafür wurden sie selbst umgebracht«, ergänzte Ariane. »Aber welche Rolle spielte Mayeye?«

»Er war da irgendwie beteiligt. Er muss gewusst haben, was hier vorging. Warten wir die Ergebnisse der Untersuchung ab, dann sind wir vielleicht klüger. Jetzt kommen nur hier auf Idjwi weiter«, beendete Bosco die Diskussion.

Zurück in Kigali arbeiteten sie mit Hochdruck. Bosco bereitete den Bericht für den Staatsanwalt vor, den er zunächst telefonisch informiert hatte. Natalia verfasste einen Bericht über die gerichtsmedizinischen Untersuchungen. Sie hatte sich mit den MONUC-Leuten darüber verständigt, die Ergebnisse abzugleichen. Ariane und Fabien verfassten einen Beitrag zum Tatort.

17

Benommen erwachte der junge Mann aus seiner Bewusstlosigkeit. Er hing unbekleidet auf einem etwas erhöhten Holzpodest. Seinen Hals sowie die Hand- und Fußgelenke umschlossen stählerne Manschetten, die mit gespannten Ketten an einem Gerüst fixiert waren und die Beweglichkeit auf ein Minimum reduzierten. Er hatte starke Kopfschmerzen. Die eisernen Fesseln schnitten in das Fleisch. Ein grelles Scheinwerferlicht strahlte ihn an.

»Du weißt nicht, warum du hier bist, aber du wirst es bald erfahren«, vernahm er eine männliche Stimme in gebrochenem Englisch aus dem Dunkel.

Mit fast unverständlichem Krächzen versuchte er, mit der Stimme in Kontakt zu treten.

»Was macht ihr mit mir? Wo ist Tom? Ich bin mit ihm verabredet.«

»Es gibt hier keinen Tom, es gibt nur mich, und ich will mit dir ein Spiel machen, und du bist mein Partner.«

Die Stimme klang brutal. In der Wahrnehmung des Gefesselten stieg das Gefühl unmittelbarer Bedrohung ins Unerträgliche.

»Warum, was soll das?«

»Das ist nicht wichtig.«

Der Gefangene zerrte mit einer hoffnungslosen Bewegung an den Ketten. Die Manschetten an den Gelenken schnitten sich weiter ins Fleisch. Aber jetzt empfand er die Schmerzen als hilfreich, der drohenden Ohnmacht zu begegnen. Fieberhaft und in Schweiß gebadet hoffte er auf das Ende dieses Alptraums. Es gab nur noch eine Hoffnung. Tom würde bald kommen und ihn befreien. Dessen war er sich sicher. Die Gestalt trat aus dem Schatten hervor, und Isaam konnte erkennen, dass es ein *Mzungu* mit riesigen Körpermaßen war. Er hatte eine schwarze Kopfmaske aus Stoff übergestülpt und war mit einer knielangen Hose und einer ärmellosen Jacke bekleidet. Seine mächtigen Oberarme waren mit Tätowierungen übersät. Der Mann stierte seinen Gefangenen mit leblosen Augen aus seinen Sehschlitzen an. Der verhüllte Schädel des Riesen kam nun dicht an den Kopf seines Opfers heran. Isaam schloss die Augen und zerrte abermals an den Ketten. Aus dem Mundschlitz des Peinigers entwich heißer Atem.

Er will mich töten.

Der Maskierte verschwand wieder im dunklen Hintergrund. Anfangs leise, dann immer lauter werdend, durchdrangen Choräle, begleitet von dramatischen Klängen unterschiedlicher Konzertinstrumente, die Halle. Verwundert öffnete er wieder die Augen, aber im grellen Scheinwerferlicht war es unmöglich, etwas zu erkennen. Was nun folgte, war blanker Horror. Unvermittelt trafen aus dem Dunkel mit kurzen Nägeln besetzte Lederstreifen auf seinen Körper, der nach kurzer Zeit von Blut überströmt war. Der Schmerz steigerte sich ins Unerträgliche. Der gequälte Körper bäumte sich noch mehrmals auf und entzog sich der Tortur kurz darauf in die Bewusstlosigkeit.

Am Morgen nach der Tatortinspektion auf Idjwi fand Ariane Dienstpost des KFL in ihrer Ablage. Zuerst wunderte sie sich etwas, da die Ergebnisse aus Idjwi noch nicht vorliegen konnten. Ein handgeschriebener Zettel von Natalia, der dabei lag, klärte sie auf.

»Ariane, die Abstammung der Kongolesin Marie Kamanda von Tom Darcy wurde durch die DNS-Analyse bestätigt. Anbei die Urkunde in vierfacher Ausführung.

Gruß, Natalia«

»Fabien!«

Ihr Kollege, der ihr gegenübersaß und seinen Kopf hinter dem Notebook versenkt hatte, blickte über den Bildschirm.

»Sie ist Darcys Tochter. Natalia hat mir die Urkunden geschickt.«

»Wir müssen ihr das mitteilen.«

»Natürlich, aber nicht auf dem Postweg. Könntest du dich mit dem belgischen Konsulat in Verbindung setzen? Erkundige dich bitte, ob ihr und ihrem Sohn die belgische Staatsbürgerschaft zusteht.«

»Warum?«

»Dann haben sie die Möglichkeit auszureisen, wenn sie wollen. Solange im Kongo geraubt und vergewaltigt wird, glaube ich nicht, dass sich dort eine Frau freiwillig aufhält.«

Fabien war etwas unschlüssig, wie er darauf antworten sollte. Weiße waren oft der Ansicht, dass es besser ist, nicht in Afrika zu leben.

»Es ist ihr Zuhause.«

Ariane war sich bewusst, dass sie bei Fabien auf einen empfindlichen Nerv getroffen hatte.

»Ja, sicher, aber du weißt, welche Zustände dort herrschen.«

»Du glaubst fest daran, dass sie nichts mit dem Mord an ihrem Vater zu tun hat?«

Ariane war froh, dass Fabien sie nicht weiter in eine Diskussion über die Lebensqualität in Afrika verwickelte. »Ja, wir werden sie natürlich noch im Auge behalten, solange der Fall nicht geklärt ist.«

»Gut, ich kümmere mich darum..«

»Ich kann alleine zu ihr fahren.«

Fabien benötigte einen Moment, um zu antworten.

»Das – das halte ich für keine gute Idee. Ich komme mit.«

Ariane setzte ihr mädchenhaftes Lächeln auf.

»Willst du mich beschützen, Fabien?«

Ihr Kollege wurde etwas verlegen. Ariane wusste nicht, dass jeder im CID die Anordnung hatte, ihren Schutz zu gewährleisten.

»Nein, ich glaube schon, dass du dir selbst gut helfen kannst. Aber in den Kongo? Ich bitte dich!« Sie unterdrückte den Wunsch, ihn darauf hinzuweisen, dass er nun selbst ihre Einschätzung der Zustände im Kongo bestätigte.

»Okay, eventuell kannst du auch die Anträge schon mitbringen.«

Fabien fuhr in das belgische Konsulat. Es war nicht sein erster Besuch und er war bei den Angestellten bekannt.

»Hallo, Fabien, willst du wieder einmal nach Europa?«

Mit der Frau an der Annahme, einer attraktiven Ruanderin, hatte er schon oft gesprochen, und Fabien spürte, dass ihre Freundlichkeit nicht nur professioneller Natur war. Sie gefiel ihm auch, und er nahm sich jedes Mal vor, sie zum Essen einzuladen, hatte es aber immer wieder verschoben.

»Nein, Joselyne, wir möchten einer Frau und ihrem Sohn helfen, die belgische Staatsbürgerschaft zu beantragen. Sie ist die Tochter eines verstorbenen Belgiers.«

»Lebt sie hier in Kigali?«

»Nein, sie ist Kongolesin und lebt in Bukavu. Wir fahren demnächst zu ihr und wollen nur wissen, welche Voraussetzungen erfüllt sein müssen.«

»Dann sollte sie zu einer Botschaft im Kongo gehen.«

»Du weißt, dass die Belgier nur in Kinshasa und Lubumbashi eine Vertretung haben. Wir möchten ihr die Reise dorthin ersparen.«

»Sie benötigt eine beglaubigte Abstammungsurkunde, und zwar von einer belgischen oder einer internationalen Behörde. Eine Bestätigung kongolesischer Behörden reicht uns nicht. Wie heißt sie denn?«

»Marie Kamanda.«

»Und der Vater, heißt er Tom Darcy?«

»Ja, aber … «

»Sie war bereits hier und hat ihren Antrag gestellt. Wir sind dabei, das Ersuchen zu bearbeiten.«

»Das kann nicht sein, hatte sie denn eine Abstammungsurkunde?«

»Ja, es war alles in Ordnung.«

»Darf ich die Urkunde sehen?«

»Äh … okay, du bist Polizist, warte.«

Sie ging in ihr Büro und kam mit einer Akte zurück, in der sie nach kurzem Blättern die Urkunde fand.

Fabien sah sich das Dokument an. Es war vom Labor der MONUC in Goma ausgestellt und anscheinend echt.

»Hm, wir hatten nicht erwartet, dass sie so schnell aktiv wird. War sie denn in Begleitung?«

»Hier in der Rezeption nicht, aber draußen wartete ein Fahrzeug auf sie.«

»Was für ein Fahrzeug war es?«

»Ein schwarzes SUV, ich glaube, es war ein Toyota.«

»Hast du gesehen, wer in dem Fahrzeug saß?«

»Ja, ich war zufällig kurz draußen, um etwas aus meinem Fahrzeug zu holen, als sie aus dem Wagen stieg und zum Eingang ging. Es waren zwei Afrikaner, einer am Steuer und einer im Fond. Stimmt etwas nicht?«

»Nein, nicht, dass ich wüsste. Ich wundere mich nur. Wann soll sie denn ihren Pass abholen?«

»In etwa fünf Tagen. Übermorgen am Nachmittag bekommt sie Bescheid, ob die Prüfung ihres Antrages positiv verlaufen ist. Den Pass bekommt sie dann wahrscheinlich zwei bis drei Tage später.«

»Hat sie eine Zustelladresse angegeben?«

»Nein, sie bat um einen Termin bei uns.«

»Wie hat sie sich verhalten? War irgendetwas auffällig an ihr?«

Joselyn überlegte. »Nun, wenn du mich so fragst, sie wirkte schon etwas nervös, und sie war kurz angebunden. Sie ist attraktiv. Interessiert sie dich?«

»Joselyn! Ja, aber es gibt auch manchmal andere Gründe hinter einer Frau her zu sein.«

»Na ja, für Polizisten.«

Fabien hatte keine Lust, diese Diskussion zu vertiefen.

»Danke, Joselyn, wir sehen uns.«

»Gut, das hoffe ich. Lass von dir hören.«

Joselyn stützte sich mit ihren Ellbogen auf die Theke. Lächelnd, mit tiefgründigem Blick gewährte sie einen Blick auf ihre weiblichen Vorzüge. Ihr dezentes Dekolleté ließ einigen Spielraum für männliche Fantasien. Sie wusste das und präsentierte es zwar sparsam, aber wenn notwendig auch spontan und zielorientiert.

Männer! Alle verrenken sich den Hals, nur der nicht.

Fabien blickte freundlich zurück, hatte aber ansonsten im Moment keine Neigung zu einem Flirt.

Gedanklich war er mit Marie Kamanda beschäftigt – und das aus gutem Grund.

»Das werde ich sicher machen«, antwortete er zerstreut und winkte ihr kurz zu, bevor er die Botschaft verließ.

Fabien ging umgehend zu Bosco, der sich gerade in seinem Büro mit Ariane unterhielt und informierte sie über den Antrag der Kongolesin in der belgischen Botschaft.

»Etwas merkwürdig, diese Aktion der Kongolesin«, schloss er seinen Bericht.

Nicht nur er war dieser Ansicht. Bosco griff zu seinem Diensttelefon und schaltete die Freisprechanlage ein. »Ich werde Natalia fragen. Sie weiß möglicherweise, wie es dazu kam, dass die MONUC diese Urkunde ausgestellt hat.«

»Hallo, Natalia, hier ist Bosco. Eine Frage: Hast du deinen MONUC-Kollegen die DNS Marie Kamandas zukommen lassen?«

»Ja, wir haben alle Ergebnisse ausgetauscht. Ihr habt die Abstammungsurkunde bereits. Auch die Ergebnisse aus den Untersuchungen von Darcys Torso und den gefundenen Beinen sowie die DNS-Analysen wurden abgeglichen. Sie haben mir auch alle Analysen der anderen Mordopfer zukommen lassen. Wir haben damit den Vergleich noch einmal vorgenommen und sind zum selben Ergebnis gekommen. Unser gemeinsamer Bericht wird gerade erstellt. Die Identifikation der Leichen war nicht schwierig. Die Frauen waren Prostituierte aus der Gegend um Bukavu. Die Männer kamen ebenfalls aus der Gegend. Die beiden in Uniform waren Mitarbeiter der ›SÉCOMA‹ in Goma. Joseph Likongo versucht, Näheres zu erfahren. Übrigens, was den *Hunnen* und den einen Uniformierten betrifft: Beide hatten eine ordentliche Dosis Strychnin im Blut.«

»Was bedeutet das nun wieder?«, warf Ariane ein. »Bei uns wurde das früher als Rattengift benutzt.«

»Indigene Gruppen nutzen ein Pfeilgift aus einer Brechnussart mit dem Namen *strychnos usambarensis*. Für Tiere ist es sofort tödlich.«

»Indigene Gruppen? Du meinst die Twa?«

»Ja, Twa oder Ituri-Pygmäen. Beide nutzen eingekerbte Pfeilspitzen ohne Widerhaken. Normalerweise brechen sie ab, wenn man versucht, sie herauszuziehen.«

»Dieser Ota Benga, der ihn gefunden hat, war ein Twa. Steckten die Pfeilspitzen nicht mehr in den Wunden?«

»Nein, sie wurden entfernt. Aber die Wundkanäle passen dazu. Auch ein nachträglicher Eingriff ist zu erkennen.«

»Wie wirkt das Gift?«

»Es ist ein Krampfgift. Wir haben es an der Haltung der Leichen erkennen können. Das Gift führt zu einer sofortigen Lähmung. Es erzeugt eine dauerhafte Kontraktion der Skelett- und Atemmuskulatur, die je nach Konzentration früher oder später zum Tod führt. Das Gift ist nur noch bei den Waldbewohnern, den *Impunyu*, in Gebrauch. Anzunehmen, dass der Kongolese sofort tot war, aber Krauskopf? Er war sicher bewegungsunfähig, aber bei dieser Körper-konstitution und der vergleichsweise harmlosen Wunde nicht tot. Er muss wahnsinnige Kräfte gehabt haben. Ich bin inzwischen sicher, dass er noch bei Bewusstsein war, als ihm die Beine abgetrennt wurden. Nicht sehr freundlich.«

»Eine Frage noch. Wie es aussieht, hat das UN-Labor auch noch eine eigene Urkunde erstellt. Marie Kamanda hat mit einer Abstammungsurkunde der MONUC die belgische Staatsbürgerschaft beantragt. Könntest du bitte noch einmal deine Kollegen kontaktieren und fragen, wer diese Urkunde ausgegeben hat und an wen?«

»Das sollte kein Problem sein, ich rufe dich gleich zurück.«

Bosco runzelte genervt die Stirn.

»Das kommt nicht sehr gelegen. Joseph hat angerufen. Wir wollen mit ihm auf die Insel, um den Twa, der Darcy gefunden hat, aufzusuchen und zu verhören. Ich hoffe, das klärt sich schnell auf.«

Inzwischen waren Jean-Baptiste und Alphonse hinzugekommen, und sie diskutierten weiter. Ariane beschlich eine innere Unruhe. Nach einer halben Stunde rief Natalia zurück.

»Bosco, die MONUC hat keine Urkunde ausgefertigt, aber im Labor wurde eingebrochen und viele Wertgegenstände wurden entwendet. Sie hatten bis zu meinem Anruf noch gar nicht entdeckt, dass auch einige Blankodokumente fehlen, darunter Abstammungsurkunden sowie Stempel des MONUC-Labors. Die Urkunde muss eine Fälschung sein.«

Die Nachricht war alarmierend. Alle überlegten, was das zu bedeuten hatte. Fabien blickte fragend zu Ariane. Sie spürte, wie ihre Zunge trocken wurde, und versuchte, ihre Gedanken zu ordnen.

»Das ergibt keinen Sinn. Sie geht mit einer gefälschten Urkunde zur Botschaft. Sie wusste, dass auch wir dabei sind ihre Abstammung zu klären und hätte sich an uns wenden können.«

Die Runde verharrte einen Moment in Gedanken. Wie schon oft, meldete sich Jean-Baptiste auf seine schüchterne Art zu Wort. Im privaten Kreis führte das manchmal dazu, dass man ihn überhörte oder gar ignorierte. Im CID hatte man aber inzwischen gelernt, ihm zuzuhören, da er selten etwas ohne Überlegung sagte. Die Bemerkung, die er nun so ohne besonderen Nachdruck in der Stimme in den Raum stellte, führte dazu, dass Alphonse verzweifelt zur Decke stierte, Fabien sich an den Kopf fasste, Boscos Stirn sich in Falten legte und Ariane blass wurde.

»Darcy hatte ein Schweizer Konto. Ist sie nicht seine rechtmäßige Erbin?«

Ariane stöhnte auf.

»Du hast recht, du hast verdammt nochmal recht. Ich glaube, nicht nur wir haben jetzt ein Problem. Fabien, du sagst, dass sie mit zwei Afrikanern gekommen ist.«

»Ja, aber Joselyne weiß nicht, wer sie waren.«

»Lasst uns mal vom schlimmsten Fall ausgehen. Jemand will Darcys Konto leer räumen und braucht sie, um das Geld zu transferieren.«

»Dieser Fall hält anscheinend noch weitere Überraschungen bereit«, mischte sich Bosco nun wieder ein. »Und den schlimmsten Fall müssen wir wohl auch in Betracht ziehen. Ich möchte aber daran erinnern, dass wir immer noch einen Mord aufzuklären haben. Wir können das jetzt nicht liegenlassen.«

Ariane blickte ärgerlich zu Bosco.

»Willst du der Sache nicht nachgehen? Bosco, wir sind auch verpflichtet, Verbrechen zu verhindern.«

»Schon gut«, beschwichtigte er, »aber warum macht sie dabei mit? Um den Einbruch in Goma wird sich

Joseph kümmern. Sie ist eine Verdächtige. Wir können ihm das nicht vorenthalten.«

»Wer weiß, sie hat einen kleinen Sohn«, entgegnete Ariane mutlos.

»Du meinst – Erpressung?«

»Ist das so abwegig?«, blaffte sie nun mit zornigem Blick ihre Kollegen an. Die Männer zuckten zusammen. So hatten sie Ariane noch nie erlebt. Jeder war sich aber der Tragweite dieser Möglichkeit bewusst. Einen Moment schwiegen alle.

»Mir bricht der Schweiß aus, wenn ich daran denke, dass du recht haben könntest«, beendete Fabien das Schweigen.

Nun brach es aus Ariane heraus: »Schwitzt ruhig ein wenig. Es wurde in Afrika erfunden und ist das erfolgreichste Überlebenskonzept der menschlichen Spezies.«

Arianes Argumentation war einleuchtend. Bosco musste sich eingestehen, dass eine mögliche Bedrohung Marie Kamandas, sogar auf dem Gebiet Ruandas, nicht zu ignorieren war.

»Okay, ich sehe keine andere Möglichkeit, als dass wir uns aufteilen. Ich werde Théo bitten, mich mit Joseph nach Idjwi zu begleiten, um den Twa zu verhören. Ariane, du und Fabien, ihr macht euch sofort auf nach Bukavu und fühlt dieser Marie Kamanda auf den Zahn, wenn sie dort ist. Und überzeugt euch, dass der Junge da ist. Jean-Baptiste und Alphonse, ihr organisiert die Überwachung des belgischen Konsulats, falls Ariane und Fabien die Kongolesin nicht in Bukavu antreffen.«

»Sollen wir sie festnehmen?«, fragte Alphonse.

»Ihr ladet sie mit oder ohne Begleitung in einen unserer Verhörräume ein, notfalls mit Nachdruck.«

»Wenn sie in Begleitung ist und wir mit unserem Verdacht recht haben, ist es möglich, dass sie bewaffnet sind.«

»Ja, das solltet ihr nicht ohne Hilfe machen. Nehmt für alle Fälle noch ein paar bewaffnete Kollegen mit. Sie sollen sich aber im Hintergrund halten und nur einschreiten, wenn ihr es für notwendig haltet.«

Ariane und Fabien waren bereits an der Tür, als Bosco noch nachsetzte: »Und bitte meldet euch alle fünf Stunden bei Alphonse.«

18

Das weiträumig umzäunte Grundstück mit dem alten Lagerhaus und den beiden Nebengebäuden der südafrikanischen Minengesellschaft »Shaka Resourses Inc.« lag auf einer Landzunge im Norden der Insel Idjwi, und war nur über einen schmalen Landstreifen erreichbar. Die Gebäude dienten ursprünglich der Zwischenlagerung von Kassiterit und Coltan, den aufbereiteten Abbauprodukten der Minen auf der Insel. Nachdem die Logistik des Transportes besser organisiert worden war und keine Lagerzeiten mehr anfielen, standen die Gebäude lange Zeit leer. Die Vegetation hatte sich wieder vom hundert Meter entfernten See bis über den Zaun ausgebreitet und bemächtigte sich allmählich der Gebäude.

Dann kamen die Fremden mit ihren Helfern und mieteten die Gebäude. Die Minengesellschaft, die in der Umgebung mehrere Bergwerke betrieb, war froh, dass sich jemand fand, der auch bereit war, die Gebäude instand zu setzen.

In den folgenden Monaten, nachdem sich die Mieter eingerichtet hatten, waren immer wieder Personen verschwunden. Das löste in einigen Familien Besorgnis aus, war aber hier im Osten des Kongos nicht ungewöhnlich. Ungewöhnlich war auch nicht, dass man das Verschwinden nicht zur Anzeige brachte, sofern die Opfer überhaupt vermisst wurden. Es wurde vermutet, dass die Vermissten nach China ausgereist waren, um Geschäfte zu machen. Während die staatlichen und nichtstaatlichen Organisationen westlicher Länder ihre Hilfe und technische Unterstützung unter der Vorraussetzung guter Regierungsführung vergaben, machten chinesische

Firmen bereits gute Geschäfte. Die Lebensbedingungen ihrer kongolesischen Angestellten waren in ihrer Terminologie innere Angelegenheiten, in die man sich nicht einmischen wollte. Für manche Kongolesen eröffneten die Beziehungen zu China lukrative Geschäfte. Sie schafften es, sich in China mit lokalen Partnern eine Existenz aufzubauen und von dort den Handel mit dem Kongo zu organisieren. Diese Geschäftsbeziehungen mit China hatten sich schon seit einigen Jahren in vielen afrikanischen Ländern etabliert, und besonders chinesische Billigprodukte überfluteten den Kontinent. Für viele Kongolesen war China das gelobte Land. Die Zurückgebliebenen glaubten, oder wollten glauben, dass die Verschwundenen auf dem Weg zu einer besseren Zukunft waren und eines Tages mit viel Geld vor der Tür stehen würden.

»Gahiji, wir müssen reden.«

Der *président* der kleinen Twa-Siedlung deutete auf einen Hocker vor seiner Hütte. Er hatte sich das traditionelle Zeichen seiner Würde, die Mütze aus dem Fell der Wildkatze, aufgesetzt und blickte ernst auf seinen Besucher, den er zu sich gebeten hatte.

Der Angesprochene setzte sich. Er war ein Einzelgänger ohne Familie, erst 28 Jahre alt, aber bereits ein erfahrener *Impunyu*, die Bezeichnung für die letzten Jäger und Waldbewohner der Twa. Über seine verstorbene Mutter, deren Hütte er nutzte, gab es eine lose Bindung an die Twa-Siedlung der Insel. Sein Vater stammte aus einem Dorf im Norden Ruandas, wo auch er aufgewachsen war. Ihre Vorfahren hatten sich mit den Hutu vermischt, was ihn physisch, vor allem in der Körpergröße, von den Twa des Dorfes etwas abhob.

Die zwangsläufige Absage der meisten Twa an ihre ursprüngliche Lebensweise lehnte er ab. Weder beteiligte er sich an der Feldarbeit noch am Fischfang mit den *Sambaza*-Booten. Er widmete sich der traditionellen Jagd, wenn sie auch immer schwieriger wurde, und ging zum Angeln. Der *président* wusste, dass Gahiji die Autorität der Bauern nicht akzeptierte, aber sie pflegten einen respektvollen Umgang untereinander. Da der *président* selbst nicht mehr jagte und auch sein Boot nicht mehr nutzte, überließ er es dem Jäger, der im Gegenzug sein erlegtes Wild mit ihm teilte. Nach dem üblichen Austausch von Höflichkeiten erläuterte der *président* sein Anliegen.

»Isaam ist nun schon mehrere Tage verschwunden, und unsere Warnung wurde ignoriert. Wir sollten uns bei den Fremden im Lagerhaus umsehen. Wir haben schon zu lange ihre Aktivitäten ignoriert. Ich will jetzt wissen, was sie dort treiben. Der neue Bekannte von ihm, dieser Tom, du sagtest bereits, dass du ihn kennst. Wer ist er?«

Gahiji nickte und erzählte ihm seine Geschichte.

»Ich werde mich darum kümmern«, schloss er, »aber ich benötige Hilfe.«

Der *président* nickte. »Such dir ein paar Männer aus, aber bitte sei vorsichtig. Einen Krieg gegen die ›SÉCOMA‹ können wir auf lange Sicht nicht gewinnen.«

Der Jäger erhob sich und ging zu seiner Hütte. Er musste sich vorbereiten.

Die Gegend um das Lagerhaus und auch die Gebäude waren ihm gut bekannt. Er hatte während der langen Zeit des Leerstandes nach seinen Jagdausflügen oft hier übernachtet. Seitdem das Gelände wieder genutzt wurde, kam er gelegentlich vorbei und beobachtete das Treiben der Mieter. Am Eingang hatten sie ein Schild mit der Aufschrift,

TD Nature Film Production,

aufgestellt. Oft waren ein *Mzungu* und zwei oder auch mehrere Kongolesen, die zur Wachmannschaft gehörten, vor Ort. An den meisten Tagen war nur Wachpersonal anwesend. Dann ertönte oft laute kongolesische Musik. Die Männer auf dem Gelände betranken sich und ließen Prostituierte kommen. Nichts Besonderes also. In manchen nächtlichen Stunden aber drang gedämpfte Konzertmusik nach außen, ohne dass erkennbar war, welcher Tätigkeit im Inneren des Lagerhauses nachgegangen wurde. Gahiji vermutete, dass an Filmen gearbeitet wurde und die Musik zur Vertonung diente.

Eines Tages aber, als er nach dem Angeln wieder, einmal das Treiben am Lagerhaus beobachtete, legte ein schnelles Motorboot an. Ein großer, blonder, kräftig gebauter *Mzungu* lud eine getötete Gazelle aus, die abends von der Mannschaft am Spieß gegrillt und verzehrt wurde. Trotz der Jahre seit seiner Kindheit erkannte er den Mann. Er nannte sich Tom und er hatte sich früher mehrere Male mit seinem Vater getroffen. Sie wohnten damals in der Nähe von Ruhengeri, am Fuß der Virunga-Vulkane – und es war keine gute Erinnerung. Als Junge hatte beobachtet, wie der *Mzungu* auf seinen Vater einredete und ihn beschimpfte. Der Mann arbeitete damals als Agent für einen Zoo und es ging um den Kauf junger Gorillas. Er hatte daher den Verdacht, dass sich der Blonde nun auch im Kongo wieder mit dem Handel von geschütztem Wild beschäftigte und seine Firma als Tarnung diente. Die Twa verzichteten schon lange auf die Jagd geschützter Arten, und Gahiji war alarmiert. Er befürchtete, dass man sie wie damals wieder der Wilderei verdächtigen würde, mit der bekannten Folge abermaliger Vertreibung.

Noch in der Dämmerung steuerte das Boot mit den drei Männern direkt auf das sandige Ufer zu. Sie zogen ihr Fahrzeug ein Stück auf die flache Böschung und befestigten es mit einer Leine an einem tiefhängenden Ast des bis an das Wasser reichenden Buschwerkes. Leise besprachen sie ihren Plan. Alle waren sie mit einem Bogen und mehreren Pfeilen sowie einer geschliffenen *Panga* ausgerüstet. Die Pfeile hatten sie am Abend zuvor mit Pfeilgift präpariert. Gahijis Helfer verschwanden im Busch. Er selbst bewegte sich nahezu geräuschlos auf direktem Weg zum Lagerhaus. Falls er Hinweise auf die Anwesenheit ihres Freundes Isaam finden würde, war er entschlossen zu handeln.

Am Zaun angekommen, prüfte er die Lage und wartete geduldig die Dunkelheit ab. Am Tor, etwa einhundert Meter vom Lagerhaus entfernt, stand ein uniformierter kongolesischer Wachposten mit einer AK-47 und rauchte. Aus dem Lagerhaus drang gedämpft instrumentale Musik über das Grundstück, nur gestört durch das Summen eines Generators aus dem kleineren der beiden Nebengebäude. Dort befanden sich ein Brunnen und die Anlage zur Stromversorgung. Der Eingang des Lagerhauses war geschlossen und mit einem gut lesbaren Schild mit der Aufschrift »Do not disturb« versehen. Ein Fenster des anderen Nebengebäudes war erhellt. Bläulich flackernde Lichtblitze zeigten dem Beobachter, dass in dem Zimmer ein TV-Gerät in Betrieb war. Die Tür öffnete sich und ein uniformierter Mann trat heraus. Nun wurden die musikalischen Klänge aus dem Inneren des Lagerhauses und das Summen des Generators durch lärmende Musik aus dem Nebengebäude übertönt. Nach einem kurzen Rundgang, bei dem der Uniformierte nahe an dem unsichtbaren Beobachter vorbeikam, ging er zu dem Wachposten und wechselte mit ihm ein paar Worte. Auf dem Rückweg legte er im Vorbeigehen am Generatorhaus einen Schalter um. Einige Scheinwerfer bestrahlten darauf das Tor und den Eingang zum Lagerhaus. Nachdem er sich noch einmal kurz umgesehen hatte, verschwand er wieder in dem Nebengebäude.

Der glühende Feuerball verschwand hinter dem Horizont. Die erhitzte Erde atmete auf und tauchte mit der Geschwindigkeit einer nachglimmenden Glühbirne in die afrikanische Nacht. Nur das Trommelorgan der Singzikaden schickte seine eigentümlichen Klänge über die spiegelglatte Oberfläche des Sees. Gelegentlich schnappte ein Fisch nach den Mücken, die knapp über der Wasseroberfläche ihre verwirrenden Kreise zogen. Dann kräuselte sich das Wasser und erzeugte kleine Wellenringe, die sich bald im Nichts verloren.

Der Wachposten schlenderte am Zaun entlang. In kurzen Abständen verriet eine aufglimmende Zigarette seinen Standort.

Niemand bemerkte den Schatten der Gestalt, die sich dem Lagerhaus näherte. Vorsichtig nach allen Seiten sichernd, erklomm er über einige Vorsprünge und Lücken im Mauerwerk das leicht abfallende Dach. Angeschmiegt auf der schrägen Fläche liegend, ließ er seinen Blick abermals aufmerksam einen Moment durch die Dunkelheit schweifen. Als er sicher war, keine Aufmerksamkeit erregt zu haben, verschwand er durch eine Luke in das Gebälk des Gebäudes. Vorsichtig bewegte er sich auf dem Bauch liegend auf einen handbreiten Spalt im Dachboden zu. Durch die Lücke drang das Licht aus dem Raum darunter bis in die Dachkonstruktion. Der aufgewirbelte Staub verwandelte sich in einen tanzenden Schleier. Mit einem Tuch vor dem Mund tastete er sich vorsichtig an den Spalt heran. Atemlos beobachtete er ungläubig die surreale Szenerie in der Halle unter ihm. Den Mann, der an dem stahlbewehrten Holzgerüst hing, kannte er gut. Hinter dem Scheinwerfer gegenüber war schemenhaft der verhüllte Kopf einer riesigen Gestalt zu erkennen, die an einem Gerät hantierte, das auf einem Stativ befestigt war. Der Körper des Opfers war mit Spuren grober Misshandlung bedeckt. Aus den stählernen Manschetten, an denen der Mann befestigt war, rann Blut. Lautlos wand er sich in schwachen Bewegungen. Als der Gefesselte kurz den Kopf in den Nacken warf, sah Gahiji an seinen weit aufgerissenen Augen und seinem verzerrten Gesicht, dass sich seine Sinne bereits der Selbstwahrnehmung entzogen hatten.

Dem Beobachter war klar, dass er handeln musste. Der Vermummte verrichtete sein grausames Handwerk alleine. Es hatte den Anschein, dass der Wachmannschaft der Zutritt zu dem Gebäude verwehrt war.

Er entschloss sich, den Gefangenen von seinem Peiniger zu befreien. Es musste schnell gehen. Auf diese Entfernung konnte er ihn trotz der nur schemenhaft erkennbaren Umrisse nicht verfehlen. Vorsichtig löste er die lockere Planke, ohne

Aufmerksamkeit zu erregen. Der Jäger nahm den Hals des Monsters ins Visier. Als der Pfeil von der Sehne schnellte, machte der Mann eine Bewegung, so dass der giftgetränkte Pfeil seitlich rechts unterhalb des Schlüsselbeines in den Körper eintrat. Etwas verwundert, aber ohne eine Regung, die als Schmerzreaktion zu deuten gewesen wäre, blickte er auf den Pfeil und ergriff mit der linken Hand den Schaft, der abbrach. Langsam drehte er den Kopf in die Richtung, aus der der Pfeil gekommen war. Plötzlich bog sich der Körper des Maskierten krampfartig nach hinten, als würde sich sein Rückgrat zusammenziehen. Unkontrolliert, mit rudernden Armen versuchte er sich aufrecht zu halten. Vergeblich, er stürzte wie ein gefällter Baum rückwärts und prallte dumpf auf den sandigen Boden, wobei er das Stativ mit sich riss. Gahiji ahnte, dass die Giftmenge für die Körpermaße des Hünen zu gering war, um ihn sofort zu töten. Er wusste aber, dass dieser unfähig war, kontrollierte Bewegungen auszuführen. Er würde einem langsamen Tod durch Atemstillstand entgegensehen sehen. Niemand hatte etwas bemerkt.

Ruhig stieg Gahiji wieder über die von dem Wächter nicht einsehbare Rückseite des Gebäudes in den Schatten. Geräuschlos bewegte er sich auf das Gebäude zu, in das der Wachoffizier verschwunden war. Durch das Fenster konnte man in den spärlich ausgestatteten Raum sehen. Dieser war, wie er wusste, von der Eingangstür durch einen kleinen Vorraum getrennt. Auf einem kleinen Tisch stand ein TV-Gerät, auf dem eine der zahllosen kongolesischen Musikshows gezeigt wurde. Davor saß der Wachmann mit dem Rücken zur Tür und nahm, bereits mit etwas glasig-trübem Blick, einen Schluck aus einer Flasche mit selbst gebranntem *Kanyanga*.

Die Choreographie dieser Musikshows war immer ähnlich und nicht sonderlich fantasievoll. Spärlich bekleidete junge Frauen tanzten rhythmisch aufreizend um den Sänger, der das mit immer wiederkehrenden obszönen Gesten kommentierte, wodurch die Tänzerinnen sich zu weiteren erotisch provozierenden Bewegungsabläufen animieren ließen.

Es war Zeit, Hilfe in Anspruch zu nehmen. Die beiden Helfer aus dem Dorf warteten auf ein Signal. Ihre Aufgabe war klar definiert. Sie sollten den Wachmann am Eingangstor ausschalten. Nachdem der Jäger das Zeichen gegeben hatte, wartete er ruhig ab. Es dauerte nur wenige Minuten, bis er sah, wie die Männer den Körper des Wachmannes ins Gebüsch schleppten.

Leise betrat er den Vorraum hinter dem Eingang des Nebengebäudes und öffnete vorsichtig die Tür zu dem Raum, in dem der Wachmann saß. Noch ahnte der Uniformierte nicht, dass er das Ende der Sendung nicht mehr erleben würde. Der Sänger in dem Videoclip quittierte gerade mit breitem Grinsen die Annäherung einer besonders drallen Schönheit mit lasziv rotierendem Hinterteil, als der Kopf des Zuschauers kräftig nach hinten gedrückt wurde. Das kurze Aufbäumen konnte nicht verhindern, dass sich die scharfe Klinge der *Panga* an seinen Hals legte und mit einer kurzen Bewegung die Kehle durchgeschnitten wurde. Mit einem kurzen Laut, gefolgt von einem erstickten Stöhnen, glitt er blutüberströmt mit Blasen vor dem Mund zu Boden. Der Jäger schaltete das TV-Gerät ab und trat aus dem

Gebäude. Auf einen Wink kamen seine beiden Helfer und brachen mit ihm die Tür zum Lagerhaus auf. Nachdem sie einen Lichtschalter gefunden hatten, wurde auch der übrige Teil des Lagerhauses ausgeleuchtet.

Nun konnten sie erkennen, dass der auf dem Boden liegende Peiniger ihres Freundes ein *Mzungu* war. Der Jäger sah an der Pupillenreaktion und dem hechelnden Atem, dass dieser noch lebte, und zog ihm die Stülpmaske vom Gesicht. Auch diesen Mann hatte er schon gesehen.

Der im Scheinwerferlicht an dem Gerüst hängende Gefangene gab keinen Laut von sich. Die drei Twa befreiten ihn von den Ketten und legten ihn auf den sandigen Boden.

Erst jetzt ließen sie ihre Blicke durch den großen Raum schweifen. Was sie sahen, überschritt die Grenzen ihrer Vorstellungskraft. Voll ungläubigem Erstaunen und Entsetzen entdeckten sie in einer Ecke, die mit einer Wand aus zusammengebundenen Bambusstangen etwas vom übrigen Raum abgetrennt war, eine Guillotine, deren Fallbeil nur nachlässig von Blut gereinigt war. In einer anderen Ecke fand sich eine Sammlung stählerner Waffen, Knüppel, Zangen, Hämmer sowie einige Bambusspieße und mit Nägeln bestückte Lederpeitschen. Hinter einer weiteren Trennwand befand sich ein etwa zwei Quadratmeter großes Bett mit einer kunststoffbezogenen Matratze. Das Bettgestell war aus Stahl und hatte an allen vier Eckpfosten festgeschweißte Ketten, deren Enden mit verschließbaren Stahlmanschetten versehen waren. An der Wand war ein Wasserhahn installiert, an dem ein Schlauch aufgerollt war. Stumm, mit schreckgeweiteten Augen betrachteten sie die Werkzeuge der Tortur aus dem europäischen Mittelalter, die selbst in dieser von Gewalt geprägten Region unbekannt waren.

Gahiji fasste sich als Erster wieder.

»Wir müssen ihn verbinden. Schafft Isaam ins Dorf und lasst ihn versorgen. Danach kommt ihr zurück. Wir müssen die Toten verschwinden lassen.«

Sie verbanden die größten Wunden des Verletzten notdürftig mit einem Handtuch, das sie in Streifen schnitten. Gerade als die beiden den Verletzten aufnehmen wollten, war das Geräusch eines Motorbootes aus der Richtung der nördlichen Bucht zu hören, das sich schnell näherte. Kurz nachdem der Motor abgeschaltet worden war, hörten sie, wie jemand einen Namen in die Dunkelheit rief. Gahiji hatte bereits das Licht gelöscht. Jeder postierte sich in der Nähe des Eingangs. Nach einem weiteren Ruf wurde die Tür des Lagerhauses geöffnet und ein Mann trat ein. Die drei Twa rührten sich nicht. In dem Moment, als der Mann den Lichtschalter betätigen wollte, traf ihn ein Schlag mit einem Stein auf den Hinterkopf. Der große, kräftige Mann fiel augenblicklich nach vorne auf eine der am Eingang ausgelegten Steinplatten. Gahiji erkannte ihn sofort. Es war der blonde Belgier. Schnell banden sie dem Bewusstlosen die Hände und Füße mit Hanfstricken zusammen, die an der Wand hingen, und wendeten sich zunächst wieder dem verletzten Freund zu. Sein rasender Puls und der hechelnde Atem trieben sie zur Eile.

In ihrer Sorge um ihren Freund, der über Jahre mit ihnen an der Steigerung ihrer landwirtschaftlichen Erträge gearbeitet hatte, waren sie bei der Fesselung des *Mzungu* zu nachlässig vorgegangen. Sie hatten versäumt, ihn zu durchsuchen. Plötzlich ertönte der dumpfe Knall einer Pistole. Der Mann war aus seiner

Bewusstlosigkeit erwacht und hatte sich von den Handfesseln befreit. Noch am Boden liegend, schoss er auf einen der beiden Gehilfen, traf aber nur seinen Unterschenkel. Gahiji reagierte blitzschnell. Mit einem Sprung trat er dem Mann gegen den Arm und zog die aus der Scheide am Gürtel gerissene *Panga* mit aller Wucht quer über das Gesicht des halb aufgerichteten Belgiers. Ohne einen Laut von sich zu geben, kippte er mit einer klaffenden Wunde durch den Schädel nach hinten. Er war sofort tot.

Der Jäger atmete schwer. Selbst zu dieser vorgerückten Stunde, während die Temperaturen außen schon erträglich waren, herrschte in der Lagerhalle noch eine drückende Hitze. Alle waren bereits in Schweiß gebadet. Ohne weitere Diskussion wickelten sie ein Tuch um die blutende Wunde des verletzten Twa, der schmerzverzerrt auf der Stufe des Podestes saß. Aus zwei kräftigen Bambusstangen der Trennwände und einer bunt bedruckten Decke, die sie fanden, bauten sie eine Tragbahre und legten Isaam darauf. Gahiji sah sich gezwungen, selbst mitzugehen. Er und der zweite Helfer nahmen die provisorische Tragbahre auf, und gemeinsam mit dem humpelnden Verletzten machten sie sich auf den Fußmarsch in das Dorf.

Unterwegs überlegte Gahiji das weitere Vorgehen. Er wollte vermeiden, dass die Toten mit dem Dorf in Verbindung gebracht werden konnten. Andererseits sollte zumindest Darcy gefunden werden, aber dort, wo man den Fund zum Anlass nehmen würde, die Geschäfte dieser Firma näher zu beleuchten.

Der *président* beriet sich kurz mit ihnen und ließ einen Jungen kommen. Er wurde mit einer eigenen nächtlichen Mission beauftragt. Gahiji ging zu seiner

Hütte und kehrte mit einem Beutel zurück, in der ein kopfgroßer Gegenstand verstaut war. Er hatte sich entschieden. Darcy sollte auf dem Festland gefunden werden. Mit einem Helfer machte er sich auf den Rückweg. Vom Ufer am Lagerhaus bis nach Goma waren es achtzehn Seemeilen. Sein Boot machte sieben Knoten. Das konnten sie bei den derzeitigen Wetterverhältnissen in zweieinhalb bis drei Stunden schaffen und vor dem Morgengrauen wieder auf dem Rückweg sein.

Zurück im Lagerhaus durchsuchten sie alle Taschen der Toten. Die Brieftaschen der *Wazungu* enthielten Dollarnoten, Kreditkarten und ein paar Schlüssel. Beide hatten Mobiltelefone bei sich. Das Geld verteilte Gahiji an seine Helfer, die Karten, Mobiltelefone und Schlüssel nahm er an sich. Die Toten mussten verschwinden. In der Nähe der Stelle, an der der getötete Wachposten abgelegt worden war, fanden sie einen Platz, der bereits vom Buschwerk befreit war. Im Pumpenhaus standen mehrere Schaufeln. Sie begannen zu graben. Nach wenigen Zentimetern stießen sie auf die Leiche einer verstümmelten, halb verwesten Frau. Ihr Zustand ließ keinen Zweifel aufkommen, in wessen Hände sie gefallen war. Gahiji trieb zur Eile. Stumm erweiterten sie das Grab und legten zunächst die beiden Kongolesen hinein.

Schnell erkannten sie, dass sie mit dem Gewicht der *Wazungu* Probleme haben würden. Besonders der Transport Darcys und das Entladen ihrer Fracht würden sich schwierig gestalten. Der Gehilfe schaute den Jäger unschlüssig an. Gahiji fasste einen schnellen Entschluss und deutete zu der Guillotine. Gemeinsam schleppten sie die beiden zu der Tötungsmaschine. Abwechselnd legten sie je ein Bein in das untere der beiden senkrecht übereinanderliegenden Bretter mit halbkreisförmigen Öffnungen, die für den Hals eines Delinquenten vorgesehen waren. Mit einem dumpfen Geräusch trennte das schwere Fallbeil den Oberkörper oberhalb der Knie von den Beinen. Der von Gahijis Pfeil getroffene Riese zeigte immer noch Augenreflexe. Die beiden Twa hatten zu viel gesehen, um Empathie zu empfinden. Das Fallbeil verrichtete auch bei ihm präzise seine Arbeit. Mit seinem Jagdmesser entfernte Gahiji die Pfeilspitze aus dem Oberkörper des Riesen. Nacheinander schleiften sie die Körperteile des Folterers und die abgetrennten Beine von Darcy in das vorbereitete Grab. Nachdem sie auch die Pfeilspitze aus dem Körper eines der Uniformierten entfernt hatten, begruben sie die Körperteile und bedeckten die Oberfläche mit trockenem Gras.

Den Torso von Darcy wickelten sie in das Tuch, das sie zuvor für die Bahre genutzt hatten, und schleppten ihn zum Boot des Jägers. Gahiji versicherte sich, dass in Darcys Boot der Zündschlüssel steckte und es fahrbereit war. Er bat seinen Helfer, mit seinem eigenen Boot um die Halbinsel zu fahren und auf dem Boot auf ihn zu warten. Danach unterzog er das Büro und das Wohngebäude einer kurzen Inspektion. In einem Zimmer lag eine Schachtel mit Injektionsspritzen und einer farblosen Flüssigkeit. Mit mehreren Schlägen seiner *Panga* zerstörte er den Inhalt. Im Pumpenhaus fand er eine Axt, die er an sich nahm.

Kurze Zeit später trafen sich beide Boote auf dem See. Mit mäßigem Tempo durchpflügten sie das Wasser des Kivu in Richtung Norden. Lange hatten sie die kleinen, Idjwi vorgelagerten, Inseln hinter sich gelassen, als in der Ferne schemenhaft der Nyiragongo aus der dunklen Landmasse emporragte. Sein brodelnder Kratersee spiegelte sich in kurzen Abständen blitzartig im grauen Dunst über dem Gipfel.

Gahiji gab seinem Helfer ein Zeichen, das Boot zu stoppen. Er steuerte Darcys Motorboot längsseits. Nachdem die Motoren abgeschaltet waren, wiegten sich beide Boote ruhig in der schwachen Dünung. Die digitale GPS-Anzeige von Darcys Motorboot verharrte mit leicht oszillierenden Bewegungen der letzten Ziffern um die Dezimalgrad-Position 1.792283° Breite und 29.195700° Länge. Sie waren im Bereich des sogenannten »main basin« im nördlichen Teil des Kivu-Sees angekommen. Hier war der See bis zu vierhundertachzig Meter tief. Mit der Axt schlug der Jäger ein Loch in die Plicht des Motorbootes und setzte auf sein eigenes Boot über. Mit leisen Gurgelgeräuschen versanken das Wasserfahrzeug und mit ihm der Tascheninhalt der Getöteten.

Vier Stunden waren seit ihrer Abfahrt vergangen, als sie sich dem Land näherten, die sie durch zahlreiche Fahrten nach Goma gut kannten. Sie schalteten den Motor ab und nahmen die Paddel auf. Leise glitt das Boot auf die, wie eine schwarze Wand, durch schroffe Lavagesteine geprägte, Küste. Es dauerte nicht lange, bis die Stelle gefunden war, die sich der Twa ausgesucht hatte, um den Toten abzulegen. Sie mussten vorsichtig sein, denn die Grenzposten waren nicht weit und es war kurz vor Vollmond. Langsam glitt das Boot auf die kleine Bucht zu und stoppte mit leisem Knirschen im schwarzen Sand. Um Geräusche zu vermeiden, stiegen sie in das seichte Wasser und zogen den Bug des Bootes sanft ein Stück an Land. Jetzt war Eile geboten. Zügig machten sie sich ans Werk. Schweigend entluden sie den Torso des Toten. Gahiji griff in die Tasche und zog eine

Maske heraus, die er dem Toten auf das entstellte Gesicht legte und mit einem Hanfstrick befestigte. Nachdem sie sorgsam ihre Fußspuren verwischt hatten, machten sie sich wieder auf den Rückweg. Nach ein paar hundert Metern nahezu geräuschlosen Ruderns schaltete Gahiji den Außenbordmotor an und steuerte sein Boot in die Nacht. Sein Helfer legte sich hin und schlief erschöpft ein.

> Züngelnd zwängte sich die Puffotter durch das aufgeklappte Fenster. Auf dem mit Mahagonidielen ausgelegten Fußboden richtete sie sich orientierend kurz auf und kroch auf das Bettgestell zu. Mit einem gellenden Schrei wachte der Mann aus seinem Traum auf. Der *gardien* am Eingang richtete sich kurz auf und schloss seine Fäuste intuitiv fester um seine Waffe, lehnte sich aber sofort wieder zurück. Er kannte das immer wiederkehrende Ritual. Das Licht in einem der Zimmer ging an und er sah durch das Fenster, wie der Mann ein Buch aus dem Regal nahm.

> .

19

Théo rief früh morgens an. Seit dieser Fall sich zuspitzte, waren sie alle schon morgens um sechs Uhr dreißig im Büro. Jeder wollte noch vor möglichen Einsätzen seine Berichtsprotokolle in Ordnung bringen und den E-Mail-Eingang prüfen. Bosco klärte Théo über die neue Situation und die mögliche Verwicklung von Marie Kamanda in den Fall auf.

»Scheint, dass wir die Dimension dieses Falles unterschätzt haben«, stellte Théo nüchtern fest. »Joseph und ich holen dich mit dem Boot in Kibuye ab. Er meint, wir sollen uns etwas Strapazierfähiges anziehen. Es kann sein, dass wir uns durch die Büsche schlagen müssen. Du hast sicher noch deine alte Rangerkluft im Schrank. Wahrscheinlich müssen wir dort auch übernachten.«

Bosco versuchte einen ironischen Unterton in Théos Stimme auszumachen, da er sich nicht ganz sicher war, ob sein Freund scherzte. Er hatte Zweifel, dass ihm seine Dienstkleidung der Achtzigerjahre noch passen würde, war aber für alle Fälle ausgestattet.

Darauf steige ich nicht ein, mein Lieber.

»Wann werden wir denn auf Idjwi erwartet?«

»Joseph sagt, dass der *Mwami* ihn an den *président* der Twa-Siedlung verwiesen hat. Er wird aber erst am Nachmittag anwesend ist. Es wird also spät. Ich denke, wir sollten uns etwa um fünfzehn Uhr in Kibuye treffen, dann werden wir gegen siebzehn Uhr dreißig auf Idjwi sein.«

Bosco sah auf die Uhr und stimmte zu. »Ich werde da sein, bis später.«

Théo und Joseph trafen fast gleichzeitig mit Bosco in Kibuye ein, und gemeinsam nahmen sie Kurs auf Idjwi. Der Magnetkompass zeigte 300° Nord-West.

Das Dorf, das Ota Benga als seinen Wohnort angegeben hatte, lag unweit der Ostküste im Norden der Insel. Nach kurzem Fußmarsch erreichten sie die Siedlung. Der *président* erwartete sie bereits. Er saß auf einem Hocker und hatte seine Fellmütze auf. Joseph stellte sich und Bosco kurz vor und erläuterte sein Anliegen auf Lingála.

»Es gibt hier keinen Ota Benga«, verkündete der *président* kategorisch. »Wollt ihr uns wieder etwas anhängen?« Mit trotzigem Gesicht signalisierte er, dass es sein letztes Wort war.

»So etwas habe ich befürchtet«, brummte Bosco missmutig vor sich hin.

Joseph wusste, dass Behörden in den ländlichen Gebieten wenig Autorität hatten. Trotzdem versuchte er es mit amtlicher Strenge. »Hören Sie, dies ist eine polizeiliche Ermittlung. Wir werden uns hier umsehen.«

Der *président* machte eine wegwerfende Handbewegung. »Tun Sie, was Sie nicht lassen können, aber einen Ota Benga werden Sie hier nicht finden. Lassen Sie wenigstens unsere Hühner in Frieden.«

Die drei Polizisten verzichteten darauf, dies zu kommentieren. Unschlüssig und ohne zu wissen, wie sie dem Gesuchten auf die Spur kommen könnten, beschlossen sie, einen Rundgang durch das Dorf zu machen. Die Bewohner hatten sich in ihre einfachen Hütten zurückgezogen. Die drei Männer bemerkten, dass sie nicht unbeobachtet blieben.

»Ich bin mir nicht sicher, ob wir hier weiterkommen«, sagte Théo.

»Ich auch nicht. Wir können schlecht das ganze Dorf umkrempeln«, erwiderte Bosco. Ein Mann, den sie nach Ota Benga fragten, schien etwas belustigt zu sein, versicherte aber, niemanden mit diesem Namen zu kennen.

Ohne einen Hinweis, der sie weiterführen konnte, gingen sie zu dem *président* zurück und nahmen ihr Verhör wieder auf. Er empfing sie etwas zuvorkommender als zuvor, beharrte aber in der Diskussion weiter darauf, dass in seiner Gemeinde niemand mit dem Namen Ota Benga lebte.

»Lassen Sie die Fischer heute Abend auslaufen, und morgen früh werden wir weitersehen. Sie sind meine Gäste«, schloss er mit versöhnlichem Ton die Diskussion.

Bosco verbarg seinen Unmut nicht. Auf Josephs Rat willigte er schließlich ein. »Okay, aber morgen früh werden wir uns alle jungen Männer vornehmen.«

Eine Frau trat hinzu und bat sie, ihr zu folgen. Eine Hütte war bereits für Besucher eingerichtet. Wenig später kamen drei Frauen mit zwei Krügen Wasser und einer einfachen Mahlzeit aus Fisch und Reis. Vom Ufer ertönte der eigentümliche Singsang der auslaufenden *Sambaza-Fischer*.

Nachdem sie am nächsten Morgen sehr früh aufgestanden waren und etwas Wasser mit Bananen zum Frühstück zu sich genommen hatten, berieten sie, wie sie mit ihrer Suche weiterkommen konnten.

»Ich habe keine Lust mehr, mich vom *président* hinhalten zu lassen. Sehen wir uns zunächst einmal die Boote der Fischer an, bevor wir uns um die Männer selbst kümmern«, schlug Bosco vor. Joseph und Théo hatten keine andere Idee und stimmten zu.

Am Strand lagen die Boote bereits wieder nebeneinander, am Ufer vertäut. Viele Boote hatten seitliche Ausleger zum Aufspannen von Netzen. Von den misstrauischen Blicken zweier Fischer begleitet, die dabei waren, ihre Netze zu flicken, untersuchten sie die Boote. Théo entledigte sich seiner Schuhe und krempelte die Hosenbeine hoch, um einen Blick in das im Wasser liegende Heck, eines der Boote zu werfen. Es hatte einen Außenbordmotor, aber keine Ausleger und war anscheinend in der Nacht nicht ausgelaufen. Bosco und Joseph waren schon weitergegangen, als sie hörten, wie Théo sie zurückrief.

»Ich habe etwas, seht euch das einmal an.«

Théo kam ihnen, triumphierend mit einem kleinen Plastikbeutel winkend, entgegen. Er enthielt ein kleines Büschel blonder Haare. An den Haarwurzeln klebte getrocknetes Blut.

»Wir sollten nach einem Fischer mit blonden Haaren Ausschau halten oder nach einem Fischer, der einmal einen blonden Gast an Bord hatte.«

»Wo hast du das gefunden?«, fragte Bosco.

»Eingeklemmt in einem halb abgesplitterten Stück Holz am Boden.« Er deutete auf das Boot.

Joseph zögerte keinen Moment. Entschlossen, sich nun nicht mehr abwimmeln zu lassen, lief er zu den beiden Fischern. »Wer war mit diesem Boot dort zuletzt auf dem See?«

Die beiden Männer sahen betreten zu Boden.

»Ich warte auf eine Antwort, sonst nehme ich euch mit nach Goma. Dort könnt ihr im Gefängnis nachdenken, nun?«

Einer der beiden wies mit verängstigtem Blick in Richtung Dorf und sagte: »Gahiji!«

»Ist das sein Name?« Der Fischer nickte stumm. Joseph deutete mit einem Zeigefinger auf den Angesprochenen. »Du kommst mit und zeigst uns seine Hütte. Los, geh voran!« Sie machten sich auf den Rückweg ins Dorf.

Gahiji sah sie von weitem bereits zielstrebig auf seine Hütte zukommen. Er wusste nicht, wie es ihnen gelungen war, auf seine Spur zu kommen, hatte aber nicht die Absicht, danach zu fragen. Es wurde Zeit zu verschwinden. Seine geringe Habe war schnell gebündelt. Er nahm seinen Bogen mit den Pfeilen und die *Panga* und schlich sich im Schutz einiger Büsche in Richtung des Sees zu seinem Boot. Als die Polizisten, die fast leere Hütte betraten, war der Jäger bereits auf dem See. Die Männer sahen sich um. In einer Kochstelle glühten ein paar Holzscheite.

Bosco runzelte die Stirn. »Verdammt, wie die letzten Anfänger. Los, zum Strand!«

Sie stürmten aus der Hütte und rempelten dabei unsanft ihren Führer zur Seite. Atemlos erreichten sie das Ufer. Am Horizont konnten sie einen Punkt erkennen, der sich schnell in südöstlicher Richtung entfernte.

»Ich glaube nicht, dass ich ihn einholen kann. Mein Boot ist auch nur acht Knoten schnell.«

»Wir folgen ihm trotzdem«, beschloss Bosco kategorisch.

»Er wird versuchen, auf dem Festland zu entkommen.« Joseph deutete in Richtung seines Bootes, das er in einiger Entfernung festgemacht hatte. »Also los!« Bosco und Théo folgten.

Ariane und Fabien erreichten den Grenzübergang nach Bukavu und fuhren sofort zu dem Haus der Kongolesin. Das kleine Haus machte einen verlassenen Eindruck. Fabien drehte den Türknauf des Eingangstores und stellte fest, dass es nicht verschlossen war. Niemand antwortete auf seinen Ruf. Auch auf das Klopfen an der vorderen Eingangstür reagierte niemand. Sie war verschlossen. Wie bei ihrem ersten Besuch gingen sie in den Garten an der Rückseite des Hauses. Ariane rief mehrmals den Namen der Frau. Als sie die Terrasse erreichten, bestätigten sich ihre schlimmsten Befürchtungen. Die alte Dame, die Marie Kamanda als ihre Tante bezeichnet hatte, lag tot in ihrem getrockneten Blut. Man hatte ihr die Kehle durchgeschnitten. Auf ihrer klaffenden Wunde hatten sich bereits zahlreiche Insekten niedergelassen. Sie musste schon einige Zeit hier liegen.

»Ich habe es befürchtet. Wir müssen Bosco und Joseph benachrichtigen«, presste Ariane, mühsam beherrscht, hervor.

20

Joseph steuerte sein Boot in die Richtung, in die der Twa verschwunden war.

Théo nahm die Karte zur Hand. »Wo könnte er hinwollen?« Einen Moment versanken sie in ihren Gedanken. Théo unterbrach das grüblerische Schweigen.

»Was meint ihr, will er in den Kongo? Er könnte in Bukavu an Land gehen.«

Joseph drehte sich kurz um und schüttelte den Kopf. »Zu riskant für ihn. Er wird versuchen, bewohntes Gebiet zu meiden.«

Bosco blickte erneut auf die Karte. »Der schnellste Weg, an Land zu kommen, ist nach Ruanda. Es ist auch die Richtung, die er eingeschlagen hat. Vergesst nicht, nach dem, was wir wissen, ist unser Mann ein *Impunyu*. Es ist davon auszugehen, dass er zunächst in den Nyungwe-Forst entkommen will. Dort gibt es noch einige Siedlungen der Waldbewohner, bei denen er Unterschlupf finden kann. Der Regenwald ist sein Zuhause. Ich kenne das Gebiet. Dort wird es schwer sein, ihn zu fassen.«

Der Nyungwe ist ein ausgedehnter Bergnebelwald im Süden Ruandas. Zahlreiche Arten von Primaten, besonders Schimpansen, aber auch Vögel, Schlangen, Echsen und viele Kleintiere haben dort ihre Heimat. Im Nyungwe entspringt der Rukarara, der sich mit dem größten Fluss in Ruanda, dem Nyabarongo, vereinigt und in den Viktoriasee fließt. Nach lokaler Interpretation und auch der des deutschen Afrikaforschers Richardt Kandt liegt dort die Quelle des weißen Nils. Nach ihr hatten die Engländer Burton und Speke und danach Baker, Livingstone und

Stanley in zahlreichen Expeditionen vergeblich gesucht.

Der Nyungwe wird durch die Fernstraße von Butare nach Cyangugu durchschnitten. Der nördliche Teil war bereits durch den Tourismus erschlossen, im Süden erstreckte sich der Regenwald bis nach Burundi.

Bosco deutete auf eine Bucht in dem zerklüfteten ruandischen Ufer. »Hier bei Rwesero könnte er an Land gehen. Von hier aus kann er schnell entkommen. Es ist die kürzeste Entfernung in den Nyungwe. Solange er aber nicht die Fernstraße überquert hat, haben wir noch eine Chance, ihn zu erwischen. Wir müssen nach seinem Boot Ausschau halten.«

»Meinst du nicht, dass er am Ende der Bucht an Land geht? Er könnte sich ein gutes Stück Fußmarsch ersparen«, warf Théo ein.

»Möglich, wir werden sehen, aber ich glaube es nicht. Es gibt dort zu viele Teeplantagen. Er wird den Farmern aus dem Weg gehen wollen.«

»Hm, ich denke, einer von uns sollte ihn verfolgen, der andere versucht, ihm den Weg abzuschneiden.«

»Einverstanden, Théo. Du hast sicher auch schon eine Idee, wer sich an seine Fersen heftet.«

Théo schmunzelte: »Selbstverständlich hast du den Vortritt. Aber du bist jetzt Staatsanwalt. Mit so viel Würde hetzt man nicht durch den Wald. Also mache ich das.«

Bosco musste grinsen. »Das mit der Würde wäre mir jetzt nicht eingefallen, aber ich stimme deinem Vorschlag zu.«

Joseph hatte sich das Wortgeplänkel der beiden Freunde amüsiert angehört.

»Guter Vorschlag. Théo, lass ihn ruhig wissen, dass jemand hinter ihm her ist, sonst versteckt er sich und wartet die Nacht ab. Ich lade Bosco am Ende der Bucht ab. Wie wollt ihr ihn stellen? Ihr habt keine Waffen. Ich habe nur eine Pistole bei mir.«

»Gib sie bitte Théo, ich komme schon klar«, antwortete Bosco mit scheinbarer Selbstlosigkeit.

Er hatte nach der Konfrontation mit Mayeye beschlossen, sich über das Waffenverbot hinwegzusetzen und eine Pistole mitgenommen. Joseph war dies nicht entgangen, er tat aber so, als wüsste er es nicht.

Théo nahm die Pistole und ein gefülltes Ersatzmagazin in Empfang. »Und wo treffen wir uns? Es ist nicht sicher, dass wir telefonisch Kontakt haben.« Er deutete auf sein Mobiltelefon. »Hier ist noch kein Empfang und im Hochnebelwald des Nyungwe vermutlich auch nicht.«

Bosco blickte abermals auf die Karte und deutete auf eine Stelle. »Hier! Ich besorge mir bei den Farmern ein Fahrzeug und versuche, so schnell wie möglich auf die Fernstraße Butare-Cyangugu zu gelangen. Er muss die Kamiranzovu-Sümpfe umgehen. Wenn ich richtig liege, wird er östlich davon die Fernstraße überqueren wollen. Dort kann ich ihm eventuell den Weg abschneiden, wenn du ihn nicht stellen kannst.«

»Joseph, bitte fahre nach Bukavu und alarmiere unsere Kollegen. Fabien und Ariane sind bei Marie Kamanda. Sie sollen noch Hilfe aus Cyangugu und Butare zur Überwachung der Straße mobilisieren.«

Joseph nickte. Sie waren schon mehr als drei Stunden unterwegs und bereits ein Stück in das Innere der langgestreckten Bucht vorgedrungen. Théo suchte mit einem Fernglas, das Joseph an Bord hatte, das ruandische Ufer ab und entdeckte auch bald das nur nachlässig verborgene Fischerboot des Twa.

»Sieht danach aus, als hättest du recht. Dort liegt das Boot.«

Joseph steuerte sein Wasserfahrzeug an einen flachen Felsen. Nimm dich vor seinen Giftpfeilen in Acht.«

»Ja, das werde ich. Ich hoffe aber, dass ich ihn überzeugen kann, sich zu stellen.«

»Darauf würde ich keine Wette eingehen.«

Théo ging von Bord, winkte ihnen noch einmal zu und war kurz darauf verschwunden. Als ehemaliger Ranger war er geübt im Spurenlesen und fand auch sofort, wonach er suchte. Er wusste, dass Josephs Warnung berechtigt war. Die Giftpfeile und auch die raffinierte Fallentechnik der Twa zwangen ihn zur höchsten Aufmerksamkeit. Der Verfolgte hatte sich wenig Mühe gemacht, seine Fährte zu verbergen. Mühelos folgte er den frischen Spuren umgeknickter Äste und Abdrücke im weichen Boden.

Bosco ließ sich unterdessen im Inneren der Bucht absetzen. Sein Ziel war ein Haus auf einer kleinen Anhöhe oberhalb der Stelle, an der er an Land ging. Joseph setzte seinen Weg nach Bukavu fort.

Vor dem Haus stand ein Toyota Pick-up. Der Besitzer, ein Teefarmer, kam sofort mit besorgtem Blick heraus, als er den Fremden sah, willigte aber nach kurzer Diskussion ein, Bosco zur Nationalstraße Butare-Cyangugu zu bringen. Unterwegs nahm er sein Mobiltelefon wieder in Betrieb, um eventuell eingegangene Nachrichten abzuhören. Ariane hatte mehrmals versucht, ihn zu erreichen, und bat ihn per SMS dringend um Rückruf. Sie war sofort am Apparat.

»Endlich, Bosco«, war ihr erster Kommentar, »es ist so, wie ich vermutet hatte. Marie Kamanda ist wahrscheinlich mit ihrem Sohn in der Gewalt von Entführern. Ihre Tante liegt mit durchschnittener Kehle auf der Terrasse ihres Hauses.«

Bosco fühlte sich nicht wohl in seiner Haut, hatte er zum zweiten Mal eine Gefahr unterschätzt.

Hätten wir diesen Mord verhindern können?

Nach einem Moment des Schweigens antwortete er in bemüht sachlichem Tonfall. »Bitte übergib den Fall an Joseph.«

»Wo ist er?«

»Er müsste bald mit seinem Boot in Bukavu ankommen. Wir sind hinter einem Flüchtigen her, der stark verdächtig ist, Darcys Mörder zu sein. Ich brauche euch.«

»Wo?«

»Fabien soll sich mit den Kollegen in Cyangugu und Butare in Verbindung setzen, damit sie ein möglichst enges Überwachungsnetz auf dem Nyungwe-Abschnitt der Fernstraße einrichten. Danach fahrt bitte in Richtung Butare. Ich postiere mich dort östlich der Kamiranzovu-Sümpfe.«

Ariane warf einen Blick auf die Karte.

»Und wer kümmert sich um Marie Kamanda?«

»Wir werden diese Sache später zusammen mit Joseph angehen. Lass ihn bitte die ersten Ermittlungen übernehmen. Er weiß, was zu tun ist.«

»Aber … «

»Ja, gut, ich weiß, was du sagen willst. Sie kann auch nach Ruanda entführt worden sein. Wir müssen aber zunächst den Flüchtigen festnehmen. Wenn es so ist, wie wir glauben, ist sie sicher, solange sie nicht ihren Pass hat. Sie muss in der Schweiz schon persönlich erscheinen, um ihr Erbe anzutreten. In Kigali beobachten Alphonse und Jean-Baptiste die belgische Botschaft.«

»Einspruch, Prosecutor, die Situation hat sich geändert. Wir können sie jetzt nicht einfach festnehmen, wenn der Junge noch irgendwo festgehalten wird.«

Bosco musste eingestehen, dass sie recht hatte.

»Okay, dann informiert Alphonse und Jean-Baptiste über den Stand der Ermittlungen. Sagt ihnen, wenn Marie Kamanda mit ihren Begleitern auftaucht, sind sie verdeckt zu beobachten.«

»Gut, wir werden das in die Wege leiten und dann kommen, wenn Joseph hier ist«, beendete Ariane das Gespräch schnippisch und mit eisiger Stimme.

Bosco nahm einen tiefen Atemzug und fügte, nachdem er das Gespräch beendet hatte, hinzu: »Ich muss ihr einmal sagen, dass sie weniger Ziegenfleisch essen soll.«

In manchen Dörfern untersagt man den Frauen auch heute noch das Essen von Ziegenfleisch. Man glaubt, sie würden deren Eigenschaften, meckernde Stimmen und störrisches Verhalten, annehmen.

Er bat den Teefarmer, ihn an der ausgesuchten Stelle abzusetzen. Langsam patrouillierte er die Straße entlang und beobachtete den Waldrand. Nur selten kamen Fahrzeuge vorbei.

Théo war unterdessen in den Nyungwe eingedrungen und musste sein Tempo in dem unwegsamen Gelände verlangsamen. Der Gejagte hinterließ immer noch deutliche Spuren. Entweder hatte er noch nicht erkannt, dass er verfolgt wurde, oder es war ihm gleichgültig. Aus den dichten Baumkronen tönte ein Konzert Tausender Vogelstimmen. Ständig wurde er von Schimpansen begleitet, die ihn lautlos beobachteten. Um ihren Hauptfeind, den Leoparden, nicht anzulocken, signalisieren die intelligenten Primaten einen Eindringling nur dann, wenn ihre Artgenossen noch nicht gewarnt waren.

Der Twa blieb unsichtbar. Der Verfolgte strebte ohne Umwege seinem Ziel, dem südlichen Abschnitt des Nyungwe, zu. Théo war sich inzwischen nicht mehr so sicher, dass er ihn stellen konnte, und hoffte, dass es Bosco gelungen war, die Fernstraße zu überwachen. Die Spur war nicht mehr so deutlich wie anfangs und Théo verlor immer mehr Zeit dabei, sie wieder aufzunehmen. Trotz seiner guten körperlichen Konstitution begann die Verfolgung an seinen Kräften zu zehren. Unvermittelt kreuzte eine schmale, tiefe Schlucht seinen Weg.

Dieser Teil des Nyungwe wird oft von Touristen besucht, und mit Rücksicht auf die Besucher hatte die Forstverwaltung in schwierigem Gelände Kletterhilfen und Baumstämme ausgelegt.

Théo sah sich um und lief am Rand der Schlucht entlang. Der Twa musste das Hindernis überwunden haben. Noch wollte er sich nicht eingestehen, dass der Verfolgte ihn abgehängt hatte. An einer Stelle entdeckte er aufgewühlten modrigen Waldboden. Er blickte nach unten und sah zwei Baumstämme übereinanderliegen.

Verdammt, er hat mich abgehängt.

Suchend streifte sein Blick durch das dichte Buschwerk auf der gegenüberliegenden Seite der Schlucht. Regungslos stand der Verfolgte auf der gegenüberliegenden Seite an einen Baum gelehnt. Théo konnte sich des Eindruckes nicht erwehren, dass der Gejagte ihn schon eine Weile beobachtet hatte. Die

Entfernung war für einen gezielten Schuss mit seiner Waffe zu groß. Trotzdem zog Théo seine Pistole und legte auf den Mann an.

»Bleiben Sie stehen! Geben Sie auf!«

Der Twa winkte ihm nur zu und verschwand im Dickicht. Théo nestelte sein Mobiltelefon aus seiner Jacke, um den Zugang zu den Funknetzen zu prüfen. Wie erwartet, war kein Empfang möglich. Frustriert schoss er in die Luft und machte sich auf den mühsamen Weg durch die Schlucht.

> Der Mann schreckte auf. Waren sie schon da? Einen kurzen Moment lauschte er in das Dunkel. Wie in Trance tastete er sich in das Zimmer mit dem Bücherregal. Als das Licht anging, blinzelte der *gardien* nur kurz durch halbgeschlossene Augenlider, drehte sich weg und schlief wieder ein.

21

Joseph war, nachdem ihn der Anruf von Ariane erreicht hatte, sofort zum Haus von Marie Kamanda geeilt und hatte umgehend Ermittlungen in die Wege geleitet.

»Gut, dass du da bist«, empfing ihn Ariane.

Joseph gab beiden Polizisten kurz die Hand und widmete seine Aufmerksamkeit der Toten. »Diese Geschichte fängt an, mich zu nerven. Was haltet ihr davon?«

»Wir sind überzeugt davon, dass Marie Kamanda mit ihrem Sohn in der Hand von Verbrechern ist«, sagte Fabien.

»Ja, Bosco hat mich informiert, dass sie zusammen mit dubiosen Figuren gesehen wurde. Wenn sie freiwillig mit jemandem gemeinsame Sache macht, um an Darcys Geld zu kommen, wäre es nicht nötig gewesen, die Frau umzubringen.«

Ariane verbiss sich die Bemerkung, die ihr auf der Zunge lag. *Wer fragt hier schon nach einer Notwendigkeit, jemanden umzubringen?*

»Wir sind sicher, dass sie in Gefahr ist. Kannst du dich dieser Sache annehmen? Bosco braucht uns im Nyungwe. Sie sind immer noch hinter dem Twa her.«

Joseph nickte. »Okay, das ist unser Fall. Ich gehe der Sache nach.«

Ariane und Fabien verabschiedeten sich und fuhren zur Grenze nach Cyangugu.

Es war offensichtlich, dass der Schlüssel zu diesem Verbrechen nicht in Bukavu zu suchen war. Joseph beschloss daher, die weitere Beweisaufnahme bei der lokalen Behörde zu belassen und nach Goma zurückzukehren. Nachdem er die Kollegen aus Bukavu eingewiesen hatte, füllte er den Tank seines Bootes und einen Reservekanister auf und bat einen der Beamten aus Bukavu, sein Boot nach Goma zu steuern. Er selbst legte sich auf den Rücksitz, um unterwegs etwas Schlaf zu finden.

Der Schuss durchbrach die Geräusche des Regenwaldes. Von der etwas erhöhten Straßentrasse aus konnte Bosco sehen, wie ein Schwarm Vögel aufstieg und dem kurz nachhallenden Geräusch entfloh.

Théo kann nicht weit sein und benötigt vielleicht Hilfe. Ich gehe ihm besser entgegen.

Bosco entsicherte seine Waffe. Nach einhundert Metern erreichte er eine kleine Lichtung, die von hohen Bäumen gesäumt war. Es war ein ausgetrockneter Ausläufer des Sumpfes, auf dem hohes Gras stand.

Der Pfeil traf ihn unvermittelt und bohrte sich in seinen Oberschenkel. Stechender Schmerz raubte ihm fast das Bewusstsein. Bosco sank zu Boden. Wie ein Phantom tauchte der Jäger plötzlich aus dem hohen Gras auf. Mit gespanntem Bogen kam er langsam auf den Polizisten zu.

»Lassen Sie Ihre Waffe fallen!«

Während Bosco sich auf dem Rücken liegend mühsam mit dem linken Ellbogen abstützte, ließ er seine andere Hand mit der Waffe sinken und legte die Pistole zur Seite.

»Sie sollten sich stellen!«, forderte Bosco den Mann auf.

Der Mann stieß mit dem Fuß die Waffe weg und beugte sich über ihn.

»Dazu hat mich Ihr Kollege schon aufgefordert. Ich halte das für keine gute Idee.«

Das Bein schmerzte. Bosco stöhnte.

»Ich bedaure, Sie haben mir keine Wahl gelassen.«

Bosco versuchte es erneut. »Kommen Sie mit uns, wir garantieren eine faire Behandlung.«

»Möglich, ich bin nur nicht begierig, den Komfort eurer Gefängnisse kennenzulernen.«

Seine Haare hingen ihm in schwarzen Strähnen über sein poriges Gesicht, das ihn wesentlich älter erscheinen ließ, als er war. Der Twa ließ den Bogen sinken. Einen Moment sagten sie nichts. Bosco versuchte vergeblich, in seinem Blick den Mörder zu finden.

»Warum das alles?«, fragte er auf Kinyarwanda, der Sprache, in der ihn der Mann angesprochen hatte.

»Die beiden *Wazungu* haben den Tod tausendfach verdient. Warum treibt ihr so einen Aufwand um diesen Abschaum, während hier die ganze Region im Blutrausch versinkt?«

Bosco fiel nichts ein, das er antworten konnte, und er wand sich vor Schmerzen.

»Keine Sorge, der Pfeil war nicht vergiftet. Sie wären sonst bereits auf dem Weg zu Ihren Ahnen. Die Wunde wird verheilen.«

Der Verfolgte packte plötzlich den Schaft des Pfeils und zog ihn vorsichtig aus der Wunde. Ein kurzer, heftiger Schmerz durchzuckte Bosco. Die verletzte Stelle blutete stark. Der Twa zog ein eingerolltes Bananenblatt aus einer kleinen Tasche, die er umhängen hatte. Es enthielt einen pflanzlichen Brei, mit dem er die Wunde bestrich. Anschließend legte er das Blatt auf die Wunde und befestigte die Bandage mit Bananenbast.

Der Schmerz wich langsam einem rhythmischen Pulsieren des Oberschenkels.

»Wo ist mein Kollege, der hinter Ihnen her war? Ist er verletzt?«

»Nein, keine Sorge, er wird bald auftauchen. Ich habe ihn nur etwas ausgebremst. Er ist ganz gut zu Fuß und hätte mich fast eingeholt.«

»Was ist mit Isaam? Er arbeitete in ihrem Dorf?«, stieß Bosco hervor.

Der Twa schwieg einen Moment.

»Wir haben ihn befreit und versucht, ihm zu helfen, aber es war zu spät.«

»Was war zu spät?«

»Er ist tot. Wir konnten Isaam nicht mehr retten.«

»War er im Lagerhaus der Mine?«

»Ja, er wurde dort von einem *Mzungu* unter Drogen gesetzt und gefoltert. Ich habe dem ein Ende bereitet, aber er hat es nicht überstanden. Das Dorf hat ihm ein Begräbnis bereitet.«

»Und warum habt ihr Darcy umgebracht?«

»Er war der Organisator dieser ganzen Mordserie. Als wir Isaam wegbringen wollten, kam er uns in die Quere und schoss einen unserer Männer an.«

»Und deshalb habt ihr ihm und dem Riesen die Beine abgetrennt? Was sollte das?«

Der Jäger schwieg.

»Warum die Beine?«, insistierte Bosco.

»Wir mussten die beiden kürzen.«

»Kürzen?«

»Ja, die beiden waren uns einfach zu schwer, daher haben wir sie gekürzt. In der Halle stand ein Fallbeil, das von diesen Verrückten sicher auch benutzt wurde.«

Das also war das geschmolzene Blei.

»Die beiden *Wazungu* werden trotzdem nicht im Pygmäenhimmel landen«, fügte er noch mitleidlos hinzu. Bosco war nicht zum Lachen zumute, und der Twa schien das auch nicht zu erwarten.

»Wer hat danach das Gelände in Brand gesetzt?«

»Wir waren es nicht. Prüfen Sie einmal die ›SÉCOMA‹ und ihre Aktivitäten.«

»Haben Sie Darcy und seine Mitarbeiter schon früher gesehen?«

»Ja, den Riesen habe ich während meiner Beobachtungen des Lagerhauses oft gesehen. Darcy kannte ich von früher.«

»Woher?«

»Ich stamme aus Mukingo. Er hat meinen Vater erpresst. Wir waren damals in illegale Geschäfte verwickelt.«

Bosco seufzte. Mukingo, das Dorf am Fuß des Karisimbi, war während seiner Zeit als Ranger ausschließlich von unbelehrbaren Wilderern der Twa bewohnt, die auch ihm damals das Leben schwermachten. Nun stürzten die Erinnerungen brachial auf ihn ein und auch die geheimnisvollen Umstände um Dian Fosseys Ermordung drängten sich plötzlich wieder in den Vordergrund.

»Ihren Vater?«

»Ja, er machte früher Geschäfte mit Darcy.«

»Welche Geschäfte?«

»Tiere.«

»Gorillas?«

»Auch, wenn sie bestellt wurden.«

»In Darcys Wohnung haben wir ein *Sumu* gefunden. War das Ihre Botschaft?«

»Ja, wir haben ihn gewarnt, weil seine Leute uns auf Idjwi bedrängten.«

»Solch ein *Sumu*, eine hölzerne Puffotter, lag auch vor Dian Fosseys Hütte. Hattet ihr auch damit zu tun?«

»Darcy kannte die Symbolik des *Sumu* und besonders die der Puffotter. Ja, es war dieselbe Puffotter, mit der die Amerikanerin gewarnt wurde. Sie machte uns Probleme, und wir wollten, dass sie verschwindet.«

»Sie wurde auf die gleiche Weise mit einer *Panga* ermordet wie Darcy. War das Absicht?«

»Es war Zufall. Beide Tötungen entstanden aus der gegebenen Situation.«

»Ihr habt also der Amerikanerin das *Sumu* vor die Hütte gelegt und sie ermordet, als sie nicht reagierte. Ist das richtig?«

»Wir hassten sie und sie hasste uns. Sie war eine Hexe und hat dafür gesorgt, dass wir aus dem Virunga vertrieben wurden. Seit 1977, als Wilderer ihren Lieblingsgorilla Digit getötet hatten, wurde sie zunehmend paranoid und unberechenbar. Außerdem behandelte sie alle, die nicht ihrer Meinung waren, zum Teil auch ihre Mitarbeiter, mit Verachtung.«

Bosco wollte das nicht kommentieren.

»Das sollten Sie wissen. Sie haben das selbst miterlebt.«

»Wie, Sie kennen mich?«

»Natürlich, Bosco Kabeera, Ranger und Tracker. Wir kannten alle Mitarbeiter der Amerikanerin und der Forstverwaltung. Ich hatte allerdings nicht damit gerechnet, dass jemand von euch hinter mir her ist.«

»Kommen wir zurück zu Dian Fossey. Was hattet ihr mit ihrer Ermordung zu tun?«

»Mein Vater wurde von ihr geschlagen und gedemütigt. Um ihn zu zwingen, mit der Jagd aufzuhören, hat die Amerikanerin mich als Kind entführt«, antwortete der Twa, ohne die Frage zu beantworten.

»Ihr hättet sie anzeigen können. Sie hatte wenige Freunde damals«, erwiderte Bosco etwas lahm. Er war von seinen Worten nicht wirklich überzeugt.

Zum ersten Mal kam so etwas wie ein Lachen über die Lippen des Jägers.

»Sie machen Witze, Kabeera. Ein Twa läuft in eine Polizeistation und zeigt die Mutter Teresa der Gorillas an. Was glauben Sie, hätte man damals unternommen? Ich gebe Ihnen gleich die Antwort, die Sie mir nicht geben wollen: Man hätte den Twa eingesperrt.«

Bosco ging nicht darauf ein. Was hätte er auch sagen sollen? Der Twa hatte recht. Durch ihre Popularität in der Weltpresse war die Amerikanerin fast unangreifbar. Auch die Regierung ließ sie gewähren, obwohl es dort kaum noch jemanden gab, der sie nicht loswerden wollte, wenn auch aus ganz unterschiedlichen Motiven. Stattdessen fragte er weiter:

»Gut, aber was hat das mit Darcy zu tun?«

»Darcy wollte Dian Fossey loswerden. Sie störte seine Geschäfte, seit sie es geschafft hatte, das Reservat einzurichten.«

»Darcy hatte eine Maske auf. Es ist eine Henkersmaske. War das Ihre Idee?«

»Ja, die Maske gehörte meinem Großvater. Er lebte am Hof des *Mwami* Mutara III., des Tutsi-Herrschers in Ruanda, und war für den Vollzug von Todesurteilen verantwortlich. Dabei trug er die Maske.«

»Wie, Ihr Großvater war ein Henker?«

»Ja, diese Aufgabe wurde damals nur von den Twa wahrgenommen. Er war auch Mitglied des Twa-Geheimbundes *Ota Benga*, wie später mein Vater und wie auch ich. Ich habe sie dem Belgier aufgesetzt in der Hoffnung, dass jemand die Symbolik erkennt, denn Darcy war ein Henker.«

»Wer ist Ota Benga? Das war der Name des Jungen, der an der Grenze den Fund des toten Darcy anzeigte. Und was ist das für ein Geheimbund? Und Darcy, was haben die *Wazungu* auf Idjwi getrieben, warum die Toten?«

Bosco hatte jetzt das Gefühl, dass seine Lippen ihm eigenständig die Formulierung der Fragen abnahmen.

»Viele Fragen, Kabeera, aber ich will Ihre Neugier stillen. Der Geheimbund hat die Aufgabe, das Volk der Twa vor der Ausrottung zu schützen. Leider stehen uns nur bescheidene Mittel zur Verfügung, aber wir versuchen, uns zu wehren. Der Bund wurde nach Ota Benga benannt, einem Twa, der die Gräuel der Schergen Leopolds II. überlebte und von einem Missionar in die USA deportiert wurde. Man steckte ihn in einen Affenkäfig und stellte ihn zur Schau. Schließlich beschloss er, seinem menschenunwürdigen Dasein ein Ende zu bereiten. Er erschoss sich.«

Bosco gab sich keine Mühe, seine Betroffenheit zu verbergen. Nach einer Schweigeminute fuhr der Twa fort:

»Darcy konnte bei der Auswahl seines Menschenmaterials für seine Geschäfte aus dem Vollen schöpfen. Im Osten des Kongos kümmert sich niemand um Verschwundene. Sie waren aber immer schwarz, Männer und Frauen.«

»Welches Geschäft betrieb Darcy?«

Gahiji schwieg. Er schaute über Bosco hinweg, als würde er ihn nicht verstehen.

Bosco war sich plötzlich der absurden Situation bewusst. Er hatte einen Mörder gejagt, ihn gestellt und lag nun verletzt vor ihm und verhörte ihn. Und obwohl er nicht imstande war, ihn zu verhaften, beantwortete der Mann seine Fragen, als würde es ihn erleichtern.

Plötzlich griff der Twa in seine Jackentasche und reichte Bosco ein Tuch, in das eine kleine Digitalkamera eingewickelt war, die dieser verwundert an sich nahm.

»Sehen Sie sich die Fotos und Filmausschnitte an. Es sind nur ein paar, aber Sie werden danach klüger sein«, sagte er fast freundlich und fügte hinzu:

»Sie sollten niemanden mit schwachen Nerven zusehen lassen.«

Bosco war verwirrt. Dieser Mann war ein Rätsel, und im Moment fühlte er sich nicht nur körperlich unterlegen. Nach alter Gewohnheit sicherte er die Kamera in einem Plastikbeutel, von denen er immer ein paar mit sich führte, und steckte sie in seine Tasche. Nun wollte er aber alles wissen.

»Wer hat Dian Fossey getötet?«

Die Frage kam unvermittelt. Der Jäger blickte einen Moment stumm auf Bosco. Er rang einen Moment mit sich, entschloss sich aber dann, zu antworten:

»Es war mein Vater.«

»Wegen der Entführung?«

»Nein, es war Darcy, der ihn unter Druck setzte. Er hatte aber dadurch leichteres Spiel ihn zu überzeugen, dass sie wegmusste. Zudem wollte er nicht mehr warten.«

»Warum?«

»Zuerst hatten wir darauf gewartet, dass die Aufenthaltsgenehmigung der Amerikanerin abläuft und ihr zur Erleichterung der Entscheidung das *Sumu* vor die Tür gelegt. Aber sie war stur und ignorierte die Warnung.«

»Das erklärt nicht, warum es Darcy mit der Ermordung von Dian Fossey so eilig hatte.«

»Der Belgier fürchtete, verhaftet zu werden, da die Amerikanerin Notizen mit Namen von Wilderern und deren Auftraggebern besaß, mit denen sie zur Polizei gehen wollte. Diese wollte Darcy in seinen Besitz bringen.«

»Und hat er die Liste gefunden?«

»Nein, er hat nur sein *Sumu*, mit dem sie gewarnt wurde, wiedergefunden. Der Fetisch kam später in meinen Besitz. Wir haben mit ihm auch Darcy und sein Filmteam gewarnt.«

»Hm, ich verstehe. Ich kann mich erinnern. Sie hat es immer wieder irgendwie mithilfe ihrer Botschaft geschafft, eine Verlängerung ihrer Aufenthalts-genehmigung zu bekommen.«

»Ja, aber sicher auch mit Bestechung. Sie war in ihren Methoden nicht besonders wählerisch.«

»Noch eine Frage: Die Untersuchung ergab, dass Dian Fossey mit ihrer eigenen *Panga* ermordet wurde. Ihr Vater ging anscheinend unbewaffnet zu ihr. Hatte er wirklich die Absicht, sie umzubringen?«

»Er war falsch informiert. Die Amerikanerin sollte angeblich nicht im Haus sein. Mein Vater wollte sie vergiften. Als er einstieg, wachte die Amerikanerin auf. Sie raste wie eine Verrückte, und mein Vater musste fürchten zu unterliegen. Es gelang ihm, die *Panga* von der Wand zu reißen und sich mit der Waffe zu wehren. Schließlich versetzte er ihr damit einen tödlichen Hieb.«

»Und wer hat die Gorillafamilie um Digit getötet?«

»Ich weiß es nicht. Es gab einige im Dorf, die demonstrieren wollten, wer Herr des Waldes ist. Es ist paradox, letztlich hat sie durch ihren kompromisslosen Rachefeldzug gegen die Wilderer den Tod der Gorillas selbst mit verursacht.«

Bosco schwieg, und der Twa fuhr fort: »Mein Vater ist tot. Wenn es so weitergeht, wird es eines Tages mehr Gorillas geben als Twa. Sollen wir das akzeptieren? Was ist das für ein Artenschutz-Konzept? Wir haben begriffen, dass es wichtig ist, bestimmte Arten zu schützen und zu erhalten. Aber wir sind und waren immer Teil dieser Natur. Wir gehören in den Wald. Wir leben von ihm und er liefert uns die Medizin, die wir brauchen. Jetzt schickt ihr Touristen in unsere Dörfer und wir tanzen ihnen etwas vor. Lächerlich, das wird unser Überleben nicht sichern.«

Der Twa machte eine Pause. Es war, als würde er es genießen, dass ein Vertreter des Staates gezwungen war, sich seine Sicht der Dinge anzuhören, die er ihm nun förmlich um die Ohren schlug.

»Vor Kurzem war eine Touristengruppe bei uns. Ich kümmere mich normalerweise nicht darum. Ich kann es nicht verhindern. Als ich aber sah, wie Dorfbewohner ausgefragt wurden und die Touristen sich Notizen machten, wurde ich neugierig. Ich erkundigte mich, was die Fremden wissen wollten. Sie wollten wissen, welche Pflanzen wir als Medizin nutzen und für welche Anwendung. Es waren Biochemiker aus Deutschland. Es ist klar, wozu das führt. Zuerst stiehlt man uns unser Wissen und danach wieder den Wald.«

»Sie sind gut informiert. Woher wissen Sie das alles?«

»Meine Eltern zogen es vor, nach 1985 aus Mukingo zu verschwinden, und übergaben mich einer Mission, in der ich eine Schulausbildung bekam.«

Der Jäger atmete hörbar schwer vor Anspannung.

»Gebt uns den Wald zurück, jetzt brauchen wir ein Reservat. Wir jagen keine geschützten Tiere mehr. Sie haben von uns nichts zu befürchten.«

Bosco unterließ es, diesen Appell zu beantworten. »Noch etwas, warum habt ihr den Toten in Ruanda abgelegt?«

»Wir haben kein Vertrauen in die kongolesischen Behörden. Sie hätten es wahrscheinlich vertuscht und den Toten verschwinden lassen, wenn die ›SÉCOMA‹ das nicht schon vorher erledigt hätte.«

Die Wunde machte sich wieder bemerkbar.

»Da müssen wir uns wohl geehrt fühlen«, stieß Bosco hervor. »Mich interessiert noch, ob Sie Thomas Mayeye kennen.«

»Wer kennt diesen Gangster nicht?«

»Hatte er etwas mit den Toten im Lagerhaus zu tun?«

»Seine ›SÉCOMA‹ hat das Wachpersonal gestellt. Ihn selbst habe ich nie auf Idjwi gesehen.«

»Warum habt ihr den Fund des Toten angezeigt? Er wäre sicher auch so gefunden worden.«

»Die Regenzeit steht bevor und wir befürchteten, dass der Körper abgetrieben oder vom Wasser bedeckt wird. Daher beauftragten wir einen Jungen, der den Fund melden sollte.«

»Ota Benga!«

»Er heißt natürlich nicht so. Lasst ihn in Ruhe, er hat nichts damit zu tun.«

»Sie sagen, dass Sie manchmal an der Lagerhalle waren und die Aktivitäten dort beobachteten. Ist Ihnen wirklich nichts aufgefallen? Worüber haben sie gesprochen?«

»Ich war nicht sehr oft da. Es fiel mir auf, dass sie Frauen kommen ließen und sich amüsierten. Einmal hat sich Darcy mit dem Riesen laut über einen *Hugo* unterhalten. Sie ärgerten sich über ihn.«

»War es *Hugo*? Haben Sie wirklich *Hugo* gehört?«

»Ja, und ich hatte den Eindruck, dass er wichtig für sie war. Der Riese hatte irgendetwas an ihm auszusetzen, und Darcy sagte, dass er ihn im Griff hat.«

Von Ferne näherte sich leise ein Motorengeräusch, das nach und nach die Geräusche des Waldes übertönte, und Bosco wusste, dass er nicht mehr lange auf Hilfe warten musste. Der Twa wandte sich von dem Verletzten ab und blickte kurz in die Richtung, aus der die Fahrzeuge zu erwarten waren. Ruhig blickte er noch einmal zu dem am Boden liegenden Verletzten.

»Wenn Sie an den Hintergründen des Mordes an der *Nyiramacyibili* noch interessiert sind, sollten Sie nach ihren Notizen in den Akten der Staatsanwaltschaft suchen. Angeblich ist es ein orangefarbener Ordner. Vermutlich finden Sie Darcys Namen darin, aber gut denkbar, dass auch Ruander damals mit im Geschäft waren. Sie werden sich dabei nicht nur Freunde machen.«

Bosco malte sich kurz die Konsequenzen aus. Es würde nicht ohne Mugambages Zustimmung gehen.

»Haben Sie eine Vorstellung, wer *Hugo* ist?«

Der Twa zuckte mit den Achseln.

»Ich weiß noch nicht einmal, ob es ein *Mzungu* oder ein Afrikaner ist. Es gibt viele Afrikaner, die so heißen. Ich nehme an, er ist ein Verbindungsmann für seine Geschäfte. Darcy musste gute Beziehungen nach Kinshasa haben.«

Bosco setzte an, noch weiterzufragen. Es gab noch viele Rätsel, und er hätte den *Impunyu* gerne noch einmal über Darcys Geschäfte befragt, aber der Twa unterbrach das Gespräch.

»Ich denke, es ist besser, wenn wir uns nun trennen. Lassen wir es bei dieser Begegnung bewenden. Ihr solltet nicht versuchen, mir zu folgen.«

Mit deutlichem Spott in der Stimme fügte er noch lächelnd hinzu: »Ich gehe jetzt in das Herz der Finsternis.«

Ohne Eile bewegte sich der Jäger auf den Waldrand zu. Dort drehte er sich noch einmal um, kreuzte seinen Blick kurz mit dem seines Verfolgers und verschwand. Bosco blickte einen Moment auf die grüne, hoch aufragende Wand des Dschungels, die ihn verschluckt hatte. Diese geheimnisvolle Undurchdringlichkeit gewährte ihm Schutz und Überleben. Er war dort zu Hause, und niemand würde ihm folgen können, niemand würde ihn finden.

Bosco quälte sich mühsam auf die Beine. Er fand seine Waffe, die im Gras lag, und gab zwei Schüsse ab. Kurz darauf hörte er, wie mehrere Fahrzeuge am Straßenrand stoppten. Nach kurzer Suche fanden sie ihn. Ariane und Fabien waren in Begleitung mehrerer Polizisten aus Cyangugu und Butare. Fabien beugte sich zu ihm.

»Wo ist er?«

Bosco hob seinen Kopf kurz in Richtung des Waldes.

»Helikopter?«

»Vergesst es, keine Chance. Schafft mich hier weg. Lasst für Théo einen Mann mit Fahrzeug hier.«

»Wo ist er?«

»Er muss bald hier ankommen. Er war hinter dem Flüchtigen her, hat ihn aber verloren. Bringt mich zum nächsten Arzt. Danach setzt euch mit Joseph in Verbindung und koordiniert die Suche nach *Madame* Kamanda und ihrem Sohn.«

Auf Boscos Bitte legte Ariane einen Verband um die Wunde, ohne aber den pflanzlichen Extrakt des Twa zu entfernen.

»Er sagte, er verschwindet im Herz der Finsternis, und fand das anscheinend amüsant. Was meinte er damit?«

»Ach, das ist der Titel eines Buches. Der englische Autor Joseph Conrad beschrieb darin die Grausamkeiten im Kongo zur Zeit Leopolds II. Hauptakteur in diesem Roman, ist der weiße Elfenbeinjäger Kurtz, der seine Hütte mit den Schädeln ermordeter Afrikaner schmückt. Jeder Praktikant westlicher Medien, der noch nicht einmal weiß, wo der Kongo liegt, liebt das Zitat und wiederholt es bei jeder Gelegenheit, wenn es darum geht, etwas Schauer bei den Lesern zu erzeugen. Früher war es Dracula, die Legende eines blutsaugenden Vampirs aus Rumänien, heute zitiert man gerne *Das Herz der Finsternis*. Gerade in Deutschland hat Afrika wirklich Konjunktur. Weite Savannen mit Tieren, Dschungel, Trommeln und auch noch eine Geschichte mit dem Titel *Die Weiße Massai*. Es gibt Fernsehserien in allen Varianten mit ein wenig Sex und *Sumu*. Klinisch sauber natürlich. Afrika ist schließlich die Wiege der Menschheit. Weiße spüren das, vorausgesetzt man wiederholt es oft genug.«

»Oh, gütiger Gott«, seufzte Bosco verdrießlich. »Afrika hat wirklich ein Problem mit der Selbstdarstellung. Kein Mensch schert sich um die Realitäten.«

Als er aber an *Die Weiße Massai* dachte, musste er etwas lächeln. Diese Geschichte, von einer Romanze einer Weißen mit einem Massai wurde von Kenianern im Tourismus ausgiebig ausgeschlachtet und war über die Grenzen Kenias hinaus ein Treppenwitz. Jeder Souvenirhändler behauptete mit frivolem Grinsen, demselben Massai-Stamm anzugehören, und bot sich, besonders weiblichen Touristen, erfolgreich als Experte an.

Bosco ging, humpelnd auf Fabien gestützt, zu einem Fahrzeug, mit dem sie zunächst nach Butare in ein Hospital fuhren. Der Arzt bescheinigte ihm, gut versorgt worden zu sein. Da weder Fieber auftrat, noch eine Verfärbung der Wunde auf eine Entzündung hindeutete, sah der Mediziner keinen Grund, ihn im Krankenhaus zu behalten. In Kigali begab sich Bosco in die Obhut von Chantal, die ihm zunächst heftige Vorwürfe machte, ihn aber dann in Ruhe schlafen ließ.

22

Joseph war nach der nächtlichen Fahrt zu seinem Haus gegangen, um noch etwas zu schlafen, stand aber früh wieder auf, um sein Büro aufzusuchen.

Ich muss dem ein Ende machen, aber wie? Ich habe keine Beweise. Handeln sie im Auftrag oder ziehen sie das selbst durch? Wo stecken die Frau und der Junge?

Kurz entschlossen griff er zum Telefon.

»Brigadier, gehen Sie zu Piquard, dem Belgier von Darcys Film Production, und bringen Sie ihn zu mir. Wenn er sich weigert, nehmen Sie ihn fest.«

»Den anderen auch?«

»Sie meinen Dallaway, dieses britische Leuchtfeuer von *hope and glory*? Nein, der trinkt entweder noch oder er liegt schon auf einer Hure – wenn er noch liegen kann.«

Der Brigadier war sich nicht sicher, ob er dem Sarkasmus seines Kommandanten folgen konnte, und zog es vor, sich auf die gewohnte formelle Ebene zurückzuziehen.

»Zu Befehl, Kommandant.«

Mit düsterer Miene betrat Piquard in Begleitung des Polizisten das Büro von Joseph. Der Brigadier hatte ihn zuerst freundlich gebeten mitzukommen, aber als Piquard versuchte, sich durch Ausreden der Vorladung zu entziehen, mit Haft gedroht. Der Belgier hatte bereits einschlägige Erfahrungen mit dem Komfort von Arrestzellen in Ländern mit einer ähnlichen Einstellung zu Menschenrechten. Er zog es daher vor, einer weiteren traumatischen Erfahrung aus dem Weg zu gehen und der Aufforderung zu folgen.

»Was soll das, Kommandant? Was werfen Sie mir vor? Ich bin belgischer Staatsbürger und habe das Recht auf einen Anwalt und konsularische Betreuung«, polterte er sogleich los, als er in Josephs Büro trat.

»Langsam, *Monsieur* Piquard, inwieweit Anwälte und das Konsulat sich darum drängen, Ihnen zur Seite zu stehen, werden Sie möglicherweise noch erfahren. Die Ruander haben sich bei den Behörden über die illustren Lebensläufe von Ihnen und Ihren Kollegen informiert und an uns weitergegeben. Ich muss schon sagen, Sie alle haben oder hatten beeindruckende Karrieren. Bisher haben Sie sich meines Wissens hier nichts zu Schulden kommen lassen. Sie dürfen zwar die Stadt nicht verlassen, aber das dient nur Ihrer eigenen Sicherheit. Ansonsten möchte ich mich nur mit Ihnen unterhalten. Setzen Sie sich bitte, *Monsieur* Piquard.« Joseph deutete auf den freien Stuhl.

Piquard presste seine Lippen zusammen. Sein ohnehin griesgrämiger Gesichtsausdruck verhärtete sich. Trotzdem signalisierten seine listig blickenden Augen, die an ein Frettchen erinnerten, Misstrauen und Wachsamkeit.

»Kommen Sie zur Sache. Worüber möchten Sie sich mit mir unterhalten? Verdächtigen sie mich des Mordes an Darcy?«, entgegnete er.

»Aber nein, die Ermittlungen zu Darcys Ermordung stehen kurz vor dem Abschluss. In letzter Zeit gab es aber noch einige merkwürdige Ereignisse, bei deren Aufklärung Sie mir eventuell behilflich sein können. Da ist zum Beispiel ein Einbruch in das Labor der MONUC und die Entführung einer Kongolesin und ihres Sohnes aus Bukavu.«

Den Mord an der alten Dame und die Ereignisse auf Idjwi erwähnte er nicht.

»Was sollte ich damit zu tun haben? Sie haben soeben selbst erwähnt, dass ich Goma nicht verlassen darf. Ich habe die Stadt nicht verlassen.«

»Das habe ich tatsächlich auch nicht angenommen. Es ist nur so, dass beide Vorkommnisse miteinander im Zusammenhang stehen und es meiner Ansicht nach nur wenige gibt, die erstens ein Motiv haben und zweitens auch in der Lage sind, derartige Operationen durchzuführen.«

»Bedaure, ich verstehe immer noch nicht, worauf Sie hinauswollen.«

»Gut, ich erkläre es Ihnen. Was das Motiv betrifft, kommen Sie und Ihr Kollege als, sagen wir, Ansprechpartner infrage. Was die Durchführung betrifft, denke ich eher an die ›SÉCOMA‹, zu denen Sie meines Wissens nach wie vor gute Beziehungen haben. Capitaine Matengo hat ja nach Mayeyes Ende wenig Zeit verloren, die Geschäfte zu übernehmen.«

»Was verstehen Sie unter Beziehung? Wir beauftragen sie nach wie vor mit der Bewachung unseres Hauses.«

»Für das Matengo die Überschreibung der Eigentumsrechte auf die ›SÉCOMA‹ beantragt hat.«

»Ja, wir bekamen bereits die Aufforderung, künftig die Miete an ihn zu bezahlen.«

»Für eine solche Überschreibung von Eigentum und auch für andere Gefälligkeiten benötigt man bei uns normalerweise gute Argumente. Die Behörde hat Matengo auch Mayeyes private Festung zugesprochen.«

Joseph hatte keine Zweifel, dass Piquard sich unter dem Begriff »Argumente« im genannten Zusammenhang durchaus etwas vorstellen konnte. Er war gespannt, wie er den Wink aufnahm.

Piquard zog überrascht die Augenbrauen hoch. Er war sich nicht sicher, ob er das richtig verstanden hatte. Der Kommandant galt im Allgemeinen als unbestechlich.

Nach kurzem Zaudern antwortete er ausweichend: »Ja, es gibt da sicher bei den Behörden einige Möglichkeiten. Aber ich nehme nicht an, dass ich hier bin, um mit Ihnen über Matengos Geschäfte zu reden.«

»Doch, über Ihre Geschäfte mit Matengo.«

»Ich habe dem nichts mehr hinzuzufügen.«

Piquard verschränkte die Arme und versuchte, eine demonstrativ entspannte Haltung einzunehmen. Joseph spürte, dass der richtige Zeitpunkt gekommen war, um den Druck zu erhöhen.

»Bei der Entführung der Kongolesin wurde einer alten Dame die Kehle durchgeschnitten.«

Piquard richtete sich kurz auf. Seine Augen weiteten sich für einen Moment sichtlich schockiert. Er fasste sich aber sofort wieder. Mit betonter Gleichgültigkeit in der Stimme versuchte er, diese für ihn unerwartete Nachricht zu überspielen.

»Wollen Sie mich damit etwa in Verbindung bringen? Wie kommen Sie darauf? Ich habe nichts damit zu tun.«

Joseph wusste nun, was er hatte erfahren wollen. Er war sich sicher, dass Piquard zwar Kenntnis von der Entführung, aber nicht von dem Mord an der Frau hatte.

»*Monsieur* Piquard, ich muss Sie eindringlich warnen. Wenn ich herausfinden sollte, dass Sie in den Fall verwickelt sind, wird das für Sie ernste Konsequenzen haben.«

Der Angesprochene hatte sich wieder gefangen und blickte dreist zu dem Polizisten. »War es das?«

»Nun gut, Sie können jetzt in Ihre Wohnung gehen. Halten Sie sich weiter zur Verfügung und verlassen Sie die Stadt nicht. Ihre Pässe bleiben vorläufig bei mir.«

Seit Prince die beiden Männer im Coco-Jambo-Club beobachtet hatte, fand er keine Ruhe mehr. Er konnte es immer noch nicht fassen. Matengo wohnte mit ihm in einer Stadt und war ihm noch nie begegnet. Jetzt verfolgte ihn nur noch ein Gedanke: Der Mörder seiner Familie musste für seine Tat büßen. Ein paar Ersparnisse erlaubten ihm, alle Aufträge abzusagen. Er begann, die Gewohnheiten des Gangsters zu erforschen. Mit ständig wechselnden Standorten parkte er seinen Wagen in der Nähe der »SÉCOMA«-Niederlassung, einem nüchternen Betonbau. In einem kleinen Nebengebäude war ein Generator untergebracht. Das Gebäude hatte ein ausgebautes Tiefgeschoss. Dessen Räume hatten vergitterte Fenster, die zu ebenfalls vergitterten Lüftungsschächten geöffnet werden konnten. Das Haus war nicht umzäunt, aber der Eingang war durch zwei mit einer AK-47 bewaffneten Wachposten gesichert. Matengo verließ regelmäßig spät abends sein Büro und fuhr in seine Wohnung. Er wohnte im obersten Stock eines halb leer stehenden Geschäftshauses, das ebenfalls durch seine Leute bewacht wurde. Prince legte sich erst schlafen, wenn dort das Licht ausging.

Eines Abends beobachtete er, wie ein schwarzes SUV am Gebäude der »SÉCOMA« vorfuhr und eine Afrikanerin mit einem kleinen Jungen ausstieg. Kurze Zeit später drang Licht aus einem der Fenster des Untergeschosses an der vom Wachposten abgewandten Seite des Gebäudes. Prince nahm an, dass es sich um die Familie eines der Angestellten handelte.

Wie in vielen Ländern Afrikas, war auch im Kongo der Tagesablauf des größten Teils der Bevölkerung durch Tätigkeiten geprägt, die es ermöglichten, über die Runden zu kommen. Probleme, die für einen weißen Ausländer ein schier unüberwindbares Hindernis bedeuteten, werden von Afrikanern mit unerschöpflicher Kreativität und Fantasie gelöst. Manche im Kongo aber hielten sich dabei lediglich wörtlich an Mobutus frei erfundenen Artikel 15, der einst am Ende seiner Macht seinen Anhängern empfahl, sich einfach zu nehmen, was sie brauchten. Prince hatte sich zwar schon auf windige Transportgeschäfte eingelassen, bei denen er den Inhalt seiner Fracht nicht hinterfragen wollte, konnte aber ansonsten auf die Anwendung des Artikels 15 verzichten. Teil seiner persönlichen Überlebensstrategie war es, rechtzeitig darüber informiert zu sein, wenn sich wieder Milizen bemerkbar machten, um zu versuchen, die Provinzhauptstadt unter ihre Herrschaft zu bekommen. So hatte er es sich zur Gewohnheit gemacht, vor dem Schlafen in seinem Fahrzeug die Nachrichten von *Radio Okapi* zu hören. Der Sender wurde von der UN kontrolliert und galt im Allgemeinen als zuverlässig. Als er diesmal das Radio etwas verspätet einschaltete, waren die Nachrichten bereits auf Sendung.

»...wurde in Bukavu die Leiche einer ermordeten Frau entdeckt, die im Haus ihrer Nichte wohnte. Die Besitzerin des Hauses, Marie Kamanda, und ihr fünfjähriger Sohn Maurice werden vermisst. Die Polizei ermittelt.«

Es folgte eine Beschreibung der Vermissten, und Prince wusste, dass er im Besitz gefährlichen Wissens war. Unschlüssig zwang er sich, seine Gedanken zu ordnen und seine aufkommende Aggression gegen den *Predator* zu unterdrücken.

Ich kann alleine nichts ausrichten. Ich werde Likongo informieren.

Das Telefonat war kurz. Nachdem Piquard wieder in seinem Appartement war, griff er zu seinem Mobiltelefon. Ohne seinen Namen zu nennen, blaffte er los:

»Matengo! Likongo hat mich verhört, er weiß Bescheid. Warum habt ihr die Frau getötet?«

»Das war leider nicht zu vermeiden. Sie fing an, laut zu schreien.«

»Ihr solltet euch vorsehen, er kann uns Scherereien machen.«

»Schon gut, ich werde mich um ihn kümmern. Wir haben ohnehin noch eine Rechnung mit ihm zu begleichen.«

»Wo sind die Frau und der Junge?«

»Vorläufig bei uns. Sie werden gut betreut.«

»Hier in Goma? Bist du verrückt? Dort werden sie zuerst suchen. Likongo wird euch bald aufmischen.«

»Die beiden werden bald weggeschafft.«

»Und dann? Ihren Pass kann sie dann nicht mehr abholen.«

»Das ist richtig, zumindest kann sie nicht mehr nach Kigali gehen. Aber es gibt noch andere Möglichkeiten hier im Kongo.«

»Was hast du vor?«

»Überlass das ruhig mir.«

Piquard überlegte einen Moment. Die Sache begann, kompliziert zu werden, und sein Vertrauen in Matengo schwand.

»Ich habe kaum eine Wahl.«

»Nein, hast du nicht. Du hörst von mir.«

Ohne eine Antwort abzuwarten, brach Matengo das Gespräch ab.

Verdammt, Matengo übernimmt sich. Die Sache gerät außer Kontrolle.

Bei seinen Geschäften hatte sich Piquard immer nach allen Seiten abgesichert. Nun war ihm klar, dass es Zeit wurde zu verschwinden. Für alle Fälle hatte er sich schon frühzeitig unter dem Vorwand, seinen Pass verloren zu haben, einen zweiten besorgt. Dieser hatte zwar keinen Visumeintrag, aber das war an der Grenze kein Problem.

Prince fuhr zu Josephs Büro und betrat den Raum durch die weit geöffnete Tür. Auf dem Fußboden lag ein Mann in Uniform. Er hatte eine Schussverletzung am Kopf und war tot. Es war einer von Likongos Wachposten. Ein Tisch war umgekippt und einige Papiere waren auf dem Boden verstreut. Ein Versuch, den Kommandanten auf dem Mobiltelefon zu erreichen, blieb erfolglos. Er musste handeln, und er war allein. Um den Kommandanten konnte er sich nicht kümmern, aber wenigstens wollte er die Frau und den Jungen befreien.

Soll ich die Ruander einschalten?

Prince verwarf den Gedanken. Bis er den Ruandern alles erklärt hatte und bis diese hier eintrafen, konnte es zu spät sein. Außerdem hatten sie offiziell keine Befugnisse. Er fuhr zu seiner kleinen Wohnung und suchte einige Werkzeuge, darunter einen Bolzenschneider für 10-Millimeter-Stahl und ein zirkelähnliches Instrument. An einem Schenkel war ein Saugnapf, an dem anderen Schenkel ein Diamantschneiderad befestigt.

Sein handwerkliches Geschick hatte sich herumgesprochen. So wurde er schon oft im Zusammenhang mit verlorenen Schlüsseln um den Einbruch in Wohnungen gebeten. Es würde sein erster, ungebetener Einbruch werden. Einem Versteck entnahm er eine sorgfältig gereinigte und geölte Makarov-Pistole, Kaliber neun Millimeter. Er hatte sie im Chaos, während des Sturms auf Mayeyes Festung, einem der getöteten »SÉCOMA«-Männer abgenommen. Die Munition war in Goma einfach zu besorgen. Sie wurde der einfacheren Herstellung wegen aus Blei gegossen. Ein Messer führte er ohnehin immer mit sich.

Die Seite des Gebäudes der »SÉCOMA«-Niederlassung, an der er einsteigen wollte, lag nachts im Dunkel. Er wusste, dass der Wachposten nur zweimal in der Nacht um das Gebäude ging. Nur ein matter Lichtschein drang aus dem Schacht, in dem er die Frau und den Jungen vermutete. Vorsichtig schlich er an die Vergitterung und kappte mit dem Bolzenschneider die stählerne Befestigung. Nachdem er das Gitter problemlos angehoben hatte, stieg er in den Schacht und legte das Gitter wieder in seine Fassung. Das Fenster war verhangen und gab nur durch eine Lücke im Vorhang den Blick in den Raum frei, der offenbar zur Festsetzung von Personen eingerichtet war. An der dem Beobachter gegenüberliegenden Wand war eine Eisenstange befestigt. Davor saßen die Frau und ihr Sohn auf Stühlen. Beide waren mit breiten Kabelbindern aus Kunststoff um die Handgelenke gefesselt, die mit Stricken an der Stange befestigt waren. Vorsichtig entfernte er wie zuvor auch das Gitter vor dem Fenster und setzte das Glasschneideinstrument an die

Fensterscheibe. Die Frau und der Junge blickten überrascht auf, als er ein kreisrundes Stück herausbrach. Durch das Loch öffnete er die Verriegelung des Fensters und schob den Vorhang beiseite. In einer zuvor nicht einsehbaren Ecke des Raumes saß ein ebenfalls gefesselter Mann. Es war Joseph. Er war bis auf eine Beule am Kopf unverletzt. Schnell stieg Prince ein und löste mit seinem Messer die Fesseln der Gefangenen. Alle bemühten sich, keine Geräusche zu verursachen. Nur die Frau sprach leise beruhigend auf den Jungen ein, der sich nach anfänglichem Erschrecken dann aber ebenfalls ruhig verhielt. Nacheinander kletterten die vier aus dem Gefängnis. Ohne Aufsehen zu erregen, erreichten sie das Fahrzeug, das Prince in einer dunklen Ecke abgestellt hatte. Joseph bat Prince um sein Mobiltelefon und wies ihn an, zu einem Hotel zu fahren. Es war bereits gegen Mitternacht, und es dauerte einen Moment, bis der Anruf entgegengenommen wurde.

»Joseph, schläfst du nie?« Théo lagen ein paar Scherze auf den Lippen, aber der späte Anruf musste einen ernsten Grund haben. »Gibt es Probleme?«

»Könnte man so nennen. Es wird Zeit, der ›SÉCOMA‹ den Garaus zu machen. Sie hatten mich und auch Marie Kamanda mit ihrem Jungen gefangen genommen. Prince hat uns befreit. Bitte komm rüber und hol die beiden nach Ruanda. Ich habe jetzt hier einiges zu erledigen und kann mich nicht um sie kümmern.«

»Können wir dir helfen?«

»Danke, aber das müssen wir selbst durchziehen. Ich sage den Grenzern Bescheid. Informiere bitte Bosco.«

Er nannte Théo das Hotel, in dem er die beiden unterbringen wollte. Es lag in der Nähe der »Grande Barrière«.

»Okay, ich mache mich sofort auf den Weg. Passt auf euch auf.«

Joseph informierte kurz die Grenzstation. Ein weiterer Anruf galt einem seiner Offiziere. Mit kurzen, präzisen Anordnungen befahl er ihm, alle Männer, die nicht im Routinedienst waren, zu mobilisieren.

»Nehmen Sie fünfzig Mann mit voller Bewaffnung und umstellen Sie die ›SÉCOMA‹. Sie sollen sich bedingungslos ergeben, ansonsten stürmt das Gebäude. Aber so weit werden sie es nicht kommen lassen. Sie selbst übernehmen dort das Kommando. Ihren Stellvertreter schicken Sie mit dem Rest der Leute zu dem Gebäude, in dem Matengo seine Privatwohnung hat. Ich bin auf dem Weg dorthin. Die Mannschaft soll sich unauffällig verhalten, bis ich da bin.«

Der Inhaber des Hotels war ein Vertrauter von Joseph. Marie Kamanda und ihr Sohn wurden freundlich aufgenommen und mit Getränken versorgt. Joseph verabschiedete sich und wies Prince an, zu Matengos Wohnung zu fahren. Die Straßen waren menschenleer. Zwanzig bewaffnete Männer warteten bereits in kurzer Entfernung von Matengos Wohnung auf ihr Eintreffen. Der führende Offizier salutierte kurz.

»Ich habe soeben Nachricht bekommen, dass sich die Mannschaft im ›SÉCOMA‹-Gebäude ergeben hat. Ein Mann der Wache wurde erschossen, als er seine Waffe in Anschlag brachte. Sie vermuten, dass noch genügend Zeit war, Matengo zu warnen.« Er deutete auf die Fenster von Matengos Wohnung. »Er hat sich aber noch nicht gerührt.«

»Wir können uns nicht darauf verlassen, dass er noch schläft. Wenn er weiß, dass wir kommen, wird er das Licht nicht einschalten.«

Joseph befahl einem Polizisten, eine seitliche Toreinfahrt zu bewachen. Zehn seiner Männer postierten sich vor dem Haus. Er selbst verschwand mit dem Rest seiner Leute im Treppenhaus.

Unterdessen hatte Prince sein Fahrzeug in einiger Entfernung geparkt und beobachtete das Geschehen. Die Straßen waren immer noch menschenleer.

Alle blickten nun aufmerksam auf das Fenster zu Matengos Wohnung, bis das Licht eingeschaltet wurde und Josephs Männer den Raum stürmten. Niemand hatte bemerkt, wie sich in der Toreinfahrt eine Tür öffnete. Der Posten nahm ein Geräusch wahr, aber bevor er sich umdrehen konnte, traf ihn ein Schuss von hinten. Prince griff augenblicklich zu seiner Makarov, als sich der Schatten aus der Toreinfahrt löste und direkt auf ihn zu rannte, wobei er mit einer AK-47 die Posten vor dem Gebäude beschoss. Die Männer brachten sich in Deckung und schossen zurück, trafen ihn aber nicht. Der Mörder hatte Prince noch nicht wahrgenommen. Als Matengo dicht an dem Fahrzeug vorbeirennen wollte, öffnete Prince unvermittelt die Fahrertür. Mit voller Wucht prallte sie an den Kopf des Flüchtigen. Matengo taumelte benommen zurück und fiel zu Boden. Noch im Fallen versuchte er, seine Kalaschnikow wieder in Schussposition zu bringen. Prince hatte aber bereits seine Waffe auf seinen Kopf gerichtet.

»*Predator*, Grüße von PKB!«

Erstaunt grub Matengo den Bruchteil einer Sekunde in seiner Erinnerung. Wie in einem Zeitraffer spulten sich Szenen aus seiner unrühmlichen Vergangenheit ab. Der junge Kongolese betätigte ohne Zögern den Abzug der Waffe, und mit einem letzten Blick in ein kurzes Mündungsfeuer beendete Matengo sein Dasein. Weichkerngeschosse haben eine verheerende Wirkung. Mit zerfetztem Gesicht fiel Matengo aus seiner halb aufgerichteten Position leblos zurück und rührte sich nicht mehr. Das austretende Blut um seinen Kopf bildete eine Lache, die sich langsam in den Fugen der gepflasterten Straße zu einer dendritischen Struktur verformte.

Prince blickte auf den Getöteten. Langsam, ohne Genugtuung zu empfinden, löste sich seine Anspannung.

23

Die Nachricht von der Befreiung Marie Kamandas und ihres Sohnes wurde im CID mit Erleichterung aufgenommen. Joseph erreichte Bosco noch in seinem Haus. Er saß alleine am Esstisch in der Küche. Chantal und die Kinder waren abwesend.

»Marie Kamanda und ihr Sohn sind frei. Sie wurden von Matengo festgehalten. Mich hatte er auch erwischt.«

»Gratuliere. Wer hat Euch denn rausgehauen?«

»Es war Prince. Ich wusste nicht, dass er mit ihm noch eine Rechnung offen hatte. Glück für uns. Er hat ihn beobachtet.«

»Und Matengo?«

»Er ist tot, bei der Flucht erschossen.« Joseph erwähnte nicht, dass Prince der Schütze gewesen war. Bosco fragte nicht nach den Umständen.

»Ich bin froh, dass es euch gut geht. Wir haben hier jetzt noch ein paar Dinge zu klären. Nimm es mir nicht übel, aber mein Bedauern ist eher begrenzt, wenn wir vorläufig nicht mehr bei euch zu tun haben. Hier ist es etwas ruhiger.«

Bosco hörte ein kurzes Lachen.

»Ich kann dich verstehen. Ich brauche so etwas auch nicht alle Tage. Aber hier ist noch Afrika. Hoffe, wir sehen uns trotzdem einmal wieder.«

»Ja, das hoffe ich auch.«

Der Fall war gelöst. Trotzdem rumorte es in Bosco. Es gab immer noch offene Fragen. Der Mörder Darcys war identifiziert, wenn auch flüchtig. Es war nicht damit zu rechnen, dass er bald zu fassen war. Insgeheim spürte er Sympathie für den Twa. Als Polizist konnte er sich das nicht eingestehen. Immer wieder ging ihm das seltsame Verhör im Wald durch den Kopf. Der Mann hatte einen *Hugo* genannt, der mit

Darcy Kontakt hatte. Es musste derselbe *Hugo* sein, dessen Telefonnummer in Darcys Mobiltelefon verschlüsselt war. Erst jetzt erinnerte er sich an die kleine Digitalkamera in seiner Tasche. Er ging zu seiner Jacke und nahm die Kamera aus dem Beutel. Es war eine Canon Powershot *GS*, keine Profi-Kamera, aber kompakt und leistungsfähig, mit einer Movie-Funktion zur Aufnahme von kurzen Filmszenen. Der Twa hatte ihn vor dem Inhalt gewarnt. Bosco hatte weder Lust noch Veranlassung, sich weiter mit dem Fall zu beschäftigen. Nach kurzem Zögern entschied er sich aber, den Inhalt bei einer Besprechung seinen Kollegen zu präsentieren. Seine Wunde schmerzte etwas, würde ihn aber nicht von der Arbeit abhalten. Alphonse hatte sich erboten, ihn abzuholen. Kurze Zeit später waren sie im CID.

Sie saßen alle im Besprechungszimmer um einen ovalen Tisch. Es gab Kaffee und Tee aus Thermoskannen. In der Mitte des Tisches stand ein Teller mit mangogefüllten Teigtaschen. Alphonses Frau buk gerne diese Beignets. Sie wusste, dass die Kollegen ihres Mannes verrückt danach waren. Bosco schenkte sich eine Tasse Kaffee ein und nippte prüfend daran. Das Aroma war ihm bekannt. Vor ein paar Tagen war er kurz in der Pantry der Abteilung gewesen und hatte eine Tüte mit dem Logo von Mugambages Plantage gefunden. Jemand musste gute Beziehungen haben. Diese Qualität war in Ruanda nicht im Handel.

Jean-Baptiste hatte einen Beamer an ein Notebook angeschlossen und die Speicherkarte der Kamera eingelegt. Nachdem er den Beamer eingeschaltet hatte, waren zunächst fünf Fotos zu sehen, die den *Hunnen* fröhlich grinsend im Kreis seiner Wachmannschaft zeigten. Danach startete ein Video, das, anfangs unscharf, einen schwach ausgeleuchteten nackten Körper zeigte. Es war ein männlicher Afrikaner. Die Arme und Beine waren weit gespreizt. Ein plötzlicher Lichtkegel leuchtete den Körper aus und die Kamera zoomte fokussierend an den Mann heran. Die Zuschauer verharrten atemlos. Niemand rührte die Beignets an. Näher kommend erkannten sie nun, dass dem Mann Arme und Beine durch Stahlketten in vier Richtungen gezogen wurden. Sein Kopf war ebenfalls fixiert. Unter den Stahlmanschetten waren Blutgerinnsel zu erkennen. Die Aufnahme verharrte einen Moment auf dem Gesicht des Opfers. Mit blutgemischtem Schweiß und aufgeplatzten Lippen starrte er trotz des hellen Lichtes mit weit geöffneten Augen leblos in die Kamera. Jeder erkannte ihn. Es war Isaam, der lange vermisste Mitarbeiter der belgischen Hilfsorganisation.

Im Raum herrschte eine bedrückende Stimmung. Wie gebannt starrten sie auf das Video. Ariane war, als würde sie die menschliche Gestalt sehen, um die Michelangelo sein berühmtes Pentagramm gezeichnet hatte. Das Zoom des Objektivs wurde wieder zurückgenommen und die Kameraposition verändert. Ein riesiger Mann mit Maske und Lederkleidung betrat die Szene. Es war die Kleidung, die der tote Krauskopf auf Idjwi getragen hatte. Die Tätowierungen an den Oberarmen beseitigten letzte Zweifel. Es war der *Hunne*. Der Folterer fing an, den Gefesselten mit einer Peitsche zu schlagen, an deren Ende stählerne Sporen befestigt waren.

Die fünf Kriminalisten rangen mit der Fassung. Alphonse wischte sich Tränen aus den Augen. Plötzlich, kurz nachdem die Position der Kamera verändert worden war und sie wieder von vorne auf das Opfer gerichtet war, schoss das Bild unkontrolliert an die Decke des Raumes. Es folgten einige unscharfe Bewegungen, bevor das Video aussetzte.

»Mein Gott«, stieß Ariane hervor, »diese Monster produzieren *snuff movies*.«

Alle schauten ratlos auf die deutsche Kollegin.

»Das sind Filme, in denen Menschen real zu Tode gequält werden. Ich fasse es nicht. Sie nutzen den Zustand der faktischen Anomie im Kongo, um ihren perversen Geschäften nachzugehen.«

»Wer will sich so etwas ansehen?«, fragte Bosco perplex.

»Es gibt in den Industrieländern kranke Gehirne, die so etwas brauchen, um sich sexuell zu stimulieren. Sie sind bereit, viel Geld dafür zu bezahlen.«

»Die hohen Summen mit Überweisungen auf Darcys Liste«, stellte Jean-Baptiste mit zitternder Stimme fest.

»Ja«, antwortete Ariane, »das liegt nahe. Und Mayeye muss Bescheid gewusst und auch seinen Anteil kassiert haben.«

Während alle einen Moment schweigend versuchten, ihre Eindrücke zu verarbeiten, ergriff Bosco wieder das Wort.

»Wir haben es also mit zwei getöteten Mördern zu tun, die ihre Opfer bestialisch zu Tode quälten, sie dabei filmten und damit ihre Geschäfte machten.«

»Ja, und der entkommene Twa hatte die Vorkommnisse aufgedeckt und die Betreiber dieses Filmstudios erledigt«, vervollständigte Fabien die Zusammenfassung.

Über dem Raum lag immer noch eine düstere Stimmung der Betroffenheit.

Bosco löste die Runde aus ihrem Schockzustand. »Jetzt möchte ich gerne wissen, wie diese *snuff movies* ihr abartiges Publikum erreichen, wo sie gespeichert sind und wer sie bestellt.«

Alphonse hatte seine Fassung wiedererlangt: »Er muss Unterstützer gehabt haben. Der Vertrieb und so weiter.«

Es war allen klar, dass weiterermittelt werden musste. Das Gesehene würden sie so lange nicht aus dem Kopf verbannen können, bis der Fall endgültig geklärt war.

»Jean-Baptiste, bitte nimm dir Darcys Computer noch einmal vor. Diese Filme benötigen ja, wenn sie mit so primitiven Mitteln hergestellt wurden, nur wenig Speicherplatz.«

»Ich glaube nicht, dass er etwas finden wird«, mischte sich Ariane ein. »Wir kennen das aus Ermittlungen im Zusammenhang mit Kinderpornografie. Solche Machwerke werden wie beim Online-Banking mittels HTTPS-Übertragungsprotokollen gesendet.«

»Und was bedeutet das?«

Jean-Baptiste erläuterte: »Das steht für *Hyper Text Transfer Protocol Secure*. Es wurde hergestellt um Daten abfangsicher zu übertragen und auf unzugänglichen Servern abzuspeichern. Die Webseite der »TD Nature Film Production« basiert auf so einem Protokoll. Es stellt sich schon die Frage, wofür die so etwas brauchen. Ich kann mir nicht vorstellen, dass der Vertrieb ihrer Naturfilme über ihre Webseite läuft.«

»Aber eventuell für diese *snuff movies*. Nehmen wir an, das ist so, ließe sich dann die Kundschaft zurückverfolgen?«

»Nicht unbedingt. Sie werden einen Dienst nutzen, der die IP-Adresse anonymisiert. Es gibt sogar Anbieter, die eine Anonymisierung vor sich selbst garantieren. Noch wahrscheinlicher ist es, dass alles über das *darknet* läuft. Dort einzudringen ist fast unmöglich.«

»Okay, Jean-Baptiste, lassen wir das vorläufig. Wir müssen diesen Fall ohnehin INTERPOL melden. In Lyon haben sie mehr Möglichkeiten. Aber bitte mach dich noch einmal an die Liste mit den verschlüsselten Telefonnummern. Ich habe von dem flüchtigen Twa einen Hinweis bekommen, dass ein gewisser *Hugo* mit Darcy Kontakt hatte. Wir haben auf unserer Liste jemand, der so heißt. Er könnte mit ihm identisch sein. Wir müssen wissen, wer das ist. Bitte versuch noch einmal, die Nummer mit der Bezeichnung *Hugo* in Darcys Telefon zu entschlüsseln.«

Jean-Baptiste nickte lustlos. Er hatte immer wieder den Versuch unternommen, die codierten Nummern zu entschlüsseln, war aber jedes Mal gescheitert.

»Alphonse, Fabien, bitte setzt euch zusammen und macht mir eine vorläufige Zusammenfassung. Ich muss den *General* davon überzeugen, diesen Fall noch nicht zu den Akten zu legen.«

Seine wahre Absicht verschwieg er noch. Er hatte seinen Mitarbeitern nicht den gesamten Inhalt des Gespräches mit dem Twa mitgeteilt. Der orangefarbene Ordner mit der Liste der *Nyiramacyibili* könnte sie weiterbringen. Zugang dazu konnte ihm nur der Generalstaatsanwalt verschaffen. Aber er hatte Angst, dass ihn sein Chef für verrückt erklären würde, und wollte sich für diesen Fall nicht auch noch bei seinen Mitarbeitern zum Gespött machen.

»Ariane, bitte ruf du den Chef dieser belgischen Organisation an, wie heißt er noch, Marchal oder so, und teile ihm den Tod seines Mitarbeiters mit. Wir werden ihn noch schriftlich benachrichtigen.«

Leise diskutierend verließen sie den Raum. Ariane ging in ihr Büro. Auf dem Tisch lagen die von den Kollegen verteilten Berichte ihrer Recherchen. Schnell fand sie die Mobiltelefonnummer von Marchal, die der Anzeige hinterlegt war. Gerade wollte sie die Nummer wählen, als sie zufällig einen Blick auf Jean-Baptistes Protokoll mit der Liste der codierten Telefonnummern aus Darcys Telefonspeicher warf. Mit Herzklopfen legte sie den Hörer wieder auf. Die Nummer Marchals, 07667900050, stimmte bis auf die letzten zwei Ziffern mit der Nummer unter der Bezeichnung *Hugo* überein. Sie lautete 07667900025. Hatte Jean-Baptiste recht, so wurden durch die Codierung entweder die letzten zwei Ziffern durch zwei dividiert oder es wurden 25 subtrahiert. Wenn es Marchals Nummer war, dann kannten Darcy und er sich, und Marchal stand in irgendeiner Beziehung zu ihm. Zumindest wäre er eine Erklärung schuldig, warum er so tat, als kenne er Darcy nicht. Warum aber *Hugo?*

Ich könnte die Nummer anrufen und nach Hugo fragen.

Riskant, wenn er nicht darauf einging und trotzdem etwas mit »Hugo« zu tun hatte. Dann war er gewarnt. Sie entschloss sich, zunächst die Personalien Marchals zu besorgen. Möglicherweise hatte er einen zusätzlichen Vornamen. Er musste eine Aufenthaltserlaubnis haben. Das CID hatte über das Behörden-Intranet Zugang zu den Daten des Rwanda Directorate General for Immigration and Emigration. Eine Abfrage über den Nachnamen ergab zwar keinen zweiten Vornamen, förderte aber dennoch einen interessanten Lebenslauf zutage. Marchal hatte bereits seit Anfang der Achtzigerjahre ein Visum als Geschäftsmann. Der Geschäftsbereich war nicht angegeben. Ariane dachte an Darcys Lebenslauf. Sie ging zu Bosco, der inzwischen wieder in seinem Büro war. Er machte sich gerade Gedanken darüber, wie er dem *GS* die Notwendigkeit vermitteln konnte, in der

Vergangenheit zu recherchieren. Es konnte damit enden, sich künftig auf dem Sessel vor dessen Schreibtisch in Demut zu üben. Eine wenig verlockende Perspektive. Bosco wusste aber, dass der Generalstaatsanwalt guten Argumenten gegenüber aufgeschlossen war, selbst wenn sie sich im Nachhinein als unbegründet erwiesen. Seine Sorge war, dass der *GS* befürchten könnte, dadurch gezwungen zu sein, den gesamten Fall Dian Fossey neu aufrollen zu müssen, und ihm sein Anliegen verweigerte.

Arianes Erkenntnis war ermutigend.

»Auf jeden Fall war auch er in Ruanda zu dieser Zeit. Es konnte ein Zufall sein, da die Anwesenheit von Belgiern hier nicht ungewöhnlich war und ist.«

Bosco hielt es nun für angebracht, Ariane einzuweihen. Er hatte ihr bereits frühzeitig seine Assoziationen bei den Umständen der Ermordung von Darcy mit denen bei dem Mord an Dian Fosseys, anvertraut. Sie war auch über die Existenz des orangefarbigen Ordners informiert.

»Ich will den *GS* bitten, die Akte Dian Fossey zu öffnen. Was meinst du?«

Sie zögerte keinen Moment. »Du musst versuchen, dem *GS* klarzumachen, dass die Akte ›Dian Fossey‹ den Schlüssel zu unserem Fall enthält.«

»Nun, Jean-Bosco, Sie haben angedeutet, dass es noch Fragen zu klären gibt. Welche Ermittlungen wollen Sie noch betreiben? Der Fall ist erledigt.«

Sie saßen wieder an dem Besprechungstisch. Der *General*, gut gelaunt, servierte seinen Kaffee, während Bosco noch dabei war, seine Gedanken zu sammeln.

»Übrigens, ich gratuliere zum Erfolg Ihrer Arbeit. Überbringen Sie auch Ihrem Team meine Glückwünsche. Dieser Fall sprengt wirklich mein Vorstellungsvermögen, obwohl wir hier nicht gerade mit einem Mangel an Gewaltverbrechen verwöhnt sind. Also, was gibt es noch?«

»Nun, *Sir*«, begann Bosco zögernd. Seine anfänglich befangen klingende Stimme bekam dann zunehmend eine überzeugende Festigkeit, als er dem *General* seinen Wunsch nach Einsicht in Dian Fosseys Akte vortrug.

Mugambages Gesicht war undurchdringlich. Weder konnte Bosco Ablehnung noch Zustimmung erkennen.

»Ich muss zugeben, Ihr Anliegen ist etwas überraschend. Diese Akte hat einen *top-secret*-Stempel der damaligen Administration. Ich habe sie selbst noch nie geöffnet. Dieser Fall war damals nicht gerade eine Blaupause polizeilicher Ermittlungsarbeit.«

»Sicher, *Sir*, es geht mir aber nur um den einen Namen.«

»Wenn sich Ihr Verdacht bestätigt, dann waren diese Typen nicht nur für die jetzige Mordserie verantwortlich, sondern auch Auftraggeber für die Ermordung von Dian Fossey.«

»Darcy war vermutlich der Auftraggeber des Twa, aber Marchal, eventuell alias *Hugo*, stand da möglicherweise ebenfalls im Hintergrund. Ich will nur beweisen können, dass sie sich gekannt und damals zusammengearbeitet haben. Dann kann ich ihm nachweisen, dass er gelogen hat, und er ist dann wahrscheinlich auch in diesen Fall verwickelt.«

Mugambage runzelte die Stirn.

»Hm, Jean-Bosco, wer weiß, wer da noch auf der Liste auftaucht. Daran möchte ich gar nicht denken. Ich verstehe Ihre Beweggründe, aber ich gebe zu, diese Sache könnte mich in Verlegenheit bringen.«

Bosco atmete verstohlen etwas auf. Der *GS* hatte sein Anliegen zumindest nicht als völlig abwegig angesehen.

Mugambage rang etwas mit sich, aber die Pause dauerte nicht lange.

»Ich mache Ihnen einen Vorschlag, Jean-Bosco. Bitte fassen Sie das nicht als Misstrauen auf. Ich werde mir die Akte zuerst selbst vornehmen und Ihnen dann meine Entscheidung mitteilen.«

Das war mehr, als Bosco erwartet hatte.

»Danke, *Sir*!«

Der *GS* begleitete ihn zur Tür und sie verabschiedeten sich.

Bosco kehrte in das CID zurück und bat seine Mitarbeiter, ihn nicht zu stören. Unruhig ging er in seinem Büro auf und ab. Es waren die zwei längsten Stunden seiner gesamten Dienstzeit. Als er gerade einen Moment am Fenster stand und den Verkehr auf dem Gelände beobachtete, erreichte ihn Mugambages Anruf.

»Jean-Bosco, diese Liste ist die *Büchse der Pandora*. Einige namentlich genannte Ruander sind entweder tot oder nicht mehr im Land, da sie im Zusammenhang mit dem Genozid gesucht werden. Aber es gibt auch Namen, die ich zum jetzigen Zeitpunkt nicht nennen möchte. Daher bitte ich um Verständnis, dass ich die Liste nicht herausgeben kann. Was aber Ihr spezielles Interesse betrifft, möchte ich Ihnen mitteilen, dass sowohl Marchal als auch Darcy, wie wir bereits wissen, damals einschlägig aktiv waren und aufgelistet sind. Sie waren beide als Agenten spanischer Zoos tätig. Die Spanier und auch der Kölner Zoo in Deutschland hatten damals weniger Skrupel beim Import von Gorillas, als andere europäische Länder. Ich bitte Sie aber, *Madame* Fossey in Ihrem Abschlussbericht nicht im Zusammenhang mit diesem Fall zu nennen.«

Danke, *Sir,* ich habe verstanden.«

»Dann, verhaften Sie Marchal und nehmen ihn in die Mangel.«

Es war ruhig in der Straße, an der Marchals Büro lag. In einer Einfahrt stand ein Geländefahrzeug mit einem Aufkleber der NRO. Sie waren zu viert gekommen, Bosco, Ariane, Fabien und ausnahmsweise auch Jean-Baptiste. Er hatte den Wunsch geäußert, einmal mit im Außendienst dabei zu sein. Fabien entwaffnete den *gardien* und befahl ihm, sich ruhig zu verhalten. Bosco drückte die Türklingel, aber niemand öffnete. Als sich nach dem zweiten Versuch nichts regte, gingen Jean-Baptiste und Ariane um das Haus herum, um nachzusehen, ob sich jemand im Garten aufhielt.

Ein ohrenbetäubender Knall ließ die Fensterscheiben erzittern. Fabien und Bosco warfen sich mit aller Macht gegen die Tür, die nachgab. Mit entsicherten Waffen stürmten sie das Haus. Ariane und Jean-Baptiste folgten. Marchal saß in einer Blutlache auf einem Sessel im Arbeitszimmer. Die Wand hinter ihm war mit Blutspritzern, gemischt mit weißlicher Hirnsubstanz, gesprenkelt. Eine doppelläufige Jagdwaffe lag neben ihm. Er hatte sich in den Mund geschossen. Sein Hinterkopf war praktisch weggesprengt.

Bosco griff nach seinem Mobiltelefon und informierte Natalia und die Kriminaltechnik. Jean-Baptiste entfernte sich unauffällig vor die Tür. Fabien begann, den Schauplatz zu untersuchen. Ariane sah sich in dem Raum um. In einer Ecke war ein Bücherregal aufgebaut. Ganz oben stand eine große Anzahl verwitterter bräunlicher Bücher antiker Herstellungsart. Es waren achtundvierzig Bände. Eines der Bücher ragte etwas heraus, als hätte Marchal es noch zuletzt benutzt. Neugierig nahm sie es heraus. Es war ein Gedichtband von Victor Hugo, dem großen französischen Dichter, der in Europa besonders durch seine Werke *Notre-Dame de Paris* und *Les Misérables* bekannt ist. Der Gedichtband hatte den Titel *La fin de Satan*. Es war eines der letzten, unvollendeten Werke von Victor Hugo.

Beim Durchblättern fand sie ein Lesezeichen zwischen den Seiten und einen mit Bleistift markierten Absatz:

> »Ce fut là mon crime. Tout fut dit, et la bouche sublime cria: mauvais! Et Dieu me cracha dans l'abîme.
>
> Oh! je l'aime! c'est là l'horreur, c'est là le feu! Que vais-je devenir, abîmes; J'aime Dieu! Je suis damné!«

Langsam übersetzte sie sich das Gedicht aus *Satans Ende*:

> »Das war mein Verbrechen. Alles war gesagt, und der erhabene Mund schrie: Entsetzlich! Und Gott spuckte mich in den Abgrund.
>
> Oh! Ich liebe es! Da ist der Horror, da ist das Feuer! Was soll aus mir werden, Abgründe; ich liebe Gott! Ich bin verdammt!«

»Hugo! Er war ein Bewunderer von Victor Hugo. Es war sein Deckname. Sie nannten ihn Hugo«!

Nach dem gemeinsamen Essen saßen sie auf der Terrasse des Hotels *Serena* in Gisenyi. Es war ein schöner Abend mit einem wunderschönen Sonnenuntergang. Die Hitze legte sich allmählich und wich einer erfrischenden Brise, die sanft über den Kivu-See strich. Der *General* hatte für alle außer Théo, aber auch für Joseph ein Zimmer für eine Übernachtung reserviert und bezahlt – aus eigener Tasche, wie er betonte. Eine nette Geste. Der ausgewiesene Preis für die Übernachtung würde das Budget der Eingeladenen übersteigen. Aber niemand nahm an, dass der *General* den normalen Preis entrichten musste. Die Ministerien veranstalteten hier regelmäßige Konferenzen der höheren administrativen Ebenen.

Nachmittags wurden einige Reden gehalten. Joseph unterrichtete die Ruander über Piquards Festnahme beim Versuch, sich mit einem Flugzeug nach Kinshasa abzusetzen. Dallaway konnte man eine Beteiligung an den Vorgängen nicht nachweisen. Er wurde ausgewiesen. Nach dem Essen verabschiedete sich der *GS*. Danach unterhielten sie sich und es wurde etwas mehr als üblicherweise getrunken.

»Deine Zeit bei uns ist fast um, Ariane. Welche Pläne hast du?«, fragte Bosco.

»Ich brauche Urlaub.«

»Und den wirst du natürlich in Ruanda verbringen!«, fügte Fabien kategorisch hinzu.

»Ich muss euch enttäuschen. Joseph hat mich eingeladen, mit ihm den Nyiragongo zu besteigen. Danach habe ich noch einen wichtigen Termin in der Schweiz.«

Die Blicke der Ruander wechselten amüsiert zwischen Ariane und Joseph. Mühsam versuchten sie, ihren Gesichtsausdruck nicht allzu anzüglich erscheinen zu lassen. Ariane konnte sich trotzdem einer aufkommenden leichten Gesichtsröte nicht erwehren.

»Was ist, warum schaut ihr so?«

Verstohlen blickte sie zu Joseph. Seine Unschuldsmiene ließ erkennen, dass von seiner Seite nicht mit einer entlastenden Bemerkung gerechnet werden konnte. Sie stellte fest, dass schwarze Haut gewisse Vorteile hatte, und stimmte in das befreiende Lachen ihrer Kollegen ein.

Epilog

Es war recht mild Ende September 2005 in der kleinen Stadt Bad Säckingen am Fuß des südlichen Schwarzwaldes. Das Temperaturdisplay der Wetterstation auf der Hochterrasse im Kurgebiet schwankte um die fünfzehn Grad Celsius. In dem idyllischen Kurort herrschte emsiges Treiben.

Die Gründung der ehemals auf einer Insel gelegenen Ansiedlung ging auf den heiligen Fridolin zurück, der hier als Mönch im 6. Jahrhundert ein Kloster errichtet hatte. Vor dem Fridolinsmünster wurden gerade die Marktstände abgebaut, und man begann mit akribischem Eifer, das Kopfsteinpflaster von den Abfällen zu säubern. Touristen an den zahlreichen Tischen der Restaurants um den Münsterplatz, die dies, durchaus anerkennend, als typisch schwäbisch bezeichneten, wurden von den Kellnern milde darauf hingewiesen, dass man sich auf dem ehemaligen Hoheitsgebiet des Großherzogs von Baden befinde. Die 1952 erfolgte Zusammenführung Badens und Württembergs zu Baden-Württemberg mit der schwäbischen Hauptstadt Stuttgart konnte nur eine Interimslösung politischer Wirrköpfe sein.

In Bad Säckingen verbinden zwei Brücken über den träge fließenden Rhein Deutschland mit der *Schwyz*, wie man hier mundartlich sagt. In den 50er-Jahren waren der Sprung von der Brücke und das Schwimmen bis zur etwa einhundertneunzig Meter flussabwärts gelegenen Insel, fantasievoll Fridolinsinsel genannt, eine Mutprobe pubertierender Schüler. Die ursprünglich starke Strömung mit gefährlichen Wirbeln unter der Brücke wurde durch ein Kraftwerk stromaufwärts gezähmt. Die Rheininsel, früher ein Vogelparadies, wurde zunächst durch einen Kahlschlag in einen jämmerlichen Zustand versetzt. Nach symmetrischer Neuanpflanzung von Pappeln entsprach sie schließlich dem Ordnungssinn der Stadtverwaltung. Während die Pappeln, inzwischen hoch aufgeschossen, noch das ursprüngliche Muster erahnen lassen, hatte sich ein Biber, mit eigenen Vorstellungen über die Inselgestaltung, des Unterholzes bemächtigt und den alten Zustand annähernd wiederhergestellt.

Die vorherrschende Mundart ist Alemannisch, welches sich im Laufe der Zeit dem Schweizerdeutsch etwas angenähert hatte. Es bestehen gute Beziehungen zu dem Nachbarn. In den 50er- und 60er-Jahren waren es hauptsächlich Grenzgänger, die über die damals noch einzige Brücke zum Einkauf in die Schweiz gingen oder fuhren. Inzwischen ist die mit knapp zweihundertvier Metern längste überdachte Holzbrücke Europas nur noch für Fußgänger freigegeben. Der Autoverkehr nutzt flussabwärts eine zweite Brücke, die später errichtet worden war. In den folgenden Jahren änderten sich die Wechselkurse nicht nur zwischen D-Mark, später Euro und Schweizer Franken, sondern die der meisten europäischen und internationalen Währungen. Danach bewegte sich der Einkaufstourismus in Richtung Deutschland, und die Geschäfte in der Grenzregion boomten. Die Fußgänger gehen über die Holzbrücke, auf der bei exakt 101,96 Metern, von deutscher Seite aus gemessen, ein weißer Streifen die Grenze markiert.

Abgesehen vom Einkaufsverkehr blieb die Schweiz als Ziel von Touristen und des Transits nach Italien erhalten. Zunehmend mischten sich aber auch Fahrzeuge in den Verkehr, deren Insassen andere Ziele hatten. Es handelte sich um seriös aussehende Frauen oder Männer in teuren Fahrzeugen der Oberklasse. Den etwas nervösen Blick hinter Sonnenbrillen verborgen, ließen sie an der Grenzanlage der Schweiz die Fensterscheiben ihrer Fahrzeuge nach unten gleiten und stellten sich den eher seltenen Nachfragen der eidgenössischen Zöllner. Meist bezeichneten sie sich ebenfalls als Touristen. Oft endete ihr Urlaub aber bereits in der kleinen Schweizer Ortschaft Stein auf der Bad Säckingen gegenüberliegenden Seite des Rheins. Dieser kleine Ort ist Sitz einiger Dependancen von Schweizer Banken, die dem vermögenden ausländischen Besucher freundlich begegnen. Sie stehen ihnen mit ihrem Service in jeder Hinsicht zur Verfügung und nehmen auch gerne in ihrem Hinterzimmer, dem *Cambi*, diskret ein Päckchen entgegen, dessen Inhalt der Besucher dem Fiskus seines Landes nicht anvertrauen wollte. Deutschland und das restliche Europa, aber auch viele Länder außerhalb Europas, zeigten sich seit einiger Zeit im sorgsamen Umgang mit größeren Geldsummen deutlich überfordert. Versickernden Milliarden stand ein immer höher werdender Bedarf an Einnahmen gegenüber. Politiker, die wiedergewählt werden wollten, kreierten teilweise teure, unsinnige Projekte, zu deren Umsetzung sie sich folgerichtig selbst anboten. Weniger fantasievoll als die Projekte, aber gut erprobt und bewährt war die Kompensation dieser bedauerlichen Entwicklungen durch Kreativität in der Steuerpolitik. Dies traf naturgemäß bei den Bürgern der Länder auf wenig Gegenliebe. Während sich der größte Teil der Lohnabhängigen dagegen kaum wehren konnte, suchten Wohlhabende Rat bei Schweizer Banken, die dies zur Grundlage ihres Geschäftsmodells gemacht hatten.

Der an diesem Tag für den Kundendienst zuständige Angestellte der »Kanton Bank Stein AG« war gerade dabei, den Tagesumsatz zu prüfen, vulgo Geld zu zählen, als zwei Frauen den Kundenraum betraten. Altkunden schwärmten, dass dieser Mann eine Seele von Mensch sei. Diese Charakterisierung drängte sich einem Neukunden nicht zwangsläufig auf. Er hatte eher den Eindruck, vor der Inquisition zu stehen. Nach kurzem prüfenden Blick signalisierte ihm ein auf jahrelanger Erfahrung basierendes Ampelraster, mit dem er seine Kundschaft kategorisierte, rot, gelb oder grün. Grün stand für Kunden, die er bereits kannte und deren Einlage bereits eine bestimmte Summe überschritten hatte. In diesem Fall musste er sie zu seinem großen Bedauern sofort zum Direktor der Bank geleiten, der diese Kunden persönlich betreute. Gelb waren Kunden, bei denen er sofort die Chance sah, seiner Bank einen weiteren Kunden zuzuführen und seinem eigenen Konto eine bescheidene Provision. Rot hingegen, da irrte er sich nie, waren Kunden, die sich verirrt hatten oder die sich lediglich einmal eine Schweizer Bank von innen ansehen wollten. Tatsächlich war es schon vorgekommen, dass ein Besucher ihm ein Päckchen mit lediglich hundert- oder gar nur fünfzigtausend Euro anvertrauen wollte. Er lächelte dann nachsichtig und entblößte dabei eine Reihe tadelloser Zähne. Danach begleitete er die Person zur Tür, nicht ohne ihr selbstlos einige Empfehlungen mit auf den Weg zu geben.

Die beiden Frauen, die den großzügigen Kundenraum betraten, waren etwa gleich groß. Eine der Frauen war etwas kräftiger und hellblond, die andere war schwarzhaarig, hatte eine hellbraune Haut und eine afrikanische Physiognomie. Beide waren leger gekleidet und attraktiv. Während eine allzu legere Kleidung mit in das Beurteilungsraster des Bankers einfloss, war letztere Eigenschaft ein Umstand, den er nur nebenbei registrierte. Die beiden Frauen waren mit dem Zug aus Brüssel über Basel angereist. Bei ihrer Ankunft auf dem kleinen Bahnhof von Bad Säckingen hatte sie der Trompeter von Säckingen mit dem Refrain einer Hymne von Victor von Scheffel,

>>Behüt' dich Gott, es wär' zu schön gewesen,
behüt' dich Gott, es hat nicht sollen sein.<<,

begrüßt, was besonders die Afrikanerin in erstauntes Entzücken versetzt hatte. Sie konnte nicht ahnen, dass die Lehrer dieser Kleinstadt ihre Schüler mit der Hinterlassenschaft des Dichters zur Verzweiflung trieben. Danach spazierten die Frauen gemächlich durch die Innenstadt über die Holzbrücke in die Schweiz.

>>Ich bin Ariane Manstein. Sprechen Sie Französisch?<<

Mit undurchdringlicher Miene zog der Bankangestellte seine Augenbrauen etwas nach oben.

Welch eine Frage: rot, rot, rot.

In akzentfreiem Französisch antwortete er: >>*Bien sûr, Madame.*<<

>>Dann bitte ich Sie, das Anliegen meiner kongolesischen Freundin zu prüfen.<<

Was die Beurteilung seiner Besucher in Bezug auf ihre finanzielle Leistungsfähigkeit betraf, sollte der Angestellte der >>Kanton Bank Stein AG<< an diesem Tag gezwungen sein, seine Ansicht zu korrigieren.

Nachtrag

Der Mord an der oft bewunderten, aber auch verurteilten Primatologin Dian Fossey erregte weltweit Aufsehen. Kaum ein Presseorgan versäumte es, darüber zu berichten. Die mysteriösen Umstände dieses ungeklärten Verbrechens führten zu zahlreichen Spekulationen. Außer den Presseberichten und ihrem eigenen Werk, *Gorillas in the Mist* (1983), standen mir die Biografien von Farley Mowat, *Das Ende der Fährte* (1987) und Harold Hayes *Dian Fossey, die einsame Frau des Waldes* (1993) zur Verfügung. Beide letztgenannte Autoren setzen sich ausführlich mit der Wissenschaftlerin, einschließlich ihrer Affären vor und während ihrer Forschungstätigkeit im Virunga-Nationalpark, auseinander. Sie zeichnen das Bild einer innerlich zerrissenen Frau, deren Persönlichkeit sich kaum jemand wirklich nähern konnte. Wenn es jemanden gab, der sie beurteilen konnte, dann war es Rosamond Carr, ihre engste Freundin, aber auch gleichzeitig entschiedene Kritikerin, was ihren Umgang mit Wilderern betraf. Diese beeindruckende Frau lernte ich am Rande meiner Tätigkeit als Hydrogeologe in Ruanda kennen und besuchte sie zwischen 2004 und 2006 mehrmals. Sie verstarb im September 2006 im Alter von vierundneunzig Jahren, kurz nachdem ich zum letzten Mal bei ihr gewesen war. Rosamond Carr kam Ende der Vierzigerjahre mit ihrem Ehemann nach Afrika und beschloss, nachdem die Ehe gescheitert war, im Land zu bleiben. In Mugongo, am Fuß des Karisimbi, baute sie eine Plantage zum Anbau von Chrysanthemen zur Gewinnung von Pyrethrum, einem natürlichen Insektizid, auf. Nachdem sie das Land während des Genozides kurzzeitig hatte verlassen müssen, kam sie zurück und gründete in

Gisenyi ein Waisenhaus, das *Imbabazi. Ross*, wie sie liebevoll von den Kindern genannt wurde, war kein Mensch, der über eine tote Freundin den Stab brechen würde. In unseren Gesprächen bei Tee und Keksen ließ sie aber auf ihre zurückhaltende, vornehme Art immer wieder zwischen den Zeilen das durchblicken ließ, was sie auch schon in ihrem Buch *Land of a Thousand Hills: My Life in Rwanda* feststellte: Sie, die Humanistin und Dian Fossey, die Tierschützerin, waren sich wesensfremd. Das brüskierende, schroffe und keine anderen Ansichten akzeptierende Wesen der Forscherin führte schon einmal dazu, dass Rosamond Carr sie der Plantage verwies, auf der sie oft zu Gast war. Aber mit der Zeit näherten sich beide Frauen einander an und wurden sogar Freundinnen. Rosamond Carr beschreibt Dian Fosseys Charakter zwischen liebenswürdig und verletzend, aber immer fest entschlossen, dafür einzutreten, was sie für ihre Mission hielt: den Schutz der Tierwelt und besonders der Gorillas im Virunga-Nationalpark.

Hatte sie nur »Pech, dass sie kein Gorilla sein konnte«, wie Erich Wiedemann 1989 im *Der Spiegel* salopp bemerkte, oder war es schlicht »Affenliebe«, wie es Helmut Karasek in einem Kommentar zum selben Artikel süffisant versuchte, auf den Punkt zu bringen? Die in den Virungas lebenden Menschen betrachtete sie als Störenfriede ihrer Mission. Nach der Abschlachtung einiger ihrer Gorillas gründete sie den *Digit-Fund* zur Finanzierung eigener Patrouillen, die zwar mit Erfolg Fallen zerstörten und Wilderer jagten, aber die Wilderei nicht gänzlich eindämmen konnten. Zunehmend nahm ihr wütender Kampf, besonders gegen die Twa aus dem Dorf Mukingo, die Gestalt eines Rachefeldzuges an, den sie mit Mitteln führte, die, wie Hayes sich zurückhaltend ausdrückt, heute als nicht politisch korrekt gelten würden. Es gibt Berichte von rassistischen Äußerungen bis hin zu Folterhandlungen an Wilderern. Mag sein, dass sie sich mitunter im Ton vergriff, eine Rassistin war sie nicht. Ihre Weisung an lokale Mitarbeiter, sich von den Gorillas fernzuhalten, in der Absicht, sie nur an Weiße zu gewöhnen, basierte auf der Erkenntnis, dass Wilderer nur aus der afrikanischen Bevölkerung kamen. Diese Maßnahme zeugte allerdings von einem eher schlichten kulturellen Verständnis. Für die Ruander war das folgerichtig auch nicht akzeptabel. Dian Fossey begann, fast ohne Ausnahme jedem zu misstrauen. Einige ihrer wechselnden wissenschaftlichen Mitarbeiter, die versuchten, sich mit der Parkverwaltung zu arrangieren, verdächtigte sie der Intrige. Das amerikanische Forscherehepaar Weber/Vedder, von Dian Fossey etwas despektierlich als *VW-couple* tituliert, beschrieb das Verhältnis zur Forscherin in ihrem Buch *In the Kingdom of Gorillas* (2001) als negativ bis nicht existent. Auch die ambivalente Haltung der Geldgeber und der ruandischen Bürokratie musste sie, die körperlich ohnehin stark angeschlagene Kettenraucherin, zermürben. Die Buschkrankheit, unter der nach ihrer Ansicht einige ihrer wissenschaftlichen Mitarbeiter litten, war ihr eigenes Hauptproblem. Die in ihrer Verzweiflung angedrohte Zerstörung der sieben Hütten in *Karisoke* - in einem ihr zugeschriebenen Zitate spricht sie von »verbrannter Erde« - lässt sich kaum anders interpretieren. Schließlich wandte sich sogar ihr Doktorvater, Robert Hinde von der Universität Cambridge, von ihr ab. Auch die National Geographic Society, anfänglich ihr Hauptsponsor, entzog ihr die finanzielle Unterstützung. Schließlich finanzierte sie ihre

Mitarbeiter aus eigener Tasche. Es verbitterte sie, als sie erfuhr, dass viele private Sponsoren nicht unerhebliche Geldbeträge überwiesen, die sie nie erreichten, während die beiden anderen *Ape Ladies* ihres Mentors Louis Leaky, Jane Goodall und Biruté Galdikas, finanziell gut ausgestattet waren. Obwohl der Wert ihrer wissenschaftlichen Arbeit unumstritten war und ist, ließen besonders ihre Kollegen der Universität Cambridge sie spüren, dass man sie aufgrund ihres Lebenslaufes und ihrer nichtwissenschaftlichen Ausbildung als Beschäftigungstherapeutin, als nicht dem wissenschaftlichen Establishment zugehörig betrachtete. Fast widerwillig und unter dem Zwang, nur durch wissenschaftliche Ergebnisse auch die notwendige finanzielle Unterstützung zu bekommen, begann sie den Marsch durch den Wissenschaftsbetrieb, in dem Fallen und Heckenschützen zahlreicher sind, als sie es im Umfeld ihrer Forschungsstation waren. Sie selbst sah sich als Feldforscherin und machte kein Hehl aus ihrer Verachtung für datenbesessene Wissen-schaftler, die es wenig interessiert, ob das Objekt der Forschung ihre Arbeit überlebt. Hauptsache, sie konnten danach, wie sie mit bitterem Spott anmerkte, selbst zu »Silberrücken« in ihrem Wissenschaftsgebiet aufsteigen. Trotzdem gelang es ihr bis zum Schluss immer wieder, Sympathisanten und Unterstützer zu finden, darunter auch ältere »Silberrücken«, deren Brusttrommeln nicht nur wissenschaftliches Interesse signalisierte und auch erhört wurde.

Die kriminalistische Rahmenhandlung dieses Buches ist selbstverständlich rein fiktiv und richtet die Aufmerksamkeit auf die vernachlässigte Minderheit der Twa. Die »Aufklärung« der Titelfrage wird Widerspruch hervorrufen. Immerhin ist es aber merkwürdig, dass ich trotz intensiver Recherche weder etwas über den Verbleib der hölzernen Puffotter noch über den geheimnisvollen orangefarbenen Ordner, in Erfahrung bringen konnte. Er enthielt eine Liste mit Namen von Geschäftemachern und Tierhändlern. Beides wären wichtige Beweisstücke. Mowat, der darüber berichtete, ist darauf nicht weiter eingegangen.

Einigkeit herrscht aber darüber, dass die schnell des Mordes an Dian Fossey verdächtigten Mitarbeiter, der Amerikaner Wayne McGuire und der Spurenleser Rwelekana, nicht die Täter waren. Weber/Vedder äußerten die Ansicht, dass der Druck der Weltpresse und besonders der Amerikaner die Ermittlungs-behörden dazu drängten, eine »afrikanische Lösung« zu suchen. Rwelekana wurde eventuell im Gefängnis ermordet, Wayne McGuire ließ man zunächst ausreisen. Danach verurteilte man ihn in Abwesenheit zum Tode.

Die Langzeitforschung Dian Fosseys über Gorillas war ohne Beispiel und bewundernswert. Ohne ihr Engagement, aber auch das ihrer wissenschaftlichen Mitarbeiter, wäre die letzte Gorillapopulation zweifellos dem Untergang geweiht gewesen. Wer je diese sanften Riesen in freier Wildbahn beobachten konnte, wird sich schwer der von ihnen ausgehenden Faszination entziehen können. Trotzdem muss die Frage gestellt werden, wie sich Naturschutz und Minderheitenschutz in Einklang bringen lassen, ohne sie dabei gegeneinander auszuspielen.

Begriffe und Bezeichnungen

ADFL: Alliance des forces démocratiques pour la libération du Congo Zaire. Die kongolesische Rebellengruppe des Kabila Senior.

Bantu: Sprachgruppe in Ostafrika. Nicht, wie ursprünglich im 19. Jahrhundert vermutet, Merkmal zur rassischen Unterscheidung.

Banyamulenge: wörtlich »Bewohner von Mulenge«. Mulenge ist eine Ortschaft des Ostkongos im Süd-Kivu, Kreis Uvira. Die Banyamulenge sprechen eine dem →Kinyarwanda ähnliche Sprache. Sie fühlen sich den Tutsi aus Ruanda zugehörig.

Banyarwanda: wörtlich »Leute von Ruanda«. Im Osten des Kongos lebende Tutsi, Hutu und Twa. Dazu gehören auch die →Banyamulenge.

BGR: Bundesanstalt für Geowissenschaften und Rohstoffe mit Sitz im niedersächsischen Hannover.
Bralirwa: Brasserie et Limonaderies du Rwanda. Ruandische Brauerei in Gisenyi.

CEPGL: Communauté Economique de Pays des Grands Lacs. Wirtschaftsgemeinschaft der Länder der Großen Seen. Mitglieder sind die Demokratische Republik Kongo, Ruanda und Burundi.

CID: Criminal Investigation Departement.

CNDP: Congrès National pour la Défense du Peuple. Angeblich zum Schutz der Tutsi-Bevölkerungsgruppe des Kongos 2006 gegründete Rebellenbewegung.

DRC: Democratic Republic of Congo.

FDLR: Forces démocratiques de liberation du Rwanda. Im Jahr 2000 gegründete Hutu-Extremisten-gruppe, die vorwiegend in der Region der Großen Seen im Ostkongo operiert. Viele Mitglieder rekrutieren sich aus den geflohenen ehemaligen ruandischen Streitkräften des Hutu-Regimes und den ruandischen Mördern der →*interahamwe*. Die Gruppe wird der Kriegsverbrechen und der Verbrechen gegen die Menschlichkeit beschuldigt.

Gacaca: →Kinyarwanda für »Wiese« oder »Rasen«. Die *Gacacas*, bereits historisch als Dorfgerichte auf der Wiese bekannt, wurden nach dem Genozid erneut eingerichtet, um die hohe Anzahl der Täter der unteren Kategorie (Mitläufer) abzuurteilen. Gesetzliche Grundlage war das 2001 verabschiedete *Gacaca*-Gesetz. Die Gerichte wurden 2012 eingestellt.

Gardien: franz. Wächter, Wachmann.

Hutu, Tutsi, Twa: Abkürzung für Bezeichnungen der Bevölkerungsgruppen in Ruanda. Sie sind die meistverwendeten Kurzformen in der Literatur. Korrekt werden diese im Plural als Abahutu, Abatutsi und Abatwa bezeichnet, im Singular Umuhutu, Umututsi und Umutwa. In der kolonialen Literatur findet sich auch die Bezeichnung Watussi für die Ethnie der Tutsi. Die Vorsilbe »A« bezeichnet den Artikel. In Ruanda sind die Bezeichnungen in Zusammenhang mit einer ethnisch bedingten Abgrenzung verboten. Zitat: »Wir sind alle Ruander.« Dennoch werden die Begriffe gebraucht. Wer seinen Gesprächspartner nicht kennt und im Gebrauch der Begriffe nicht sicher ist, sollte die Bezeichnungen meiden.

Impunyu: Pygmäen, Jäger und Sammler, die den Wald als Lebensraum nutzen.

Initiation: Afrikanische Jugendliche erhalten vor dem Eintritt in die Gemeinschaft der Erwachsenen eine Initiation. Dieser Prozess wird in den Stämmen in unterschiedlicher Weise praktiziert und erfordert eine mehrwöchige Vorbereitung in Abwesenheit vom Alltagsleben des Stammes. Gemeinsam ist den Initiationen, dass den männlichen Jugendlichen die Vorhaut als Symbol des Weiblichen, den Mädchen die Klitoris als Symbol des Männlichen entfernt wird. Westliche Hilfsorganisationen versuchen, diese archaische Praxis, die besonders für junge Frauen eine Tortur ist, einzudämmen.

Interahamwe: Extremistische Hutu-Milizen, die führend für die Mordexzesse während des Genozides 1994 verantwortlich waren.

Inzinzi: →Kinyarwanda für »Freiheit«.

Kanyanga: illegal destilliertes alkoholisches Gebräu aus Mais, Zucker und anderem.

Kinyarwanda: gemeinsame Bantu-Sprache der Bevölkerung Ruandas. Heute ist neben Französisch auch Englisch offizielle Landessprache. Viele im Ausland geborene und aufgewachsene Ruander beherrschen weder Französisch noch Kinyarwanda gut. Heute wird Englisch stark gefördert und ist in der Schule Pflichtfach.

Mitumba: Swahili für Bündel.

MONUC: Mission de l'Organisation des Nations Unies en République Démocratique du Congo. Bewaffnete Truppen der UN im Kongo zur Friedenssicherung (1999 bis 2010, danach abgelöst durch die MONUSCO).

MTN: Mobile Telephone Networks. Telekommunikationsunternehmen, das in mehreren afrikanischen Ländern tätig ist.

Mwami: Titel für den König in Ländern mit Bantusprachen, wie Ruanda.

NPPA: National Public Prosecution Agency. Generalstaatsanwaltschaft.

NRO: Nichtregierungsorganisation. Begriff nach UN-Terminologie (NGO, non-governmental organisation) zur Abgrenzung von Regierungsorganisationen, die soziale und umweltpolitische Hilfsprogramme durchführen.

ORTPN: Office Rwandais du Tourisme et des Parcs Nationaux. Büro für Tourismus und Nationalparks in Ruanda.

PNC: Police Nationale Congolaise. Nationale Polizei der →DRC (Kongo, Kinshasa). Nicht zu verwechseln mit der Congolese National Police (CNP) der République du Congo (Kongo, Brazzaville).

RCD: Rassemblement Congolais pour la Démocratie. Rebellenbewegung gegen Laurent Kabila, hauptsächlich →Tutsi und →Banyamulenge. Die Gruppe spaltete sich später auf.

Sambaza: Sardinenähnlicher Fisch im Kivu-See. Die Boote der Fischer werden *Sambaza-Boote* genannt.

Sumu: Fetisch, schwarze Magie. Dian Fossey wurde kurz vor ihrer Ermordung durch ein *Sumu*, eine hölzerne Puffotter, als Todesfluch gewarnt.

Quellenhinweis

Die Zitate zur kongolesischen Revolution sind mit freundlicher Genehmigung des Verlages Kiepenheuer & Witsch entnommen aus:
Ernesto Che Guevara: der afrikanische Traum. Das wiederaufgefundene Tagebuch vom revolutionären Kampf im Kongo. Aus dem Spanischen von Joachim Hartstein. Verlag Kiepenheuer & Witsch GmbH & Co. KG, 2000, Köln, 3. Auflage 2004.

Danksagung

Für die freundliche Unterstützung bei der Entstehung des Buches danke ich Saskia, Christian, Peer und Frank aus Hamburg, Michael aus Flensburg, Jim aus San Francisco, Rolf aus Oslo, Alexie und Roland aus Kigali und Ekkehard aus Rotenburg (Wümme), dessen rechtes, noch funktionstüchtiges Auge, dem Korrektorat ebenfalls einige Arbeit erspart hat.

www.ingramcontent.com/pod-product-compliance
Lightning Source LLC
La Vergne TN
LVHW051450080426
835509LV00017B/1726